HUMBERTO DE CAMPOS E CHICO XAVIER

A MECÂNICA DO ESTILO

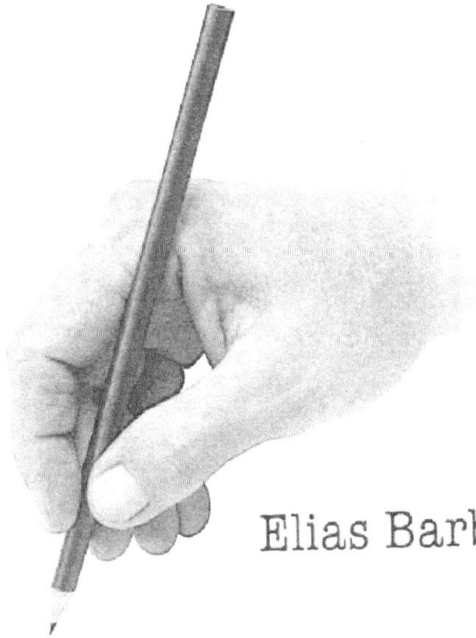

Elias Barbosa

INSTITUTO DE DIFUSÃO ESPÍRITA

INSTITUTO DE DIFUSÃO ESPÍRITA
Av. Otto Barreto, 1067 - Caixa Postal 110
CEP 13602-970 - Araras - SP - Brasil
Fone (19) 3541-0077 - Fax (19) 3541-0966
C.G.C. (MF) 44.220.101/0001-43
Inscrição Estadual 182.010.405.118

IDE EDITORA É APENAS UM NOME FANTASIA UTILIZADO
PELO INSTITUTO DE DIFUSÃO ESPÍRITA,
O QUAL DETÉM OS DIREITOS AUTORAIS DESTA OBRA.

www.ide.org.br
info@ide.org.br
vendas@ide.org.br

Capa:
César França de Oliveira

Revisão:
Ricardo Oliveira Barbosa

1ª edição – outubro/2005
3.000 exemplares

FICHA CATALOGRÁFICA

(Preparada na Editora)

Barbosa, Elias, 1934-

B21h *Humberto de Campos e Chico Xavier: a Mecânica do Estilo* / Elias Barbosa. Araras, SP, 1ª edição, IDE, 2005.

272 p.: 04 il.

ISBN 85-7341-337-9

1. Campos (Veras), Humberto de, 1886-1934. 2. Xavier, Francisco Cândido, 1910-2002. 3. Análise textual. 4. Espiritismo. 5. Psicografia. I. Título.

CDD-801.959
-133.9
-133.91
-133.901 3

Índices para catálogo sistemático:

1. Análise textual 801.959
2. Espiritismo 133.9
3. Psicografia: Espiritismo 133.91
4. Vida depois da morte: Espiritismo 133.901 3

ÍNDICE GERAL

PALAVRAS DE LIMIAR 13

PARTE I

Siglas e Abreviaturas 21
Siglas 21
Parte das Obras Consultadas 23
Abreviaturas 28

PARTE II

Introdução 29
Dados Biográficos de Humberto de Campos 29
Chico Xavier, Médium Veterano do Espiritismo no Brasil 35
É o Brasil, com efeito, o Coração do Mundo, a Pátria do Evangelho 43
O essencial sobre Estilo e Estilística 67

PARTE III

TEXTOS ANTOLÓGICOS DE TODO O MATERIAL PESQUISADO

Capítulo 1

Nomes e conceitos bíblicos 83
Abraão/Isaac 83
Caifás/Pedro 83
Elias 88
Herodes 90
Maria de Magdala/Madalena 91
Matusalém 94

Capítulo 2

Figuras e conceitos mitológicos 96
Ájax, filho de Oileu 96

Cérbero/Orfeu 97
Ísis/Édipo/Pégaso 98
Mito/Mitologia 100
Olimpo 100
Tirésias 104

Capítulo 3

Nomes geográficos 107
Delfos 107
Éfeso 107
Esdrelon 108
Espanha 110
Estados Unidos 113
Germânia 115
Macedônia 116
Mar Morto 117
Messênia 119
Minas Gerais 120
Priena 122
Rio das Velhas 123
Serra da Estrela 123
Tebas 124
Uberaba 125
Viena 128

Capítulo 4

Logradouros públicos 129
Avenida/Avenida Atlântica/Avenida Central/Avenida Passos 129
Gávea 130
Via Ápia 131

Capítulo 5

Entidades administrativas, órgãos da imprensa e
episódios históricos 132
Banco/Banco do Brasil/Escola Nacional de Belas-Artes 132
Clube dos Diários 133
Distrito Federal 134
Governo Provisório 135
Tesouro Nacional 137
Vaticano 138
O Globo 139
País 141
Curupaiti/Lomas Valentinas/Batalha de Itororó 142

Capítulo 6

Ilustres personalidades da História do Brasil 143
Agostinho Petra de Bittencourt/Moreira de Azevedo 143
Coelho Netto 144
D. Pedro II 144
Fabiano de Cristo 144
Gonçalves Ledo 145
Jorge de Avilez 146
Araújo Lima 147
Lopes Trovão/Serzedelo Corrêa 148
Manuel Beckman/Gomes Freire 150
Miguel de Frias 151
Osvaldo Cruz 152
Padre Antônio Vieira 152
Pedro Álvares Cabral 154
Tiradentes 154

Capítulo 7

Grandes vultos da História Universal 158
Allan Kardec 158
Augusto Comte 159
Bailly 161
César (Alexandre/Napoleão) 161
Diocleciano 161
Filipe II/João de Bolés/Voltaire 163
Hindenburg(o) 165
Lúculo 167
Madame de Stäel 168
Nero 169
Sesóstris 172
Sócrates/Platão/Kant/Schopenhauer 173
Virgílio 177
Voronoff 178

Capítulo 8

Nomes de personagens 178
Albertina 178
Alice 179
Fagundes/Macário Fagundes 180
Felisberto 182
Veridiano 185

Capítulo 9

Nomes comuns ... 186
Boi ... 186
Borboletas ... 189
Bordéis ... 192
Carne ... 193
Carta ... 196
Futebol ... 204
Treva(s) ... 205
Trigo ... 208

Capítulo 10

Termos em geral, idéias personificadas, seres morais e obras da literatura universal ... 213
Bom senso ... 213
Finados ... 216
Gênio ... 218
Inveja ... 221
A Divina Comédia/Paraíso Perdido ... 226
Primavera/Outono ... 227
Virtude ... 231

PARTE IV

A MECÂNICA DO ESTILO DE HUMBERTO DE CAMPOS, ENCARNADO E DESENCARNADO

Nota preliminar ... 237
Linguagem metafórica ... 243
Imagens e comparações ... 248
Frases que contêm os sintagmas designativos de negação ... 251
Seqüência de sintagmas constituindo-se em sujeito ou complemento verbal (objeto direto, objeto indireto, predicativo) ... 252
Colocação dos adjetivos ... 258
Uso do vocativo e do aposto ... 260
Uso dos pronomes relativos ... 261
Uso dos pronomes demonstrativos ... 262
Sinonímia com perífrases ... 265
Antíteses ... 266
O mesmo verbo e os mesmos objeto direto e adjunto adverbial ... 267

CONCLUSÕES À GUISA DE POSFÁCIO ... 267

ÍNDICE DAS ILUSTRAÇÕES

Humberto de Campos com o tradicional fardão, no dia de sua posse na Academia Brasileira de Lestra 12
Humberto de Campos 30
Chico Xavier 36
Semelhança de assinaturas de Humberto de Campos, encarnado e desencarnado 84

Humberto de Campos com o tradicional fardão, no dia de sua posse na Academia Brasileira de Letras.

PALAVRAS DE LIMIAR

Neste extenso trabalho, que me consumiu mais de três décadas de prazerosa pesquisa, aparentemente estafante, requerendo, como veremos logo mais, o auxílio de grande número de lidadores da imensa Seara Espírita, familiares e amigos, recebendo, sobretudo, o incentivo do médium amigo, André Luiz de Andrade Ruiz, de Campinas, Estado de São Paulo; do casal Hércio Marcos Cintra Arantes-Nazareth, e do irmão Alipio González Hernández, de Caracas, Venezuela, fundador e presidente da **Mensaje Fraternal**, que tantos benefícios tem prestado a toda a América Latina, auxílio sem o qual, além da tecnologia representada pelo computador, jamais conseguiria realizar o que não passava de um sonho, que remonta aos meus quinze anos de idade, de fazer uma análise comparativa entre Humberto de Campos/Conselheiro XX, encarnado, e Humberto de Campos/Irmão X, desencarnado, este que havia transmitido, num só dia - 27 de março de 1935 -, em Pedro Leopoldo, pelo abençoado lápis do médium Francisco Cândido Xavier - "A Palavra dos Mortos" e "De um casarão do outro mundo" -, além das mensagens que se encontram no intróito do *Parnaso de Além-Túmulo* - "De pé os mortos!" -, "Carta a minha Mãe" e "Trago-lhe o meu adeus sem prometer voltar breve", dirigidas, respectivamente, à D. Ana de Campos Veras, que verificou, com efeito, "que o estilo é o mesmo de meu filho", e ao médium Francisco Cândido Xavier, "dedicado intérprete espiritual do meu saudoso Humberto".

Quando tive a felicidade de ler, graças ao obséquio do Sr. Coriolano Cardoso (1904-1989) e da sábia indicação do Sr. Joaquim Veloso de Matos (1898-1990), o tão famoso Caso Humberto de Campos, detendo-me nas "Duas palavras" do Dr. Antônio Wantuil de Freitas, (Patrocínio do Muriaé, MG, 19/10/1895-Rio de Janeiro, RJ, 11/03/1974), na época e por muitos anos operoso presidente da Federação Espírita Brasileira, e no caderno "Os dois Humbertos - Um só estilo - Uma só alma - Um só sentimento", de autoria do Sr. Indalício Mendes (*in* Miguel

Timponi, *A Psicografia ante os Tribunais* - No seu tríplice aspecto: Jurídico, Científico, Literário, Rio de Janeiro, FEB, 4ª edição [1961], pp. 7-8 e 177-205), cheguei à conclusão de que deveria, se me fosse possível, um dia, ampliar aquele estudo, maravilhado que estava após a leitura de *À Sombra das Tamareiras*, que a bondade do professor Vicente Lopes Perez (1919-1978) fez-me chegar às mãos, num gesto de lhaneza, que lhe era, aliás, peculiar, no dia de seu aniversário - 17 de setembro de 1949.

Li vários outros livros, grande número das obras-primas da Literatura Universal, logo em seguida, agraciado pela generosidade do Dr. Dímas Rèsende Monteiro (1904-1982), então promotor de Justiça da Comarca de Monte Carmelo (MG), e do Sr. Durval Machado Rocha (1910-1969), escrivão do Cartório de Registro Civil, além do citado aniversariante, que viria a ser o meu professor de Português, grande amigo, benfeitor e colega de trabalho na Prefeitura Municipal de Monte Carmelo, cidade hoje considerada grande produtora do café de cerrado.

Novamente peço perdão ao leitor por este lance autobiográfico, mas não encontro outro caminho através do qual possa eu chegar àqueles que me dispensarem a sua preciosa atenção, a fim de que venhamos a compreender o motivo por que enveredei por um trilho - o da pesquisa -, apreciado por pouquíssimos dos que integram o público ledor, como acontece com os livros de Poesia, respeitado o quadro das exceções - o dos estudiosos, por exemplo -, e capaz de entristecer qualquer editor, mesmo o considerado mais desprendido dos bens materiais, disposto, por conseguinte, a arcar com os prejuízos do lançamento de uma obra desta natureza.

Somente em julho de 1956, na Fazenda do Cedro, Município de Uberaba (MG), de propriedade da dedicada seareira de Jesus no campo do Espiritismo, D. Ibrantina de Oliveira Penna (1886-1972), nos intervalos de uma grande empreitada de datilografia, por quinze dias, esquadrinhei vários livros de Humberto de Campos, lá dispostos em velha prateleira, não somente as suas *Memórias,* mas *Sombras que Sofrem*, que se refere a Uberaba como uma cidade capaz de dar lição, para todo o Brasil, de como se pode praticar a caridade material, e alguns da coleção do Conselheiro XX.

Aquilo que antes parecia um devaneio transformou-se uma realidade em potencial, já que até então conseguira todos os livros de

Humberto de Campos (Espírito) e Irmão X, dados à estampa, com muito carinho, pela Federação Espírita Brasileira, adquiridos, em módicas prestações, tornando abendiçoado o salário que a Lei do Merecimento me determinou.

Empolgado com a leitura de *Grande Sertão: Veredas*, de João Guimarães Rosa (1908-1967), sobre cuja mediunidade escrevi na seção "Literatura & Espiritismo" do *Anuário Espírita 1969*, e do *Vila dos Confins*, do meu conterrâneo e benfeitor Mário de A. Palmério (1916-1996), ambos saídos à luz naquele ano, cogitei, mais uma vez, de continuar procurando as Obras Completas de Humberto de Campos, mas tudo em vão, naturalmente porque não havia chegado a hora.

Em 1974, por fim, consegui, profundamente grato à Divina Providência, comprar os 18 volumes das obras de Humberto de Campos - ele mesmo - e os 11 do Conselheiro XX, lançados pela Editora Mérito S.A., com os dois volumes do *Diário Secreto* (Edições O Cruzeiro), adquiridos, em 31 de outubro de 1962, após exaustiva busca feita pelos livreiros Srs. Mário Rosa, já desencarnado, e Eurípedes Benedito Carmelita, da antiga Livraria ABC.

Em 1975, já com todos os livros lidos e anotados, num total de 13.501 páginas, organizei o artigo "Espiritismo nas Obras Completas de Humberto de Campos", que saiu no *Anuário Espírita 1976*, homenageando o nonagésimo aniversário de nascimento do distinto escritor maranhense e os quarenta anos de labor infatigável daquele querido Espírito junto ao também querido médium Chico Xavier.

Daquele ano até 1983, com mais de quarenta cadernos preenchidos com os elementos que viriam a constituir as 328 páginas duplas de computador, em 1994, datilografei cerca de uma centena de páginas, mas percebi, imediatamente, a impossibilidade de prosseguir, uma vez que a velha máquina de escrever não oferecia os recursos técnicos de que necessitava, e que o livro poderia ficar alentado demais, com a súmula enciclopédica feita de inúmeros verbetes, com resumos sobre os seres mitológicos e dados biobibliográficos dos nomes citados, além de detalhes em torno dos pontos geográficos e os episódios históricos relacionados pelo Autor, quando na Terra e depois de sua desencarnação.

Auxiliado, desde os primeiros passos, pela minha esposa, Cândida Flávia, e pelos meus filhos, Eliana, Ricardo, Luciana, Cláudio e Renato, todavia, somente em 1993, com ajuda dos companheiros de lides doutrinárias, Sr. Carlos Humberto Rafael, professora Mércia de Toledo Rafael, Scheilla e Rodolfo, que trasladaram todos os dados dos cadernos para as dezenas de folhas de cartolina; em seguida, passei as referidas folhas ao engenheiro Joel Carneiro Alves e à professora Denize A.S. Carneiro Alves, distinto casal que, em sua própria residência, na cidade de Franca, Estado de São Paulo, usando o seu próprio computador, gentilmente, digitou todo o material que consta das 328 páginas acima referidas, dando-nos, a mim e a toda a equipe, provas inequívocas de generosidade sem limites, ensejando-nos contrair com eles - Joel e Denize - dívida irresgatável, que somente o Divino Mestre poderá, por nós, um dia, quitar.

O que desde o início me empolgou foi o fato de que tanto Humberto de Campos quanto o médium Chico Xavier serem autodidatas, o primeiro, tendo tido oportunidade de possuir excelente acervo bibliográfico, residindo numa cidade onde existem a Biblioteca Nacional e outras de alto nível, enquanto o médium de Emmanuel, conforme demonstrou o repórter Clementino de Alencar, numa de suas reportagens em *O Globo*, de 1935, acompanhada de expressiva foto, felizmente constando do *Notáveis Reportagens com Chico Xavier* (Organização, Notas e Índice Analítico de Hércio Marcos Cintra Arantes, Araras, SP, 1ª edição dezembro/2002), ele, Chico Xavier, não possuía sequer uma pequena enciclopédia para ligeira consulta que fosse. Ora, o autor de *Lagartas e Libélulas*, quando necessitava de qualquer esclarecimento, bastava estender a mão para sobraçar qualquer volume. A vastíssima cultura de Humberto de Campos assusta-nos, com efeito. Não existe outro escritor, a meu ver, que tenha citado tantos nomes de personagens famosos, personalidades da Literatura Universal e da História do Brasil; seres mitológicos e nomes geográficos, mostrando-se arguto psicólogo nas respostas que dava às centenas de cartas que recebia, um estilo inconfundível, enfim.

* * *

Cumpre notar que há audácia de minha parte ao escolher o título deste trabalho, mas o tomei do temido crítico Agrippino Grieco (1888-1973), ao se extasiar, este, ao lado de Chico Xavier, numa célebre reunião realizada em Belo Horizonte, em 1939, quando o médium do *Parnaso de Além-Túmulo* psicografou belíssima página de Humberto de Campos, além de um soneto de Augusto dos Anjos (1884-1914). De fato, como poderia alguém pastichar um autor tão conhecido quanto o ilustre filho de Miritiba, o "memorialista glorioso", nas vinte folhas rubricadas pelo próprio autor de *Sol dos Mortos*, que há mais de trinta anos estudava a mecânica dos estilos, escrevendo Chico Xavier, a seu ver, "com uma celeridade vertiginosa, deixando correr o lápis com uma agilidade que não teria o mais desenvolto dos rasistas de cartório"? Daí a ênfase com que, corajosamente, se manifestou:

"Eram em tudo os processos de Humberto de Campos, a sua amenidade, a sua vontade de parecer austero, o seu tom entre ligeiro e conselheiral. Alusões à Grécia e ao Egito, à Acrópole, a Tirésias, ao véu de Ísis, muito ao agrado do autor dos "Carvalhos e Roseiras". Uma referência a Sainte-Beuve, crítico predileto de nós ambos, mestre de gosto e clareza que Humberto não se cansava de exaltar em suas palestras, que não me canso de exaltar em minhas palestras. Conjunto bem articulado. Uma crônica, em suma, que, dada a ler a qualquer leitor de mediana instrução, logo lhe arrancaria este comentário: 'É Humberto puro!'"

O médium Francisco Cândido Xavier, a quem fiquei conhecendo, pessoalmente, na noite de 25 de julho de 1955, em Pedro Leopoldo, Minas, e de quem tive a felicidade de me tornar amigo inseparável, de 1956 a 1959, quando de suas viagens a Monte Carmelo, no período das férias escolares, em companhia de Waldo Vieira e outros espíritas uberabenses, como vem relatado em dois livros lançados recentemente - *Vandir Dias - Voluntária do Amor*, de Vera Longuini (Campinas, SP, MAE – Movimento Assistencial Espírita Maria Rosa, 1ª Edição, 2002, pp. 35-38) e *Chico no Monte Carmelo*, de Marival Veloso de Matos [Organizador] (Belo Horizonte, União Espírita Mineira, Prefácio e Revisão do autor destas linhas, 2004) — e, a partir de 5 de janeiro de 1959, quando passou a residir em Uberaba, em momento algum me solicitou escrevesse qualquer coisa sobre este assunto, e muito menos, tenho certeza, o Espírito de Humberto de Campos/Irmão X.

Tomei semelhante deliberação espontaneamente, e sinto-me grato ao Divino Mestre e aos Benfeitores Espirituais que me incentivam sempre mais a estudar a Doutrina Espírita, reverenciando Allan Kardec, por ter conseguido trabalhar, com muita alegria, altas horas da madrugada, até 6 de janeiro de 1993, aproveitando os minutos raros de que dispõe um profissional liberal — ligado à Medicina, no campo da Psiquiatria —, por mais apagado que seja, autodidata no campo das letras.

***

Das partes em que se divide este trabalho, as seguintes se me afiguram importantes para o objetivo aqui proposto:

1) Os dez capítulos dos Textos Antológicos do Material Pesquisado, alguns deles por demais extensos, com a transcrição de trechos do Autor sob minha análise, retirados de suas obras terrenas, tendo faltado somente a consulta ao seu livro para crianças - *Histórias Maravilhosas* -, editado pela revista "Tico-Tico", e a peça *Fora do Sério*, que escreveu de parceria com Oscar Lopes, por mais me desdobrasse em duas viagens ao Rio de Janeiro para este fim, e dos esforços despendidos pela Sra. Margaret Oliveira Santos, residente naquela cidade, a quem rendo o meu preito de gratidão, que me presenteou com um livro de Humberto de Campos Filho, destinado às crianças, em outubro de 1993, e das obras psicografadas pelo médium Xavier, usando siglas especiais para o nome de cada obra, a fim de que o leitor possa se edificar, espiritualmente, fruindo a beleza do estilo daquele que sofreu provação amarga, no final de sua vida física, e se sentiu liberto no Plano Espiritual, dando continuidade à sua missionária tarefa de escritor, para gáudio de quantos lhe votamos profunda admiração;

2) A Introdução despretensiosa, com escorço biográfico do distinto escritor e do seu dedicado médium, além de me deter, com o mínimo de palavras, à gloriosa missão do Brasil como sendo o Coração do Mundo, a Pátria do Evangelho, relacionando os nomes de todos aqueles que, direta ou indiretamente, colaboraram na elaboração do presente trabalho;

3) A lista das siglas dos nomes dos livros pesquisados e de algumas abreviaturas;

4) O estudo propriamente estilístico, paupérrimo, sem quaisquer laivos de modéstia, rogando desculpas por não conseguir fazer algo melhor, como o fez, de forma admirável, o professor Dr. Osmar Ramos Filho, ao estudar, brilhantemente, toda a obra terrena de Honoré de Balzac (1799-1850), para provar que ele, o autor da *Comédia Humana,* é o mesmo Balzac que escreveu o romance *Cristo Espera por Ti*, por intermédio de Waldo Vieira e editado pelo Instituto de Difusão Espírita - IDE -, de Araras (SP), recebendo os aplausos de Paulo Rónai, o maior estudioso da obra do famoso escritor francês, de todos os tempos, residente no Mundo Espiritual desde 1° de dezembro de 1992, quando daqui partiu aos 85 anos de idade, com excelente Prefácio do Sr. Hermínio Corrêa Miranda;

5) O cerne de toda a disquisição: a Mecânica do Estilo de Humberto de Campos encarnado e a do já residente no Plano Espiritual; capítulo que poderá estafar muitos de nossos leitores, pelo que, pessoalmente, peço desculpas;

6) Um Índice Geral, já que o Onomástico, necessário, aqui no caso, ocuparia muitas páginas, o que estorva, sem dúvida, os meus propósitos, além do Índice das Ilustrações;

7) Finalmente, as Conclusões à Guisa de Posfácio.

Necessário ainda esclarecer que a utilização dos quatro pontos (....), na maioria dos trechos transcritos, se prende à minha obediência, desde agosto de 1975, ao que recomenda Aurélio Buarque de Holanda Ferreira, com lógica irretorquível, à página VIII do Prefácio à 1ª edição (3ª impressão) do seu já hoje famoso *Dicionário*, lançado pela Nova Fronteira:

"Há outro sinal, que na lista não figura: os quatro pontos (....), que não se devem confundir com as reticências. Constituem eles, segundo nosso critério, a chamada *interpontuação*, série de pontos indicativos de supressão de parte de um trecho citado. Achamos condenável o emprego dos três pontinhos, por levarem a crer, muitas vezes, que se trata de reticência do autor. Epifânio Dias, em casos tais, na sua edição de *Os Lusíadas*, usa apenas, para este caso, dois pontos (..); Sá Nunes usava cinco; adotamos quatro."

Marilene Felinto, em "A vingança de Matilda contra a escola pública", publicado na *Folha de S.Paulo*, de 18-02-97, p. 3-2, ao transcrever um trecho de *O Ateneu*, de Raul Pompéia, também usa os dois pontos (..).

Dedicando este desadornado estudo aos Espíritos de D. Ana Campos Veras e D. Catharina Vergolino de Campos - D. Paquita -, senhoras sempre lembradas, com carinho, pela Família Humberto de Campos, e ao médium Francisco Cândido Xavier, pelos seus 75 anos de tarefa mediúnica ininterrupta, que seriam completados a 8 de julho de 2002, não tivesse o querido médium desencarnado a 30 de junho do referido ano, tratado com o maior carinho e dedicação pelo seu médico e amigo de mais de meio século, Dr. Eurípedes Tahan Vieira, e 67 colaborando com o Espírito de Humberto de Campos para a transmissão de suas belíssimas páginas, e ao próprio Espírito do famoso autor de *Destinos*, pelos seus 118 anos de nascimento, a serem completados a 25 de outubro do corrente ano, e os 70 de desencarnação, a qual ocorreu a 5 de dezembro de 1934, rogo a Jesus continue nos protegendo a todos, esperando que o paciente leitor me perdoe pela inabilidade pessoal e ousadia de minha parte ao me entregar a esta abençoada tarefa, das mais agradáveis - que seja dito em alto e bom som - de quantas consegui enfrentar, neste mundo, consciente da veracidade destas palavras de Ezra Pound, em seu *ABC da Literatura*:

"A incompetência se manifesta no uso de palavras demasiadas. O primeiro e o mais simples teste a que o leitor deve submeter o autor é verificar as palavras que não funcionam; que não contribuem em nada para o significado OU que distraem do fator MAIS importante do significado em favor de fatores de menor importância."

Elias Barbosa

Uberaba, 3 de outubro de 2005

(Ano 201º de Nascimento de Allan Kardec; do 135º aniversário de lançamento de *O Evangelho Segundo o Espiritismo*, pelo próprio Codificador, em Paris; do 73º do *Parnaso de Além-Túmulo,* pelo nosso querido Chico Xavier, desencarnado a 30 de junho de 2002, e do 71º de passagem para o Plano Espiritual de nosso também querido Humberto de Campos.)

PARTE I

SIGLAS E ABREVIATURAS

A fim de que possamos fruir a beleza das páginas de nosso Autor, quando encarnado e após a desencarnação, que se estendem do Capítulo I - Nomes e Conceitos Bíblicos - ao Capítulo X - Termos em Geral, Idéias Personificadas, Seres Morais e Obras da Literatura Universal -, dos Textos Antológicos do Material Pesquisado, sem que saibamos qual a que foi escrita quando no mundo, e a transmitida ao médium Francisco Cândido Xavier, e parte das obras consultadas - uma espécie de roteiro bibliográfico, no qual BH corresponde a Belo Horizonte, PA a Porto Alegre, RJ ao Rio de Janeiro e SP a São Paulo, antecedendo os nomes das editoras, tudo visando ao aproveitamento máximo de espaço -, optei pelo uso das seguintes:

SIGLAS

A) HUMBERTO DE CAMPOS/CONSELHEIRO XX, NO PLANO FÍSICO

*SÉRIE I - **Humberto de Campos***

1 - Poesias Completas
2.A - Da Seara de Booz
2.B - Mealheiro de Agripa
3.A - Lagartas e Libélulas
3.B - Sepultando os Meus Mortos
4.A - Os Párias
4.B - Reminiscências
5.A - Sombras que Sofrem
5.B - Contrastes

6.A - Destinos
6.B - Um Sonho de Pobre
7.A - Notas de Um Diarista - 1ª Série
7.B - Notas de Um Diarista - 2ª Série
8.A - Perfis - 1ª Série
8.B - Perfis - 2ª Série
9.A - Últimas Crônicas
9.B - O Brasil Anedótico
10 - Memórias
11.A - Memórias Inacabadas
11.B - Fragmentos de Um Diário
12.A - O Monstro e Outros Contos
12.B - À Sombra das Tamareiras
13 - Crítica - 1ª Série
14 - Crítica - 2ª Série
15 - Crítica - 3ª Série
16.A - Crítica - 4ª Série
16.B - Carvalhos e Roseiras
17 - O Conceito e a Imagem na Poesia Brasileira
18 - Antologia da Academia Brasileira de Letras

SÉRIE II - ***Conselheiro XX***

1 - Vale de Josafá
2 - Tonel de Diógenes
3 - A Serpente de Bronze
4 - Gansos do Capitólio
5 - Bacia de Pilatos
6 - A Funda de Davi
7 - Grãos de Mostarda
8 - Pombos de Maomé
9 - Antologia dos Humoristas Galantes
10 - O Arco de Esopo
11 - Alcova e Salão

SÉRIE III - ***Humberto de Campos***

Diário Secreto

1 - Volume I
2 - Volume II

B) HUMBERTO DE CAMPOS/IRMÃO X, NO PLANO ESPIRITUAL

SÉRIE IV - ***Humberto de Campos (Espírito)***

1 - Palavras do Infinito (H. de C. e outros Espíritos)
2 - Crônicas de Além-Túmulo
3 - Brasil, Coração do Mundo, Pátria do Evangelho
4 - Novas Mensagens
5 - Boa Nova
6 - Reportagens de Além-Túmulo
7 - Lázaro Redivivo
8 - Luz Acima
9 - Pontos e Contos
10 - Contos e Apólogos
11 - Contos Desta e Doutra Vida
12 - Cartas e Crônicas
13 - Estante da Vida
14 - Relatos da Vida
15 - Histórias e Anotações

PARTE DAS OBRAS CONSULTADAS

ABCL = *ABC da Literatura*, Ezra Pound, São Paulo, Cultrix, MCMLXX.

ACF = *Arte da Composição e do Estilo*, Pe. Antônio da Cruz, Petrópolis, RJ, Editora Vozes Ltda., 1944.

ACT = *A Cura através da Terapia de Vidas Passadas,* de Brian L. Weiss, M.D., Rio de Janeiro, Salamandra, 1996.

AE = *A Arte de Escrever Ensinada em vinte lições,* António Albalat, Lisboa, Livraria Clássica Editora, 5ª edição, 1934.

AFE = *A Formação do Estilo pela assimilação dos autores*, António Albalat, Porto, Empresa Gráfica "A UNIVERSAL", s.d.

AFSL = *A Função Simbólica e a Linguagem*, Jean Paulus, SP, Eldorado, EDUSP (1975).

AGMA = *A Gramatiquinha de Mário de Andrade - Texto e*

Contexto, Edith Pimentel Pinto, SP, Duas Cidades/Secretaria de Estado da Cultura, 1990.

AL = *Análise Literária - Introdução Metodológica a uma Estilística Integrada*, Raúl Castagnino, SP, Editora Mestre Jou, segunda edição em português, 1971.

ALB = *A Literatura no Brasil,* direção de Afrânio Coutinho, co-direção de Eduardo de Faria Coutinho, RJ/Niterói, José Olympio Editora/ EDUFF, 3ª edição, revista e atualizada, Volumes I e II, 1986.

AR = *A Reencarnação*, Ano LIX, Nº 405, Maio/93, "Chico Xavier, um Homem entre Dois Mundos". (Diretor: Jason de Camargo).

AS = *A Semântica,* Pierre Guiraud, SP, Difusão Européia do Livro, 1972.

ATMC = *A Turma da Mônica - Cidadania*, Maurício de Sousa, distribuída gratuitamente pelo Autor, no Parque Ibirapuera, SP, a 16-05-93.

BCH = *Balzac e a Comédia Humana*, Paulo Rónai, RJ-Porto Alegre-SP, Edição da Livraria do Globo, 1947.

CE = *Crítica de Estilos*, Aires da Mata Machado, RJ, Livraria AGIR Editora, 1956.

CJP = *Cartas a um Jovem Poeta - A Canção de Amor e de Morte do Porta-Estandarte Cristóvão Rilke,* Rainer Maria Rilke, Rio de Janeiro-Porto Alegre-São Paulo, Editora Globo, 1ª Edição - 2ª Impressão, 1959.

CLG = *Curso de Lingüística Geral,* Ferdinand de Saussure, SP, Cultrix, MCMLXX.

CX = *Chico Xavier - 60 Anos de Mediunidade*, SP, FEESP, 1ª Edição, Outubro/1991.

D = *Despertar! – Canto Brasileiro*, de Hermes Fontes, Rio de Janeiro, Jacintho Ribeiro dos Santos EDICTOR, 1922.

DL = *Dicionário de Lingüística*, Zélio dos Santos Jota, RJ, Presença, 1976.

DLP = *Dificuldades da Língua Portuguesa - Estudos e Observações*, Livraria Acadêmica, M. Said Ali, RJ, 5ª Edição, 1957.

DVR = *Dicionário de Verbos e Regimes,* Francisco Fernandes, Rio de Janeiro-Porto Alegre-São Paulo, 4ª Edição, 6ª Impressão, 1958.

ECB = *Encontros com a Civilização Brasileira 1*, RJ, 1978.

EDE = *Era dos Extremos - O breve século XX - 1914-1991,* Eric Hobsbawn, São Paulo, Companhia das Letras, 2ª edição - 4ª reimpressão, 1996.

EE = *Estilística Estrutural*, Michael Riffaterre, SP, Cultrix, MCMLXXIII.

ELG = *Elementos de Lingüística Geral,* André Martinet, Lisboa, Livraria Sá da Costa Editora, 4ª edição, 1972.

ELP = *Estilística da Língua Portuguesa*, M. Rodrigues Lapa, RJ, Livraria Acadêmica, 7ª Edição corrigida e acrescentada pelo Autor, 1973.

ESM = *Ensaios de Semiótica Poética*, SP, Cultrix/Universidade de São Paulo, MCMLXXVI.

FF = *Fonema e Fonologia - Ensaios*, Roman Jakobson, seleção, tradução e notas, com um estudo sobre o Autor, por J. Mattoso Câmara Jr., RJ, Livraria Acadêmica, 1972.

FSP = *Folha de S.Paulo.*

GE = *Gramática Expositiva - Curso Superior,* Carlos Eduardo Pereira, SP, Companhia Editora Nacional, 86ª Edição, 1953.

GLP = *Gramática da Língua Portuguesa,* Celso Ferreira da Cunha, MEC/FENAME, 1972.

GPAL = *Guia Prático de Análise Literária*, Massaud Moisés, SP, Cultrix, MCMLXX.

GR = *Grandes Reportagens - Chico Xavier, Uma Luz*, SP, Editora Três, lançada em agosto de 1994.

GSV = *Grande Sertão: Veredas*, João Guimarães Rosa, Rio de Janeiro, Livraria José Olympio Editora, 7ª edição, 1970.

GZE = *O Grau Zero da Escritura*, Roland Barthes, SP, Cultrix, 1971.

HB = *História do Brasil, Robert Southey,* SP, Melhoramentos/ MEC/INL, Quarta Edição Brasileira, Volume I, 1977.

HC = *O Homem Cordial e outros pequenos estudos brasileiros,* Cassiano Ricardo, Rio de Janeiro, MEC/INL, 1959.

HP = *História de Portugal* - Desde o começo da Monarquia até o fim do reinado de Afonso III, Tomo VII, por A. Herculano, Livraria Bertrand, 9ª edição, s.d.

IEL = *Introdução aos Estudos Literários*, Erich Auerbach, SP, Cultrix, 2ª edição, MCMLXXII.

IF = *Introdução à Fonética*, A. Rosetti, Publicações Europa-América, 3ª edição, Coleção Saber (1974).

IL = *Introdução à Lingüística*, Georges Mounin, Lisboa, Iniciativas Editoriais, s.d. (Editions Seghers, Paris, 1968).

IMS = *Introdução à Morfologia e à Sintaxe - Tentativa e Experimento*, Benjamin Elson e Velma Pickett, Petrópolis, Vozes, 1973.

IXMP = *Irmão X, meu pai*, Humberto de Campos Filho, São Paulo, Lúmen Editorial Ltda., 1ª Edição, 1997.

JCFM = *Jornal do CFM, órgão do Conselho Federal de Medicina, Ano VIII, Nº 37, Maio/93.*

JU = *Jornal de Uberaba,* Ano 6 - Nº 1.762, 26 de agosto de 1992 (Diretor de Jornalismo: Daniel Moisés).

LC = *Lingüística como Ciência - Ensaios,* Edward Sapir, seleção, tradução, notas de J. Câmara Jr., RJ, Livraria Acadêmica, 1961.

LE = *Lingüística e Estilo,* Nils Erik Enkvist, John Spencer e Michael J. Gregory, SP, Cultrix, MCMLXX.

LFP = *Lições de Filologia Portuguesa*, Dr. J. Leite de Vasconcellos, RJ, Livros de Portugal, Terceira Edição, 1959.

LL = *Literatura e Linguagem (A Obra Literária e a Expressão Lingüística),* Nelly Novaes Coelho, SP, Quíron, 2ª edição revista e ampliada, 1976.

LLB = *Louçanias de Linguagem - As Mais Belas Locuções e Construções da Linguagem* - primeira coletânea, Artur Schwab, Esdeva Empresa Gráfica S.A., 1973.

LP = *Lições de Português*, Sousa da Silveira, RJ, Livros de Portugal, Sexta Edição Melhorada, 1960.

LS = *Lições de Sabedoria - Chico Xavier nos 22 Anos da Folha Espírita*, Marlene Rossi Severino Nobre, São Paulo, Editora Jornalística FE, 1996.

M = *Macunaíma* (o Herói sem nenhum caráter), Mário de Andrade, São Paulo, Livraria Martins Editora S.A., s.d.

ME = *Mensagem Espírita*, São Sebastião do Paraíso, MG, Ano 2, Nº 14, Outubro de 1992 (Diretor: Joel Cintra Borges).

MGB = *Moderna Gramática Brasileira*, Celso Pedro Luft, Porto Alegre, Editora Globo, 1976.

MGP = *Moderna Gramática Brasileira - Cursos de 1º e 2º graus*, Evanildo Bechara, SP, Companhia Editora Nacional, 19ª edição (primeira reimpressão), 1973.

NE = *Noções de Estilo e Antologia da Língua Portuguesa*, Helena Montezuma, RJ, Tecnoprint Gráfica S.A., Edições de Ouro, MCMLXII.

NMAS = *Novo Manual de Análise Sintática*, Gladstone Chaves de Melo, Rio, Organização Simões, 1954.

OC = *Obras Completas, Correia Garção,* Texto fixado, Prefácio e Notas por António José Saraiva, Volume I - POESIA LÍRICA E SATÍRICA, Lisboa, Livraria Sá da Costa - Editora, 1957.

OS = *Obra Seleta*, Volume I - Romances -, Coelho Netto, Rio de Janeiro, Editora José Aguilar Ltda., 1958.

P = *Psicolingüística*, James Deese, Petrópolis, Vozes, 1976.

PB = *Preto & Branco,* Augusto Meyer, MEC/INL, 1956.

PE = *Poesia Espanhola - Ensaio de Métodos e Limites Estilísticos*, Dámaso Alonso, MEC/INL, 1960.

PGELP = *Para uma Gramática Estrutural da Língua Portuguesa*, Leodegário A. de Azevedo Filho, RJ, Edições Gernasa, 1971.

PGG = *Princípios de Gramática Gerativa,* Joseph Nivette, SP, Pioneira, 1975.

PMU = *Porque me ufano do meu País,* Affonso Celso, Rio de Janeiro, F. Briguiet & Cia. - Editores, 12ª Edição, Revisão ortográfica da Professora Rita Amil de Rialva, 1943.

POS = *Possível*, publicação bimestral da Editora Leitura & Arte, São Paulo, SP, Ano 1 – Nº 6 – 2004.

RB = *Raízes do Brasil*, Sérgio Buarque de Holanda, Rio, José Olympio/INL/MEC, 1971

RBF = *Revista Brasileira de Filologia,* Vol. I - Tomo 2 - Dezembro, 1955, RJ, Livraria Acadêmica.

RE = *Revista Espírita,* Allan Kardec, Quarto Ano, Nº 9, Setembro, 1861, Araras (SP), IDE, 1ª edição, 1993 (Tradução de Salvador Gentile).

RLBP = *Roteiro Literário do Brasil e de Portugal - Antologia da Língua Portuguesa*, Volume II (Brasileiros), Rio, José Olympio Editora, 1956.

RT = *Ramalhete de Trovas*, de Décio Valente, São Paulo, L. OREN – Editora e Distribuidora de Livros Ltda., 1977.

S = *Sermões*, Padre Antônio Vieira, Volume I, Tomos I, II e III, Porto, Lello e Irmão - Editores, 1959.

TE = *O Triângulo Espírita*, Uberaba, Abril-Maio/1993, Nº 69.

TL = *Teoria Literária - Para os Colégios Normais*, Hênio Tavares, BH, Editora Bernardo Álvares S.A., 1965.

TS = *Trechos Seletos - Com uma Introdução Histórico-Gramatical e Anotações*, Sousa da Silveira, Rio de Janeiro, F. Briguiet & Cia., Editores, 6ª Edição, 1961.

U = *Ulisses*, James Joyce, Tradução de Antônio Houaiss, Rio de Janeiro, Editora Civilização Brasileira S.A., 1966.

ABREVIATURAS

Ap. (Apud) = em, junto a, segundo.

Cf. = confira, confronte (segundo Dr. J. Leite de Vasconcellos, em suas *Lições de Filologia Portuguesa, cfr.* = *confer*, imperativo do *verbo* latino *conferre:* "compara", isto é, "compare-se").

e.g. (Exempli gratia, Verbi gratia) = por exemplo.

Ib. ou *Ibid. (Ibidem)* = no mesmo lugar, aí mesmo.

Id. (Idem) = o mesmo, também, igualmente, a mesma coisa.

In = em.

Obs. = Observação.

Op. cit. = (*Opus citatum)* = obra citada.

PA = Porto Alegre.

p. = página.

pp. = páginas.

s.d. = sem data.

PARTE II

INTRODUÇÃO

Minha intenção, aqui, além de ampliar algo que se afirmou, de escantilhão, nas Palavras de Limiar, visa ao seguinte: fazer um ligeiro escorço biográfico de Humberto de Campos, procurando, na medida do possível, transcrever trechos de obras sérias e de fácil acesso ao grande público, e um do médium Francisco Cândido Xavier, com o mínimo de citações, a fim de não cansar demasiadamente o leitor; uma visão panorâmica de como é, com efeito, o Brasil o Coração do Mundo e a Pátria do Evangelho, sem qualquer pretensão de esgotar o assunto, com transcrições, por exemplo, do famoso *Brasil, País do Futuro*, de Stefan Zweig (1881-1942), com duas edições no Brasil, a primeira pela Editora Delta S.A., do Rio de Janeiro (Volume I das Obras Completas), de 1960, e a da Editora Nova Fronteira (Tradução de Odilon Gallotti), de 1961, também do Rio de Janeiro, e de outros dois livros, o primeiro editado em 1922 e o segundo, em 1966. Limitei-me, na maioria dos casos, a referências a alguns artigos de jornais, principalmente da *Folha de S.Paulo,* sempre me servindo, por motivos óbvios, das siglas e abreviaturas. Isto posto, que sejam colocadas, sem mais delongas, mãos à obra.

DADOS BIOGRÁFICOS DE HUMBERTO DE CAMPOS

Dispostos cronologicamente por João Clímaco Bezerra (**in** *Humberto de Campos Textos Escolhidos*, Rio de Janeiro, Livraria AGIR Editora, 1965, Coleção Nossos Clássicos):

1886 - 25 de outubro: nasce em Miritiba, Província do Maranhão, Humberto de Campos Veras, filho do comerciante Joaquim de Farias Veras e de Dona Ana de Campos Veras.

Humberto de Campos Veras (1886-1934)

1893 - Em companhia da mãe, já viúva, visita São Luís. Muda-se, neste mesmo ano, para Parnaíba (Piauí).

1894 - Matricula-se na escola primária de Sinhá Raposo, em Parnaíba, transferindo-se, depois, para a escola de Dona Marocas.

1898 - Começa a trabalhar, para auxílio da mãe e da irmãzinha menor, na loja do tio Emídio Veras.

1899 - Vai trabalhar, como aprendiz de tipógrafo, nas modestas oficinas de "O Comercial", semanário de Parnaíba, sob a orientação do mestre Floriano Serpa.

1900 - 18 de maio: parte, sozinho, para São Luís, à procura de emprego, trabalhando como aprendiz de tipógrafo e, mais tarde, como auxiliar da "Casa Transmontana", armazém de secos e molhados do português José Dias de Matos, Seu Zé.

1901 - Agosto: volta a Parnaíba, onde se emprega novamente na loja do tio Emídio Veras e começa a ler desesperadamente.

1903 - Muda-se para Belém do Pará, empregando-se no escritório da firma Montenegro & Cia. Viaja pelos seringais. Começa a colaboração na imprensa paraense em forma de correspondência.

1908 - É nomeado secretário da Prefeitura de Belém, depois de ter ingressado no corpo redatorial de "A Província do Pará".

1911 - Publica seu primeiro livro: *Poeira* (poesia).

1912 - Forçado por acontecimentos políticos, muda-se para o Rio de Janeiro, onde ingressa na imprensa.

1913 - Casa-se com Dona Catarina Vergolino, moça de Belém, por procuração.

1918 - Publica seu primeiro livro de crônicas: *Da Seara de Booz*.

1919 - Publica um livro de contos humorísticos: *Vale de Josafá*.

1920 - Toma posse na Academia Brasileira de Letras, em substituição a Emílio de Menezes.

1923 - A partir deste ano, publica um, dois e até três livros, anualmente. Até ao ano de 1926.

1927 - É eleito deputado federal pelo Maranhão. Reeleito em 1929, perde o mandato em 1930, em face da Revolução.

1931 - Nomeado inspetor federal do Ensino e, neste mesmo ano, diretor interino da "Casa de Rui Barbosa".

1934 - 5 de dezembro: morre no Rio de Janeiro, na Casa de Saúde Dr. Eiras, por ocasião em que se submetia a melindrosa operação cirúrgica.

Alguns tópicos do mesmo Autor, retirados de sua excelente "Apresentação":

"Esse mundo novo, universo da Palavra, seria, por força da

predestinação, a pátria de Humberto de Campos. Nada o afastaria dela, onde habitou com toda a carne, todo o sangue, todo o espírito. Não se consegue, talvez por isso, separar o homem e o artista em Humberto de Campos. Cresce desse conjunto de circunstâncias a importância da sua vida na análise do escritor. Pois as suas páginas mais belas e comovedoras nascem do sofrimento que o abateu e aniquilou. (....)

Através da imprensa, ele percorreu todos os gêneros literários: contista, poeta, ensaísta, biógrafo, memorialista. Apenas o romance, naturalmente porque exigia horas de meditação e continuidade, não passou de sonho nos planos desse trabalhador incansável. (....)

Humberto de Campos escrevia com extrema simplicidade e talvez somente o excesso de citações mitológicas o aproximasse de Coelho Neto e dos parnasianos de seu tempo."

Transcrevendo o epitáfio adaptado dos versos de Scarron e se referindo à melindrosa intervenção cirúrgica onde encontrou o autor do *Diário Secreto* a desencarnação, conclui:

"O trabalho foi o lema de Humberto de Campos. E tudo o mais: a fama, a cultura, as extremas provas de solidariedade e carinho dos seus milhares de leitores, revivendo a lição bíblica, lhe vieram por acréscimo. A lição da sua vida é, portanto, imutável. Desafia fronteiras. E as idades."

Clóvis Ramos, em seu livro *HUMBERTO DE CAMPOS - Ano Centenário 1986,* que estuda a crítica, biobibliografia, prosa escolhida e a sua poesia inspirada na Bíblia e na Mitologia, transcreve trechos importantíssimos de biógrafos de Humberto de Campos Veras, menino obscuro e pobre, no limiar do século XX, aprendiz de tipógrafo e alfaiate, balconista do Armazém de José Tito & Cia., tendo desempenhado arriscadas tarefas nos seringais amazônicos, trasladando de *Breve História das Ruas e Praças de São Luís,* de Domingos Vieira Filho, o seguinte passo, entre outros, que bem demonstra a semelhança entre Humberto de Campos e Chico Xavier em muitos lances de suas vidas:

"De origem humilde, sem meios para cursar boas escolas, Humberto de Campos é um exemplo admirável de autodidata."

Em *Humberto de Campos e o Espiritismo* (Rio, CELD, 1995), as três partes do livro - *Diário Secreto, Textos* e *Pensamentos* - possibilitam ao leitor de nossos dias uma visão panorâmica da obra humbertiana, de tão difícil acesso.

Em "BIOGRAFIA - Humberto de Campos, meu Pai", escrito pelo Dr. Humberto de Campos Filho para o Volume 1 das *Obras Escolhidas de Humberto de Campos - Poesias Completas I - 1ª Série,* que se estende da página 9 à 54, com 18 excelentes fotos (São Paulo, Opus Editora Ltda., Primeira Edição, Julho 1983, sob licença de W. M. Jackson, Inc., 1982), há passagens que merecem ser destacadas, quais as que se seguem, rogando escusas pela extensão de algumas delas:

O que escreveu há sessenta ou oitenta anos é tão palpitante e atual que parece o surpreendente relato de um fato acontecido ontem - ou que ainda vai acontecer no ano que vem. (P.14)

Mas, além de ter sido o berço de um dos maiores escritores brasileiros, essa cidadezinha [Miritiba, hoje Humberto de Campos] possui um outro galardão. Segundo os computadores do Ministério da Fazenda, é a mais pobre do Brasil. (P.18)

Dá informes, às pp. 20-22, de que Catharina de Paiva Vergolino, na intimidade chamada de Paquita, primeiro amor de Humberto de Campos, era nove anos mais moça que ele e que, de fato, se casou por procuração, transferindo-se para o Rio com a mãe e as tias, fixando residência, algum tempo depois, em Niterói.

Sua forma de ser apresentava facetas inesperadas e conflitantes. Durante toda sua existência jamais fumou, bebeu ou jogou. Mas sabia quais as boas coisas que a vida pode oferecer. Era um homem que falava pouco e ria menos. Extremamente introvertido, dava a impressão de estar permanentemente absorto em profunda meditação. Muito calmo, de gestos tranqüilos, sua presença era quase despercebida. Mesmo em casa, onde permanecia a maior parte do tempo na biblioteca, dali saindo apenas para as refeições, para dormir ou atender certas obrigações sociais. (P.26) E explica que ele não perdia a menor oportunidade para exercitar sua ironia inata.

Não tinha nenhuma religião. Era materialista convicto e jamais induziu qualquer filho a seguir este ou aquele caminho das indagações espirituais. (P.28) Transcreve, em seguida, ligeiro trecho de *Notas de Um Diarista*, sobre o Espiritismo.

Não desencarnou totalmente cego, uma vez que escreveu a sua última crônica, sete dias antes, na velha Remington, hoje na Academia Brasileira de Letras. (P.34)

Morreu sem deixar dívidas, mas também não deixou bens materiais. Nasceu pobre e assim morreu, embora tenha conseguido amealhar o tesouro que sempre desejou possuir: o do saber, da cultura, da inteligência. É a vida de um autodidata que foi e será um estímulo para aqueles que, acima do dinheiro e das aparências, colocam os valores intemporais do aprimoramento do espírito.

Deixou de existir, fisicamente, no dia 5 de dezembro de 1934. Após o velório, na Academia Brasileira de Letras, foi sepultado no Cemitério São João Batista, no Rio. Tinha então 48 anos. (Pp.42-43)

O escritor conservava, com muito carinho e ciúme, sua biblioteca de obras escolhidas. Reunindo alguns milhares de volumes, eram necessárias duas amplas salas para suas estantes e um permanente serviço de manutenção. Diante dessas exigências que não podia atender, a família vendeu-a para o governo do Estado do Maranhão, pela importância de quarenta contos. (P.44)

Daí por diante, o Autor se refere ao rumoroso caso do processo da família Humberto de Campos contra a Federação Espírita Brasileira e o médium Francisco Cândido Xavier, que resultou no livro *A Psicografia ante os Tribunais*, de Miguel Timponi, uma obra-prima.

Atualmente, depois de trinta e sete anos, já foram publicados cerca de doze desses livros psicografados. Somadas todas as suas edições, ultrapassam de muito o total dos volumes impressos das obras que Humberto de Campos escreveu, quando ainda fazia parte deste mundo. De qualquer forma, é reconfortante saber que seu nome continua sendo um sucesso literário. (....)

Na sessão de 15 de março de 1934, o escritor entregou à Academia Brasileira de Letras, da qual fazia parte desde 1920, na vaga de Emílio de Menezes, dois embrulhos de papel pardo, em cada um dos quais, datilografada, a indicação: "Diário de Humberto de Campos. Para ser aberto e publicado no ano de 1950." (P.46)

A viúva do escritor faleceu no dia 22 de maio de 1951, aos cinqüenta e seis anos de idade. Vítima de um fulminante ataque cardíaco, expirou nos braços do filho Humberto. (P.49)

Um dado que merece registro. Apesar de toda essa popularidade e apesar de ser considerado um dos mais brilhantes e expressivos cronistas brasileiros, Humberto de Campos nunca teve qualquer um de seus livros traduzidos para outra língua. Uma possível explicação poderia ser encontrada naquela queixa, quando se comparou ao marceneiro pobre. Mas aquelas maravilhosas páginas de "O Monstro e Outros Contos"? Não têm a força e a grandeza do que existe de melhor na literatura universal? (P.50)

Às pp. 52-54, referência aos três filhos que restam da família de Humberto de Campos: Maria de Lourdes Campos Campello, viúva, sem filhos. "Formada em engenharia, especializada em mecânica do solo."; Henrique, gerente editorial, pai de duas filhas - Vanda, já desencarnada, e Marilena -; Dr. Humberto de Campos Filho, jornalista e escritor.

O mesmo Autor, em *Irmão X, meu pai*, no qual foram reproduzidas doze excelentes fotos e feitas transcrições apropriadas de trechos autobiográficos de seu ilustre genitor, às páginas 33-37, refere-se, detidamente, a "Um Amigo da Infância", expressivo capítulo das *Memórias*, cuja 1ª edição saiu no Rio, em 1933, estudado por Álvaro Lins e Aurélio Buarque de Hollanda (RLBP, pp. 771-774), com ênfase dada a importante traço estilístico de Humberto de Campos - o emprego elegante do pronome átono em lugar do possessivo, "um recurso com que se foge ao abuso deste em nossa língua" -, citando o exemplo de "lhe subo ao galho", ao invés de "subo ao seu galho", traço estilístico este que se observa ao longo de toda a obra psicografada pelo médium Francisco Cândido Xavier, como poderá verificar o próprio leitor, páginas adiante.

CHICO XAVIER, MÉDIUM VETERANO DO ESPIRITISMO NO BRASIL

Difícil, sem dúvida, nos estreitos limites de um simples item, tudo relatar sobre Francisco Cândido Xavier, o tão querido médium do *Parnaso de Além-Túmulo*, que desde 1927 até 2002, de modo ininterrupto, vinha distribuindo consolo à Humanidade, através dos livros que ultrapassaram a expressiva cifra de quatro centenas e mensagens psicografados, e de seu próprio exemplo de autêntico seguidor do Cristo, no trato com as criaturas em geral, do plano físico e das esferas espirituais, sob a orientação de Allan Kardec, secundado, a partir de 1931, pela amorável e sábia assistência de Emmanuel, o Benfeitor Espiritual que todos passamos a amar e por quem temos profunda admiração.

Francisco Cândido Xavier (1910-2002) – foto autografada para D. Myrthes Barbosa (1901-1984), mãe do autor.

Nasceu Chico Xavier, carinhosamente assim tratado por todos aqueles que tiveram a felicidade de com ele privar, em Pedro Leopoldo, Minas Gerais, simpática cidade pouco distante de Belo Horizonte, a capital do Estado, em pleno Sudeste do Brasil, a 2 de abril de 1910, filho do Sr. João Cândido Xavier e de D. Maria João de Deus, desencarnados, respectivamente, em 1960 e 1915. É o quinto dos nove filhos do primeiro casamento de seu genitor.

Sobre Pedro Leopoldo - é bom que se esclareça -, com área de 305km², integra a Região Metropolitana da grande Belo Horizonte, distante da capital cerca de 40km. Possui, segundo dados de 2001 do IBGE, uma população de 55.349 habitantes. O município tem a sua origem na agropecuária, de cunho relevante, ao lado da atividade industrial representada pela Fábrica de Tecidos Cachoeira Grande, na qual Francisco Cândido Xavier trabalhou em plena adolescência.

Fez Chico Xavier o curso primário em sua terra natal, tendo sido sua professora a Sra. Rosária Laranjeira, católica de profunda compreensão, segundo o próprio Chico, numa das várias entrevistas enfeixadas no livro *No Mundo de Chico Xavier*.

De família tradicionalmente ligada ao Catolicismo, Chico se confessava de dois em dois meses com o padre Sebastião Scarzello, dele se despedindo, em 1927, quando abraçou a mediunidade com Jesus e Kardec, após ter sido sua irmã, D. Maria Xavier Pena, casada com o Sr. Jacy Pena, curada de um processo obsessivo, e de ter participado das memoráveis sessões da manhã de 7 de maio e de 8 de julho daquele ano, no Centro Espírita Luiz Gonzaga, sob a orientação do Sr. Hermínio Perácio e de sua esposa, D. Carmen Pena Perácio, então residentes na Fazenda Maquiné, município de Curvelo.

De 1927 a 1931, Chico Xavier psicografou centenas de mensagens que foram posteriormente incineradas por determinação de Emmanuel e de outros Benfeitores Espirituais, por considerá-las esboços e exercícios de entidades diversas, a adestrar-lhe a instrumentalidade mediúnica. Muitas delas foram publicadas, graças à iniciativa de José Cândido Xavier, irmão de Chico, e do Sr. Ataliba Ribeiro Vianna, o primeiro presidente do Centro Espírita Luiz Gonzaga, na imprensa espírita - jornal *Aurora*, dirigido por Ignácio Bittencourt, do Rio de Janeiro -, no *Jornal das Moças* e no Suplemento Literário de *O Jornal*, também do Rio, e no *Almanaque de Lembranças,* de Portugal.

No Capítulo 19 - "Depoimento de Pereira Guedes" -, de *Presença de Chico Xavier*, encontram-se transcritos três belos sonetos assinados por F. Xavier, dois deles dedicados a José Tosta, responsável pelo Espiritismo na coluna "Vários Cultos", da *Gazeta de Notícias*, da então Capital da República.

O *Novo Almanaque de Lembranças Luso-Brasileiro para 1932*, na página 162, publicou este soneto do Espírito de Auta de Souza (Macaíba, Rio Grande do Norte, 12 de setembro de 1876 - Natal, 7 de fevereiro de 1901), sem a sua assinatura, porque só mais tarde o médium veio a saber, pelo benfeitor Emmanuel, que se tratava da admirável autora de *Horto,* transcrito do livro *Auta de Souza*, organizado por Stig Roland Ibsen, com Prefácio e biografia de Clóvis Tavares (Araras, SP, 1ª edição 1976, p. 29):

"SENHORA DA AMARGURA

Mãe das Dores, Senhora da Amargura,
Eu vos contemplo o peito lacerado
Pelas mágoas do filho muito amado,
Nas estradas da vida ingrata e dura.

Existe em vosso olhar tanta ternura,
Tanto afeto e amor divinizado,
Que do vosso semblante torturado
Irradia-se a luz formosa e pura;

Luz que ilumina a senda mais trevosa,
Excelsa luz, sublime e esplendorosa
Que clareia e conduz, ampara e guia.

Senhora, vossas lágrimas tão belas
Assemelham-se a fúlgidas estrelas:
Gotas de luz nas trevas da agonia."

* * *

Sobre as dificuldades experimentadas por Chico Xavier, na infância, depois do retorno de sua querida genitora à Espiritualidade Maior, a 29 de setembro de 1915, quando com ela conversava, ao fundo de um quintal, recolhendo-lhe orientações e conselhos, foi entregue à tutela de D. Rita de Cássia, velha amiga da família Xavier; o seu encontro com o Anjo Bom - D. Cidália Batista Xavier, desencarnada a 19 de abril de 1931 -, segunda esposa do Sr. João Cândido Xavier, que trouxe para o seu convívio os nove filhos do marido, espalhados pelas diversas casas de pessoas amigas; o emprego numa fábrica de tecidos, trabalhando somente à noite, já que estudava durante o dia, em 1923; um ano depois, na condição de auxiliar de balcão e cozinha, no Bar do Dove, pertencente ao Sr. Claudovino Rocha; em 1926, na posição de caixeiro, no pequeno armazém do Sr. José Felizardo Sobrinho, onde chegou a trabalhar gratuitamente, depois que seu patrão fora acometido de uma trombose cerebral; a sua entrada para os serviços da Inspetoria de Fomento Animal, em 1933, por intercessão do seu amigo Fausto Joviano, cargo do qual se aposentou, em 1961, na condição de escriturário do Ministério da Agricultura, o leitor encontrará detalhes, além do clássico *Lindos Casos de Chico Xavier,* de Ramiro Gama, nos seguintes livros, além dos citados acima: *O Espiritismo no Brasil (Ecos de Uma Viagem)*, de Isidoro Duarte Santos, 2º Volume (Estudos Psíquicos Editora - Lisboa - J. Ozon Editor, Rio de Janeiro, 1960), Capítulo 10 - "Em Pedro Leopoldo"; *Chico Xavier, Mediunidade e Coração,* de Carlos A. Baccelli (Instituto de Divulgação Editora André Luiz, São Paulo, 1ª edição, outubro de 1985), e *Anuário Espírita 1977* (Instituto de Difusão Espírita, Araras, SP), "Médium Chico Xavier - Meio Século de Trabalho".

A propósito do episódio de D. Cidália e as segundas núpcias do Sr. João Cândido Xavier, vejamos quão belas são estas sextilhas de Enéias Tavares Santos, em sua *A Verdadeira História de Chico Xavier* (São Paulo, Luzeiro Editora Limitada, 1974), p. 22:

"— Claro que me casaria!
Disse ela, de prontidão,
Pois você é um bom homem
E lhe tenho estimação
Porém, para o casamento,
Imponho uma condição!
E qual é essa condição?
Ele perguntou por fim.
Quero que traga seus filhos,
Quero todos junto a mim
Eu irei ser a mãe deles,
Pois é Deus que quer assim!
O seu João sobressaltou-se
Com essa declaração,
Porque ele já havia
Pensado, de antemão,
Que os filhos impediriam
A sua nova união."

A vasta e fecunda bibliografia mediúnica de Chico Xavier, em 1967, foi pelo autor destes apontamentos estudada - os primeiros noventa volumes - no Capítulo 4 ("A Literatura Espírita na Mediunidade de Chico Xavier"), de *Chico Xavier - Quarenta Anos de Mediunidade,* de Roque Jacintho – 1929-2004 - (São Paulo, Edicel, MCMLXVII), especificando os literatos estrangeiros e nacionais que grafaram suas páginas através do nosso veterano médium espírita; a obra de Humberto de Campos/ Irmão X; a Coleção André Luiz; as páginas de Hilário Silva; os romances de Emmanuel; os aspectos formais da sua produção mediúnica - romance propriamente dito, romance tipo "memórias" (à maneira de *La Recherche de temps perdu*, de Proust, naturalmente noutro pólo e sem que haja qualquer relação entre si) -; conto, apólogo, novela; poesia (de forma fixa, tipo soneto, trova, etc., à modernista); folclore (num sentido superior); Literatura Infanto-Juvenil; crônica, reportagem, entrevistas, epistolário; História (universal e do Brasil), Ciência, Filosofia e Religião; clima teatral, apontado por Wallace Leal V. Rodrigues, residente no Plano Extrafísico desde 13-09-88, nos sonetos do Espírito de Cornélio Pires e de outros poetas; poemas tipo canção e fontes de inspiração para compositores espíritas; literatura inspirando literatura - os livros de J. Martins Peralva, de Sylvio Brito Soares, a organização de *Pérolas do Além* e *Palavras de Emmanuel*; *Flores de Outono*, este de Jésus Gonçalves (São Paulo, LAKE - Livraria Allan Kardec Editora Ltda.); *Estudos de Espiritismo*, de João de Paula Teixeira, e a obra das mais eruditas de quantas existem na bibliografia espírita em língua portuguesa, o *Vocabulário Histórico-Geográfico dos Romances de Emmanuel (Adaptação às Expressões do Mundo Moderno)*, de Roberto Macedo -; e as obras que até aquela época focalizavam a vida e a obra de Chico Xavier, entre outras, a já citada *A Psicografia ante os Tribunais*, de Miguel Timponi; *Escritores e Fantasmas*, de Jorge Rizzini; a coleção de *Anuário Espírita*, a partir do Ano I, Nº 1, 1964; *Graças sobre Graças*, de Leopoldo Machado, 1952, e *Um Só Senhor*, de Romeu do Amaral Camargo, 1946.

Em 1971, Stig Roland Ibsen (1927-1995) e Edith Nóbrega Canto Ibsen organizaram o *Catálogo Geral das 100 Obras de Francisco Cândido Xavier*, através do qual ficamos sabendo que, até então, 491 Autores Espirituais já haviam se comunicado por intermédio do médium Xavier; a existência de um total de 317 edições de suas obras, incluindo as estrangeiras - em Castelhano, Esperanto, Francês, Inglês e Japonês -, sendo nove as editoras brasileiras e o total geral de 2.301.000 livros publicados em nossa Pátria.

Em 1976, no Capítulo I - "Chico Xavier e Cultura" -, de *Esperanto como Revelação/Esperanto kiel revelacio*, de Francisco Cândido Xavier, pelo Espírito de Francisco Valdomiro Lorenz, edição bilíngüe — Português-Esperanto — (Araras, SP, IDE), depois de me referir à *visão* de D. Carmen Pena Perácio, na reunião de 18 de janeiro de 1929, da "chuva de livros" sobre a cabeça do Chico, e aos romances recebidos por ele que foram representados em teatro e quatro deles que foram levados à televisão, através da TV Itacolomi, de Belo Horizonte, a saber: *Há Dois Mil Anos... (Lívia)*, em 1961, *50 Anos Depois (O Grande Testemunho)*, em 1962; *Renúncia*, em 1963, e *Ave, Cristo!*, em 1964, tendo sido *Paulo e Estêvão* radiofonizado pela antiga Rádio Clube do Brasil (hoje, Rádio Mundial), do Rio de Janeiro, relacionei os 139 livros até então publicados, além dos traduzidos para outros idiomas, inclusive o *Há Dois Mil Anos...*, em Grego, traduzido pelo ilustre professor Georges Kalapodopulos, e os discos, em número de seis, de Francisco Cândido Xavier.

Sobre o rumoroso caso Humberto de Campos, em 1944, quando a família do inesquecível escritor maranhense ingressou em juízo com uma ação declaratória contra a Federação Espírita Brasileira e o médium Francisco Cândido Xavier, reclamando os direitos autorais das obras recebidas medianimicamente, faz-se necessária a consulta ao *A Psicografia ante os Tribunais*, no seu tríplice aspecto, jurídico, científico e literário; *Testemunhos de Chico Xavier*, de Suely Caldas Schubert (Rio, FEB, 1ª edição, 1986), que enfeixa a correspondência entre Chico Xavier e o Dr. A. Wantuil de Freitas, desencarnado em 1974, que foi diretor da Federação Espírita Brasileira por trinta e quatro anos consecutivos, de 7 de dezembro de 1943 a 4 de agosto de 1964; *Brasil, Mais Além!*, de Duílio Lena Bérni - 1908-1996 - (Rio, FEB, 1ª edição, 1979), tratando especificamente da obra-prima que é *Brasil, Coração do Mundo, Pátria do Evangelho,* do Espírito de Humberto de Campos, recebida pelo médium Xavier em 1938; e os meus modestos artigos "Humberto de Campos, Chico Xavier e Agrippino Grieco" e "Chico Xavier - Monumental Bibliografia Mediúnica", insertos, respectivamente, nas páginas 117-122 da revista *Chico Xavier – 60 Anos de Mediunidade*.

A participação do médium de Emmanuel em trabalhos de efeitos físicos encontra-se estudada no *Chico Xavier - 60 Anos de Mediunidade,* editada pela FEESP - Federação Espírita do Estado de São Paulo - (1ª edição, 1987, e 2ª, 1991), e em *A Reencarnação*, órgão da FERGS - Federação Espírita do Rio Grande do Sul - (Nº 405 - Ano LIX, Maio/93).

O EEG (eletroencefalograma) feito em Chico Xavier, sob minha inteira responsabilidade, e que mereceu comentários em diversas publicações, inclusive numa revista já fora de circulação e citada por Guy Lyon Playfair, em seu livro *The Flying Cow - Research into Paranormal Phenomena In the World's Most Psychic Country,* lançado simultaneamente em Londres e no Canadá, em agosto de 1975, pela Souvenir Press, e traduzido no Brasil, no início da década de oitenta, foi devidamente apreciado pelo professor J. Herculano Pires em seu excelente trabalho "Chico Xavier: o homem futuro", na revista *Planeta nº 10* (São Paulo, Editora Três, junho de 1973, pp. 50-65); no conhecido livro *Materializações Luminosas,* já traduzido para o Espanhol, de R. A. Ranieri, hoje residente no Mundo Espiritual, e no admirável *Chico Xavier: Mandato de Amor*, editado pela União Espírita Mineira, de Belo Horizonte, em 1992.

Residiu o médium em Pedro Leopoldo, Minas, até dezembro de 1958, transferindo-se para Uberaba, Triângulo Mineiro, em janeiro de 1959, permanecendo ligado à Comunhão Espírita Cristã até abril de 1975, passando, daí por diante, a atender em seu Culto Evangélico do Lar, no Grupo Espírita da Prece. O livro *O Espiritismo em Uberaba,* de Carlos A. Baccelli (1ª edição, 1987, Secretaria Municipal da Educação e Cultura - Prefeitura Municipal de Uberaba, distribuição gratuita), explica os motivos pelos quais Chico Xavier imprimiu novo e abençoado rumo em suas tarefas, referindo-se a alguns dos títulos, comendas, medalhas e lauréis outros com que Chico Xavier foi homenageado ao longo de sua trajetória, mormente nos últimos anos.

Relacionados sejam, em seguida, alguns dos livros que existem no Brasil sobre Francisco Cândido Xavier e a sua grandiosa obra medianímica, um deles contendo entrevistas com o próprio médium: *Jesus, Kardec e Emmanuel*, de Carlos Peppe (Uberaba - Minas Gerais, 1963); *Trinta Anos com Chico Xavier* e *Amor e Sabedoria de Emmanuel*, de Clóvis Tavares, lançados pela Edição Calvário (São Paulo, respectivamente, em 1967 e 1970, atualmente reeditados pelo Instituto de Difusão Espírita - IDE -, de Araras, SP); *Chico Xavier, D. Pedro II e o Brasil*, de Walter José Faé (São Paulo, Nova Época Editorial Ltda., 1975); *A Ponte - Diálogos com Chico Xavier*, de Fernando Worm (Porto Alegre, Livraria do Globo, 1977); *Nosso Amigo Chico Xavier*, de Luciano Napoleão da Costa e Silva (São Paulo, Nova Mensagem Editorial Ltda., 1977); *Resumo das Obras Psicografadas por Francisco Cândido Xavier*,

Organização da Comissão Nacional Pró-Indicação de Francisco Cândido Xavier ao Prêmio Nobel da Paz (São Paulo, 1981), com excelente introdução do Dr. Freitas Nobre (1921-1990); *50 Anos de Parnaso*, de Clóvis Ramos (Rio, FEB, 1982); e o *Índice Geral das Mensagens Psicografadas por Francisco Cândido Xavier*, de Vivaldo da Cunha Borges (Belo Horizonte, União Espírita Mineira, 1988).

Quando fiz a pergunta a Chico Xavier, em 1967 (*No Mundo de Chico Xavier*, Capítulo 5, nº 18): "— Emmanuel já fez para você alguma referência especial sobre Allan Kardec?" - sua resposta lapidar apenas vinha confirmar o que vários amigos e eu sempre observamos nele, ao lado de sua grande humildade e do completo desprendimento dos bens terrenos: a sua fidelidade absoluta a Jesus e a Kardec:

"— Lembro-me de que num dos primeiros contatos comigo, ele me preveniu que pretendia trabalhar ao meu lado, por tempo longo, mas que eu deveria, acima de tudo, procurar os ensinamentos de Jesus e as lições de Allan Kardec e disse mais que, se um dia, ele, Emmanuel, algo me aconselhasse que não estivesse de acordo com as palavras de Jesus e Kardec, que eu devia permanecer com Jesus e Kardec, procurando esquecê-lo."

É O BRASIL, COM EFEITO, O CORAÇÃO DO MUNDO, A PÁTRIA DO EVANGELHO

Necessitaria eu de páginas e páginas para justificar um título tão peremptório quanto o deste item. Entretanto, limitar-me-ei a poucas transcrições, deixando que o próprio leitor venha a preencher a lacuna - que por certo existirá - no que se refere às minhas conclusões.

Disponho de tanto material para oferecer ao leitor oportunidade de reflexão sobre o assunto, que me limitei a citar artigos publicados de 1992 a 1997, escolhendo número reduzido de títulos de publicações brasileiras.

Partindo do pressuposto de que somente um país com dimensões continentais onde um povo aparentemente inculto, do ponto de vista intelectual, mas que alimenta o sentimento puro da fraternidade legítima, inobstante ostente altos índices de criminalidade e de corrupção, como acontece em todos os redutos humanos deste nosso planeta de provas e expiações, é o único, a meu ver, que, com efeito, poderá acatar o Evangelho do Cristo, pondo-o em prática.

O Divino Mestre deu-nos o exemplo, escolhendo para seus discípulos os pescadores mais humildes, deixando que os sábios e os políticos da época prosseguissem em seus misteres. Escolheu-os, mesmo sabendo o quanto eram falíveis, incapazes de defendê-lo, no momento supremo de sua alta missão na Terra.

De igual modo, por que este mesmo Diretor Espiritual de nosso Orbe haveria de permitir que o seu Evangelho fosse entregue a um país em que o materialismo campeasse - sempre que há muita cultura intelectual, costumamos verificar que o orgulho de raça predomina e a caridade e a humildade são rechaçadas a segundo plano, predominando o egoísmo feroz - por que, repito, determinaria Ele, Jesus, que o seu Evangelho fosse aí implantado? Para quê?

A revivescência do Cristianismo puro dos primeiros tempos só poderá, na verdade, ser posta em prática por um povo onde o coração predomine, mesmo que ante o mundo esse mesmo povo possa vir a ser considerado digno de pena, pelo seu atraso no que se refere às questões de ordem puramente física, sem qualquer busca do cultivo da espiritualidade, com cérebros brilhantes ditando as normas em todos os sentidos.

O exemplo de Saulo, um doutor da lei, que se transformou em Paulo, ante a visão do Cristo, no caminho de Damasco, é a prova inconcussa de que o Evangelho do Cristo só poderá ser implantado num país qual o Brasil, em que as massas populares guardam as características dos pescadores da primeira hora.

O assunto só poderá ser polêmico para aqueles que não estudam os princípios doutrinários do Espiritismo, ou o fazem de modo superficial, optando pelo cultivo sistemático do orgulho, do egoísmo e da tola vaidade.

Num artigo naturalmente pessimista - os que não estudam o Espiritismo e não conseguiram ler as obras recebidas pelo médium Francisco Cândido Xavier, especialmente o *Brasil, Coração do Mundo, Pátria do Evangelho*, escrito pelo Espírito de Humberto de Campos, quatro anos após a sua desencarnação -, a então estudante do 1º ano de Jornalismo Alessandra Freitas (JU, 26-08-92, p. A-2, "Brasil, Brasil, Brasil...") chega a questionar: "Desde o teu princípio nunca tiveste opinião própria. Portugal mandou e a Inglaterra desmandou. Todas as vezes em que tentaste te livrar, nunca conseguiste. Por quê?"

Um espírita convicto poderá responder: por necessidade cármica do povo brasileiro, que se prepara, condignamente, para a grande transformação que se dará, em momento oportuno, quando os povos, cansados de cultivar o mal, aqui virão trazer a tecnologia apropriada, recebendo o consolo de que necessitam suas almas aflitas, eles mesmos se encarregando de exportar as lições vivas do Evangelho de Jesus, à Luz do Espiritismo, para aqueles que, também por necessidade cármica, não venham a merecer aqui estar conosco, fruindo a felicidade relativa deste mundo, que se traduz na prática da Caridade e da Humildade legítimas.

Otto Lara Resende (1922-1993), ao indagar: "Qual é a fala padrão do brasileiro, agora?" (FSP, 06-09-92, p. 6-3), referindo-se aos tantos sotaques e cacoetes regionais, alerta-nos para a importância da unidade da Língua Portuguesa em nossa Pátria.

Em "Celtas podem ter dado nome ao Brasil", da Redação da FSP (16-09-1992, p. 2-10), depois da afirmativa de que os estudiosos propuseram mais de 13 línguas como origem de brasil, destacando o tupi, aríaco, sânscrito, grego, toscano, vêneto, provençal, inglês, céltico, árabe, latim, germânico e francês, registra-se o seguinte:

"A teoria de que brasil vem do céltico encontra cada vez mais aceitação. Foi defendida em 67 por Adelino José da Silva d'Azevedo no texto 'Este Nome: Brazil', de 400 páginas. (....)

Na mitologia céltica, as terras Hy Brazil (Filhos do Vermelho) são uma explicação para o fim do comércio com os gregos e fenícios. Estes teriam se perdido no mar e encontrado uma fantástica ilha onde passaram a viver. (....)

O filólogo também ensina que a grafia correta do país seria com 'z'. O 's' passou a ser usado no séc. 19, por insistência de Cândido de Figueiredo, que fazia a etimologia de Brasil remontar ao germânico bras, significando carvão incandescente."

Pedro Paulo A. Funari, professor do Departamento de História da Unicamp (Universidade Estadual de Campinas) e pesquisador da Universidade Estadual de Illinois, Estados Unidos, em "'Brasil', um nome celta que habitava o imaginário medieval" (FSP, 28-04-97, p. 6-13), depois de se deter num planisfério, conhecido como Kunstmann 4º e datado de 1519, tece as seguintes considerações:

"De fato, nos mapas medievais, o mundo conhecido aparecia

rodeado de ilhas reais ou imaginárias. Uma delas, a ilha Brasil, aparece primeiramente situada em um mapa de 1324, a oeste da Irlanda, localização repetida em diversos planisférios posteriores.

As mais antigas grafias - como 'Ho Brasile', 'O Brasil', 'Hy Brasil' - demonstram se tratar de um nome celta, grupo de línguas da Irlanda e do País de Gales.

O sentido seria 'Terra dos Bem-Afortunados', 'Ilha da Felicidade' ou 'Terra Prometida', já que a raiz 'bres', em irlandês, significa 'nobre, sortudo, feliz, encantado'. Esse nome conviria bem a uma ilha imaginária a oeste do mundo conhecido, na mentalidade medieval."

Semelhantes considerações são aqui feitas apenas para que nos lembremos de que o Codificador do Espiritismo, com o nome civil de Hippolyte Léon Denizard Rivail, adotara o de Allan Kardec, por ter sido, com este nome, um sacerdote druida, numa de suas vidas anteriores.

No jornal ME (Outubro de 1992, p. 3), foi publicado este belo soneto de Sérgio Andrade da Silva, seareiro do Espiritismo, na cidade de Cássia (MG), que prazerosamente transcrevo, na íntegra, por resumir, em quatorze versos, o belíssimo livro do Espírito de Humberto de Campos, publicado, em 1938, e que tanto impressionou a senhora mãe do autor de *Lagartas e Libélulas*, como ficou evidenciado acima:

"BRASIL

Há uma grande pátria abaixo do Equador
Onde o sentimento transborda em toda parte.
Onde o povo, qual poeta, torna em arte
Sua cantiga de esperança em meio à dor.

Sua gente segue simples, pés no chão,
Espalhando seu amor ao mundo inteiro.
Missão sublime da Pátria do Cruzeiro,
Cujo próprio mapa lembra um coração.

Se as dores são lições, e a Terra grande escola,
A caridade atende, o amor consola,
E a fé no peito desse povo é luz.

E em meio à crise que assola o mundo velho,
Busca o Brasil, nos passos do Evangelho,
A paz imperecível com Jesus."

No suplemento **MAIS!** (FSP, 11-10-1992, p. 6-4), predominantemente dedicado à comemoração dos 500 anos da descoberta da América, é bastante expressivo o pequeno quadro intitulado "Teorias sobre o 'atraso' da América Latina", no qual são citados os nomes dos autores que se prenderam aos seguintes temas: Determinismo racial e/ou geográfico; herança cultural dos colonizadores e organização econômica (sentido da colonização).

Da crônica, bem-humorada, de Otto Lara Resende, "Brasileiro: o que é?", que fique pinçado este passo:

"Brasileiro é isso, esse jeitão descontraído.

Boazinha a história [da moça canadense], mas falta a minha definição do jeito brasileiro de ser. Não vale falar em calor humano. Puxo pela cuca e me vem a conversa com o americano. Só brasileiro inventaria o quebra-molas. Na Bahia, é redutor de velocidade. Sinais e placas como em qualquer lugar do mundo. E o quebra-molas. Velocidade máxima: 40km. E o quebra-molas: 5km. Nos Estados Unidos, quebravam o quebra-molas. E a cara de quem o inventasse. Será que achei? Sim, está aí: é isto ser brasileiro. Nesse exato momento, caiu a ligaçao. Viva o Brasil!"

Carlos Eduardo Lins da Silva, em "EUA correm o risco de ser o Brasil do futuro" (FSP, 26-12-1992, p. 2-8), se tivesse lido o famoso livro recebido pelo médium Francisco Cândido Xavier, que tanta alegria trouxe aos brasileiros sensatos, publicando fotos com as legendas: "Cozinheiro desempregado pede esmolas em Nova York"; "Mendigo costura roupas de outros mendigos em São Paulo" e "Mulher saqueia loja durante confusão de conflitos raciais em San Francisco, Costa Oeste", não concluiria assim o seu brilhante artigo:

"Falsos argumentos como estes não resolvem o problema americano. Suas soluções só podem ser encontradas nos EUA mesmo. Evitar a sua brasileirização é o maior desafio deste país para o século 21."

Pelo contrário, procuraria enfatizar para que o povo norte-americano, o mais rápido possível, trouxesse para o Brasil toda a sua tecnologia de ponta, levando para os que lá permanecessem o que existe de fraterno e bom no povo brasileiro, com vistas a evitar que o fim deles não seja semelhante ao do Império Romano. Sem a evangelização legítima do povo, o que significa sentir o Cristo à Luz do Espiritismo, continuando todas as religiões atualmente existentes prosseguindo como são, mas com seus profitentes imbuídos dos princípios doutrinários da Doutrina Espírita, notadamente o Trabalho, Solidariedade e Tolerância, Fora da Caridade não há Salvação, a aceitação plena da comunicabilidade dos Espíritos e da Reencarnação, numa palavra, cultivando a Lei de Amor, qual fez o próprio Cristo, colocada por Allan Kardec à altura da compreensão de todos - os filhos de Deus -, letrados ou não, pertencendo todos a uma só e grande família, num mundo não propriamente globalizado, mas considerado uma só nação, capaz de preparar os homens para a grande transformação da Terra em mundo de Regeneração.

Em entrevista concedida a Jorge Coli, auxiliado pelo excelente tradutor, sr. Trohler ("Neto de Wagner diz que compositor foge às normas", FSP, 27-12-1992, p. 6-10), Wolfgang Wagner, também bisneto de Liszt, expende considerações sobre D. Pedro II que bem confirmam a opinião de Humberto de Campos, quando neste mundo e após a sua desencarnação. Vejamos parte do início do referido *tête-à-tête*:

"**Folha - Eu gostaria de começar por uma questão geral - a relação entre o caráter nacional e universal de Wagner -, mas abordando-a por um viés particular. O imperador brasileiro Pedro 2º foi admirador de Wagner, esteve aqui em Bayreuth quando da primeira Tetralogia, em 1876, e manteve correspondência com o compositor. Teria surgido mesmo a idéia de um Festival Wagneriano no Rio de Janeiro. Imaginemos que este projeto tivesse dado certo. Seria possível pensar o festival fora da Alemanha, Bayreuth na América Latina?**

Wolfgang - Se eu soubesse que o senhor me faria questões deste gênero, teria me documentado melhor. O que posso dizer sobre Wagner e o imperador do Brasil é pouco. Sei que ele foi hóspede do festival em 1876. No livro de registros do festival, ele escreveu: nome, Pedro 2º; profissão, imperador! Além disso, Wagner deveria escrever para o imperador uma ópera italiana leve, porque ele conhecia o gosto do monarca por esse estilo. Finalmente, a ópera que nasceu disso foi "Tristão e Isolda", que não é exatamente uma ópera italiana leve."

JCFM (Maio/93, p. 6), entrevistando o professor Giovanni Berlinguer, uma das maiores autoridades em Bioética, sob o título "Os Limites da Ciência", traz o seguinte, a certa altura:

"**Jornal do CFM - Nos países do Terceiro Mundo, onde os**

problemas de saúde e a corrupção são mais agudos, como resolver os problemas da administração de saúde?

Berlinguer - Não sei se a corrupção é maior nos países do Terceiro Mundo ou nos do mundo desenvolvido. O que se chama de 'mundo desenvolvido' é desenvolvido economicamente e subdesenvolvido moralmente. E uma das razões disso é sua insensibilidade frente às condições de vida dos países pobres. Não sei se a corrupção é maior ou menor nos diferentes países. Seguramente, na Itália é - ou era - muito alta. Mas me parece que a corrupção no nosso país não é uma ameaça à vida dos cidadãos. Pode ser uma ameaça à prosperidade e ao bem-estar. Mas, ao menos, na Itália, as pessoas podem comer, dormir numa casa, ter um trabalho e uma atenção médica. Se se rouba num país como o Brasil, isto é uma ameaça direta à vida dos cidadãos. Não posso dar conselhos a países do Terceiro Mundo, mas penso que a saúde não pode dividir-se entre um país e outro. Se há uma política mundial e uma participação de todas as nações, ricas e pobres, para a solução dos problemas de saúde dos países com piores condições, isto não será apenas uma injustiça, mas pode se transformar rapidamente numa ameaça global para a Humanidade."

Sobre Portugal, tão-somente as seguintes considerações:

Em "Relações entre povos são dinâmicas", Federico Mengozzi (FSP, 02/12/1993, 6-5) afirma: "Pequeno território plantado à beira-mar e cercado pela permanente hospitalidade castelhana pelo lado leste, o mar – 'ó mar salgado, quanto do teu sal / são lágrimas de Portugal', escreveu Fernando Pessoa - era a via através da qual o país se libertava. Estabelecida a monarquia por D. Afonso Henriques, coube aos reis da Casa de Avis lançar as bases da epopéia dos descobrimentos.

Algum ideal - a evangelização - e muita cobiça - escravos, especiarias, ouro - foram alargando as fronteiras do mundo conhecido. No início, costeou-se a África, alcançar novos pontos ao sul do continente, até que foi dobrado, para se iniciar a etapa final da conquista de um caminho para as Índias.

Houve um tempo em que o sol não se punha no império português. O continente brasileiro incluso, os territórios somavam mais de 10 milhões de quilômetros quadrados e se espalhavam por quatro continentes. Hoje, o país se restringe a 92 mil quilômetros quadrados, 10,5 milhões de habitantes e um sonho - no qual Portugal joga suas fichas - chamado União Européia."

Darcy Ribeiro (1922-1997), etnólogo e antropólogo dos mais respeitados, numa de suas falas de 1977, intitulada "Sobre o Óbvio" (ECB, 1, pp. 9-22), dá uma descrição histórica do Brasil, aparentemente pessimista. Digo aparentemente pessimista porque todos aqueles que compreendem a destinação de nossa Pátria como sendo a Pátria do Evangelho sabem que "todo o nosso atraso", atribuído ao povo, é medida providencial para que não venhamos a cair no materialismo que reina, soberano e triunfante, nos mundos chamados desenvolvidos. Desenvolvidos, sim, do ponto de vista de cultura intelectual e capacidade para grandes avanços tecnológicos, mas distantes da prática efetiva dos preceitos evangélicos trazidos pelo Divino Mestre, quando de sua rápida passagem por este nosso Planeta, do qual é o Diretor Espiritual, envergando um corpo físico, não obstante em reportagem da revista *Veja* (Ano 29, Nº 20, de 15-05-96, pp. 93), somos informados de que "sete em cada dez americanos dão dinheiro a instituições de caridade. Três em dez trabalham como voluntários pelo menos uma hora por semana em hospitais, escolas ou penitenciárias", e que todos os detentores de grande riqueza material transferem para as numerosas fundações, que lá existem, vultosas importâncias em milhões de ações (na referida reportagem - "Hábito de ricaço", o empresário David Packard, que desencarnou em março de 96, com 83 anos de idade, deixou para a fundação, que leva o seu nome, a importância de 7,2 bilhões de dólares), certamente inspirados pelos seus respectivos anjos guardiães e Espíritos protetores.

Voltando a Darcy Ribeiro, verificamos que em "Ufanismo" (FSP, 04-12-95, p. 1-2), chega a afirmar, não obstante continue com o mesmo ponto de vista sobre a "classe dominante":

"Vejo o Brasil com o maior entusiasmo. Creio mesmo que não há nenhuma província na Terra nem povo algum tão apropriado para florescer como uma civilização bela, próspera e solidária.

Temos riquezas insuperáveis. Elas começam pela extensão imensa de terras úmidas, cultiváveis, iluminadas e aquecidas pelo sol mais intenso. (....)

Tudo isso e, principalmente, o povão de 150 milhões de pessoas, fundidas pela mestiçagem carnal e espiritual, cheios de vontade de trabalho, fartura e progresso, formam uma base que ninguém mais no mundo tem para eclodir uma nova civilização esplêndida."

Talvez, a esta altura, algum leitor não espírita poderá perguntar:

— Por que há tantos brasileiros vivendo na miséria, se o Brasil é o Coração do Mundo e a Pátria do Evangelho? Exatamente porque o estudo, por pouco aprofundado que seja da Doutrina Espírita, dar-nos-á a resposta: pela necessidade do resgate, de quando foram materialmente ricos e exploraram os que se lhe encontravam abaixo na escala social, da mesma forma que os ricos de hoje, que continuam cultivando o orgulho, o egoísmo e a tola vaidade, avessos à prática da caridade, deverão retornar à vida física para a devida quitação com a Lei de Causa e Efeito, ou serão conduzidos a mundos inferiores para auxiliarem aqueles que lá habitam, sofrendo amargamente pelo que deixaram de fazer em benefício da Humanidade.

Em "A classe operária vai à Internet" (FSP, 26-05-96, p. 1-20), informa-nos Gilberto Dimenstein sobre os Estados Unidos da América do Norte:

"As mesmas facilidades se aplicam à saúde - e, mais uma vez, os americanos têm toneladas de experiências bem-sucedidas.

As faculdades de medicina e organizações não-governamentais nos EUA fazem gratuitamente consultas on-line.

Mais: especialistas também dão seu tempo para ajudar pacientes desesperados com doenças raras.

Imagine como iria melhorar a vida nas cidades brasileiras sem hospitais. Ou, pelo menos, para evitar as filas nas grandes cidades.

Bastaria conectar os centros de saúde com um hospital ou faculdade. (....)

Sem contar que, pela rede, já existem inúmeros programas gratuitos de ajuda a pacientes com doenças mentais e grupos on-line para troca de experiências."

Referindo-se a um sobrinho de 7 anos, com inclinação belicista, naturalmente trazida de vidas anteriores, Marilene Felinto, em "Mundo roda seu nove filme de 5ª categoria" (FSP, 04-06-96, p. 3-2), transmite-nos uma verdade do que seja a preparação de nosso país para a grande mudança, que já vem se processando: "Economicamente no Terceiro Mundo, o Brasil já não é, geográfica e culturalmente, parte do Ocidente. Aumenta nossa sensação de isolamento, de sermos um nada diante dos povos que decidem os destinos geopolíticos dos povos." *Graças a Deus!* deverá ser a conclusão de todos os espíritas sinceros que tivemos a felicidade de nascer, crescer e lutar no Brasil.

Mesmo sabendo da diferença entre as touradas de Portugal e da Espanha, a cantora Rita Lee participa de protesto contra as touradas, em frente do consulado da Espanha, em São Paulo, juntamente com cerca de 50 pessoas, no ato organizado pela Uipa (União Internacional Protetora dos Animais). (Cf. FSP, 07 e 08-02-96, p. 3-1.) Por mais se nos pareça anódino semelhante episódio, fala-nos ele bem alto ao coração e à inteligência.

Em "Biografia traz memórias de Pedro 2°" (FSP, 02-03-96, p. 5-6), Vinicius Torres Freire oferece-nos considerações judiciosas. Vejamos o primeiro e o último parágrafos:

"Um executivo financeiro, hoje crítico do jornal 'Le Monde', publica na semana que vem na França as memórias imaginárias do imperador Pedro 2°. (....)

'Sou o Imperador do Brasil' é também uma tentativa de explicar o país aos franceses. 'Aqui se pensa que o Brasil é algo entre Togo e Nigéria. Mas havia liberdades civis no império, pelo menos para parte da população, que não existiam na Europa, como a liberdade de imprensa', avalia."

Deixando claro que os problemas com os quais o Brasil se defronta são os de todo o mundo - a destruição de empregos que seria também conseqüência de mudanças tecnológicas que privilegiariam a demanda por trabalhadores altamente especializados em detrimento dos operários sem especialização, residindo a solução, neste caso, na educação profissional e no retreinamento -, Rubens Ricúpero, em "O fantasma do pós-comunismo" (FSP, 02-03-1996, p. 2-2), afirma: "Poucos meses atrás, a UNCTAD (Conferência das Nações Unidas sobre o Comércio e o Desenvolvimento) dedicou parte substancial do seu principal relatório ao problema do desemprego de massa nos países industrializados", concluindo: "O capitalismo neoliberal se resigna, como vimos, a níveis de desemprego 'natural' cada vez mais intoleráveis. Enquanto não se assegurar a todo ser humano a possibilidade de se realizar pelo trabalho, será prematuro afirmar, como fazem os adeptos do 'fim da história' ou do 'pensamento único', que nenhuma alternativa ideológica como o neo ou pós-comunismo virá perturbar o reino tranqüilo e perpétuo da economia de mercado."

O industrial Antônio Ermírio de Moraes, em "Sinal de alerta" (FSP, 24-03-1996, p. 1-2), discorrendo sobre as informações econômicas que chegam da Ásia, segundo as quais a China, Tailândia, Coréia do Sul e Taiwan vêm demonstrando um crescimento de forma acelerada, diz, de modo enfático: "Que feliz é o brasileiro que vive numa paragem pacífica - não se metendo com ninguém e tampouco ameaçado pela cobiça alheia." Mas, em seguida, por não estar familiarizado, ao que tudo indica, com os princípios da Doutrina Espírita, possivelmente desconhecendo o livro de Humberto de Campos, sob nosso enfoque, complementa:

"Por outro lado, é pena ver o nosso Brasil capenga no campo econômico. Nossas exportações são tímidas quando comparadas com as dos Tigres Asiáticos. (....)

O mundo é assim. Quem tem força para crescer não tem para sustentar o futuro. Quem tem paz para desfrutar o presente não tem condições para crescer o necessário."

Que Doutrina, além da Espírita, poderá explicar o que para os materialistas ou profitentes de religiões formalistas seria um paradoxo? Esclarecendo-nos o Espiritismo que por enquanto sendo o nosso mundo de provas e expiações, deixa-nos tranqüilos e esperançosos, ao considerar tais ocorrências nunca absurdas, mas simplesmente naturais para os Espíritos, encarnados e desencarnados, que estamos todos caminhando em direção ao nosso objetivo maior que é a Perfeição, traduzida no cultivo do Amor Puro e da inteligência voltada para a prática infinita do Bem.

O mesmo autor, referindo-se a São Paulo, na sua coluna de domingo (FSP, de 23-06-96. p. 1-2), volta a dar a mesma ênfase ao assunto:

"Neste Estado, todos são bem-vindos, independente da nacionalidade, cor, religião ou posição econômica.

Aqui chegando, o que mais deixa os estrangeiros estupefatos é que o Brasil, com 8,5 milhões de quilômetros quadrados, mais de 150 milhões de habitantes e com graves problemas na área social, consegue falar a mesma língua e manter a ordem política, econômica e social."

A respeito de nosso abençoado idioma, a "Última flor do Lácio, inculta e bela", no dizer de Olavo Bilac (1865-1918), consultemos o Dr. José Leite de Vasconcellos (LFP, pp. 228-229; 315 e 417-418), sobre Dialetologia, e o professor Sousa da Silveira (LP, pp. 17-20), sobre a História da Língua Portuguesa, além da *Folhinha* Nº 1.509 (FSP, 1º-8-92, pp. 5-4 e 5-5), um jornal a serviço da criança, percorrendo a "Viagem ao Mundo da Língua Portuguesa", com os países que falam português, e

"Deuses se comunicam na Indonésia", de Cláudio Wakahara (FSP, 23-11-1995, p. 6-17), do qual destacamos o seguinte, para a nossa meditação: "O arquipélago indonésio compreende um total de 13.677 ilhas que se estendem por mais de 5.000km de leste a oeste ao longo da linha equatorial. Sua população, de 185 milhões de habitantes, é composta por mais de 300 etnias que se comunicam em 583 idiomas, entre eles o português (em Timor Leste)."

Importantes, sem dúvida, os seguintes dados, extraídos de "A comunidade de Países de Língua Portuguesa" (FSP, de 14-07-96, p. 5-6), ficando claro que "PPP é, em inglês, Paridade do Poder de Compra. O per capita mede a riqueza de cada indivíduo conforme o poder aquisitivo de sua moeda nacional, dado que um quilo de arroz pode ser bem mais barato em um país do que em outro", e "IDH é Índice de Desenvolvimento Humano, elaborado pela ONU, e mescla dados econômicos com indicadores sociais. São 174 países avaliados": 1) Angola - população: 10.069.501 - PPP per capita: US$ 674 - ranking no IDH: 165º; 2) Cabo Verde - 435.983 - US$ 1.820 - 122º; 3) Guiné Bissau - 1.124.537 - US$ 860 - 161º; 4) Moçambique - 18.115.250 - US$ 640 - 167º; 5) São Tomé e Príncipe - 136.780 - US$ 600 - 132º; 6) Portugal - 9.800.000 - US$ 10.720 - 35º; 7) Brasil - 164 milhões - US$ 5.550 - 58º.

Do venerável Padre Antônio Vieira (1608-1697), no seu "Sermão da Epifania", pregado na Capela Real, no ano de 1662 (S, pp. 4-10), traslademos tão-somente os seguintes passos:

"A primeira vocação da gentilidade foi nos dias de Herodes: *In diebus Herodis regis*; a segunda quase em nossos dias. A primeira foi quando Cristo nasceu: *Cum natus esset Jesus*; a segunda quando já se contavam mil e quinhentos anos do nascimento de Cristo. A primeira foi por meio dos reis do Oriente: *Ecce Magi a Oriente venerunt*; a segunda por meio dos reis do Ocidente, e dos mais ocidentais de todos, que são os de Portugal. (....) E como os Autores antigos só conheceram o Mundo Velho e não tiveram, nem podiam ter conhecimento do Novo; por isso Beda e Ruperto disseram com muita propriedade que os três Reis do Oriente representavam as três partes do mundo: Ásia, África e Europa. Contudo, S. Bernardo [Bern. Sermão 3, *De Nativitate*], que foi contemporâneo de Ruperto, combinando o nosso Evangelho com as outras Escrituras, conheceu com seu grande espírito, ou quando menos argüiu com seu grande engenho, que assim como houve três reis do Oriente que levaram as gentilidades a Cristo, assim havia de haver outros três reis do

Ocidente que as trouxessem à mesma fé: *Vide autem, ne forte ipsit sint et tres Magi venientes jam non ab Oriente sed etiam ab Occidente.* Quem fossem ou quem houvessem de ser estes três reis do Ocidente, que S. Bernardo anteviu, não o disse, nem o pôde dizer o mesmo santo, posto que tão devoto de Portugal e tão familiar amigo do nosso primeiro rei. Mas o tempo, que é o mais claro intérprete dos futuros, nos ensinou dali a quatrocentos anos que estes felicíssimos reis foram el-rei D. João o II, el-rei D. Manuel, e el-rei D. João o III; porque o primeiro começou, o segundo prosseguiu, e o terceiro aperfeiçoou o descobrimento das nossas conquistas, e todos três trouxeram ao conhecimento de Cristo aquelas novas gentilidades, como os três Magos as antigas. Os Magos levando a luz da Fé do Oriente para o Ocidente; eles do Ocidente para o Oriente; os Magos apresentando a Cristo a Ásia, África e Europa; e eles a Ásia, África e América; os Magos estendendo os raios da sua estrela por todo o Mundo Velho até as gargantas do Mediterrâneo; e eles alumiando com o novo Sol todo o Mundo Novo até as balizas do Oceano. (....) Este foi o modo da primeira criação do mundo. E quem não vê que o mesmo observou Deus na segunda por meio dos Portugueses? Estava todo o Novo Mundo em trevas e às escuras, porque não era conhecido. Tudo o que ali havia sendo tanto, era como se não nada, porque assim se cuidava se tinha por fábula. *Terra autem erat vanitas et nihil,* como dizia o Texto hebreu. O que encobria a Terra era o elemento da água; porque a imensidade do Oceano, que estava em meio, se julgava por insuperável, como a julgaram todos os antigos, e entre eles Santo Agostinho. Atreveu-se, finalmente, a ousadia e zelo dos Portugueses a desfazer este encanto, e vencer este impossível. Começaram a dividir as águas nunca dantes cortadas, com as aventurosas proas dos seus primeiros lenhos: foram aparecendo e surgindo de uma e outra parte, e como nascendo de novo as terras, as gentes, o mundo que as mesmas águas encobriam; e não só acabaram então no mundo antigo as trevas desta ignorância, mas muito mais no Novo e descoberto, as trevas da infidelidade, porque amanheceu nelas a luz do Evangelho e o conhecimento de Cristo, o qual era o que guiava os Portugueses, e neles e com eles navegava. Tudo estava vendo o mesmo profeta Isaías deste descobrimento, quando, falando com aquela nova Igreja pelos mesmos termos da primeira criação do mundo, lhe disse: *Quia ecce tenebrae operient Terram, et caligo populos, super te autem orietur Dominus, et gloria ejus in videbitur; et ambulabunt gentes in lumine tuo, et reges in splendore ortus tui.* (Isaías, LX, 2 e 3.)”

Em "Lisboa homenageia padre Antônio Vieira" (FSP, de 22-01-97, p. 4-4), Jair Rattner, ratificando a tese aqui defendida, entre outras considerações sobre a comemoração dos 300 anos de desencarnação de Vieira, em 1997, com o colóquio internacional "Vieira Escritor", por três dias, em Lisboa, enaltecendo, merecidamente, a principal figura da literatura de língua portuguesa do período barroco, esclarece: "Entre as teorias que Vieira defendia está a do Quinto Império, que afirma que o mundo seria dominado por uma potência espiritual e que a língua dominante seria a portuguesa. Uma das personalidades influenciadas por essa teoria foi Fernando Pessoa."

E o distinto poeta dos heterônimos, foi, como sabemos, um médium admirável, notadamente no campo da psicografia.

A propósito de línguas e unidade nacional, demonstrando o quanto o Brasil é um país abençoado, transcrevo, prazerosamente, parte do que se encontra no 1° caderno de *Folha* **Mundo** (FSP, de 14-01-97, p. 12), sob o título "'Ebanês' - Oakland (Califórnia pede que variação racial do idioma receba o status de língua estrangeira e seja usada na escola - Cidade quer aulas em 'inglês negro')", de Carlos Eduardo Lins da Silva:

"As autoridades escolares da cidade de Oakland, Califórnia (Costa Oeste dos EUA), resolveram reconhecer o 'inglês negro' como uma língua, não como gíria ou dialeto, e recomendaram ensino bilíngüe para estudantes negros.

A decisão, tomada em dezembro, tem causado intermináveis discussões nos EUA. Seus defensores acham que ela vai ajudar os alunos negros a melhorar seu desempenho escolar em todas as disciplinas e deveria ser adotada em todo o país. Críticos acham que ela aprofunda as divisões raciais e legitima o uso errado do inglês.

Segundo os responsáveis pela decisão, os hábitos lingüísticos dos negros norte-americanos têm raízes numa cultura distinta da anglo-saxônica, e eles devem ser tratados da mesma forma que os imigrantes de países onde não se fala inglês, que recebem educação bilíngüe em todos os EUA.

A Prefeitura de Oakland está pedindo ajuda do Estado da Califórnia e do governo federal para implementar o programa de ensino em 'ebanês', como está sendo chamado o 'inglês negro'."

Opina John Carlin, do "The Independent", de Washington: "Os

adversários do status de língua do 'ebonics' ('ebanês') afirmam que o inglês negro é uma gíria de baixo calão, que não merece financiamento do governo. Seus defensores dizem que é uma forma única de expressão que vem se desenvolvendo desde que os primeiros navios negreiros aportaram no país, vindos da África."

O já citado Darcy Ribeiro, que um leitor de Itápolis, SP, - Emerson Rinaldi - considerou ser "um homem que conseguia ser ufanista sem ser utópico", em "Projeto Brasil" (FSP, de 22-07-96, p. 1-2), volta a afirmar que o Brasil, não apenas pelo montante de nossa população, é a maior nação neolatina; que o nosso povo tem a vocação para trabalhar, com capacidade de exercer qualquer ofício ou profissão, e pela enormidade de nossos recursos naturais, concluindo, com aquela ansiedade que os brasileiros não espíritas ostentam, por lhes faltar a fé no futuro:

"Que é que nos falta para, afinal, dar certo? Falta-nos, essencialmente, vontade política para formular e pôr em execução um projeto próprio de desenvolvimento autônomo. Falta-nos, também, a consciência - debilíssima nos tecnocratas - da destinação do Brasil como civilização tropical e mestiça, que oferecerá ao mundo um novo padrão civilizatório.

Não vamos reproduzir ninguém como fazem as Austrálias, os Canadás e os EUAs. Seremos um gênero humano novo, uma Nova Roma. Melhor, porque lavada em sangue negro e em sangue índio.

Quem estranha que eu fale de Nova Roma está precisando estudar história. Que somos nós senão o rebento que há 2.000 anos saiu do Lácio e da Etrúria, latinizando meio mundo? A Ibéria latinizada nas versões espanhola e portuguesa foi o único broto latino que se multiplicou depois de 1.500 anos de descanso.

Na América Latina é que se reproduziu prodigiosamente e começa a florescer a Nova Roma."

Quando de sua memorável visita ao Centro Espírita Perseverança, de São Paulo, na noite de 27 de dezembro de 1992, com a presença de mais de três mil pessoas, Chico Xavier respondeu à seguinte pergunta formulada por D. Guiomar Albanesi, quando da entrevista concedida à Dra. Marlene Severino Rossi Nobre (Cf. LS, pp. 205-214), da *Folha Espírita*:

"Dentro de tanta violência e corrupção no Brasil, os

benfeitores ainda acreditam que o Brasil seja realmente o Coração do Mundo e a Pátria do Evangelho?

— Esta pergunta tem sido assunto de muitos diálogos nossos com os companheiros de nossa casa, mas nosso Emmanuel resumiu que dentro do mundo turbulento, com a incompreensão comandando tantos corações, tantos milhões de pessoas, que o Brasil é o Coração do mundo não pode ser motivo de dúvida para nós. Lembremo-nos de que com todas as deformidades que assinalam a nossa época, com todas as dificuldades de ordem material, ainda assim as nossas mesas têm sido amparadas pelos Benfeitores Espirituais. O pão que nós pedimos na oração dominical é multiplicado por bênçãos de toda espécie e, em comparação com outros povos e com outras nações, nós estamos com a nossa bandeira imaculada, inatingível por qualquer corrupção. Esta é a nossa atualidade, porque as nossas dificuldades têm sido sobrepujadas pela fraternidade com que nós amamos uns aos outros, pela facilidade com que apreendemos o ensinamento de nossos Amigos Espirituais, e vamos formando os núcleos de paz e amor que são as Casas de nossa Doutrina.

Quanto à conceituação de Pátria do Evangelho, nós somos compelidos a pensar no futuro, quando teremos, talvez, necessidade de exemplificarmos, até com sacrifício, o Evangelho que nos foi confiado por nosso Senhor Jesus Cristo, sem nos esquecermos que, do ponto de vista evangélico, até Ele foi atingido pelo sacrifício extremo para dar-nos essa alvorada maravilhosa que é a Doutrina de luz que nós abraçamos, que nos reúne a todos num abraço só, num só coração.

Chegada essa época, naturalmente, seremos compelidos a testemunhos e a exemplificações. Serão horas difíceis que nós, como filhos da Pátria do Evangelho, devemos enfrentar.

Preparemo-nos para um mundo de fraternidade, de fraternidade verdadeira em nos referindo às comunidades das nações.

Preparemo-nos, talvez, para abraçar os filhos de outras terras que virão até o coração do nosso país buscando a paz desejada, que para eles tem sido tão difícil de ser encontrada.

Somos, em verdade, geograficamente falando, o coração do mundo, e como filhos da Pátria do Evangelho somos chamados a exemplificar o que aprendemos, o que ensinamos, o que constitui a razão de nossas vidas.

Que Deus nos abençoe para sermos dignos da proteção que tem

sido espalhada por todos os recantos do nosso país, e a prova disso é que as dissidências havidas, os obstáculos expostos a nós outros não nos levaram a nenhuma cena de sangue.

A violência que existe no Brasil é a violência que existe no mundo, mas como povo nós temos sabido honrar a destinação a que fomos chamados.

Como povo temos sofrido reviravoltas enormes, inconformações, faltas graves daqueles que foram chamados a dirigir os nossos destinos, mas as nossas mãos não se sujaram com sangue fraterno. Quantos povos, por muito menos, acharam na rebelião e na indisciplina a porta falsa a que eles se atiraram para encontrar dificuldades muito maiores.

Somos, sim, pela grandeza da terra em que renascemos, filhos do Coração do Mundo e o Senhor nos fortalecerá para sermos filhos também da Pátria do Evangelho quando soar a hora a que formos chamados para a grande renovação." (Cf. TE, p. 4, e *Anuário Espírita 1994*, pp. 61-63.)

Em "Televisão" (FSP, de 05-08-96, p. 5-4), Esther Hamburger titula a sua coluna com "'Jorge Amado' reafirma o país cordial e mestiço".

Em "É bom para os EUA e ótimo para o Brasil", de sua seção América, Gilberto Dimenstein (FSP, de 25-08-96, p. 1-20) confessa:

"Tenho recebido mensagens pelo e-mail me chamando de desinformado, ingênuo ou tolo quando me mostro otimista em relação ao Brasil; as mulas-sem-cabeça chamam de 'governismo'.

Um dos motivos do meu otimismo é justamente porque vejo lenta mas consistente mudança na mentalidade subdesenvolvida do empresariado; sem eles, qualquer avanço na agenda nacional vai ser capenga.

Eles estão cada vez menos insensíveis a temas como educação básica e direitos humanos."

Affonso Celso, em seu polêmico livro que tem por subtítulo *Right or wrong, my country*, no Cap. XXIX - "A Nossa História" (PMU, pp. 108-109), enfatiza o que para muitos é o aparentemente óbvio:

"Raras e pouco duradouras tiranias temos suportado.

A conquista portuguesa não se caracteriza pelas violências da espanhola, acrescendo que Cabral topou apenas com broncos selvagens, enquanto Cortez e Pizarro encontraram civilizações adiantadas no México e no Peru, e totalmente as destruíram.

O nosso regime colonial foi mais suave que o de quase todos os povos americanos.

Não nos desonram as leis então dominantes, muitas em vigor até agora."

Sérgio Buarque de Holanda, no Cap. V - "O Homem Cordial" -, de seu livro cuja primeira edição saiu em 1936 (RB, p. 112), cita um importante trecho de *Life in Brazil or a Journal of a Visit to the land of the Cocoa and the Palm* (Nova York, 1856, pág. 239), de Thomas Ewbank, sobre a dificuldade de introdução, no Brasil, de formas rigoristas de culto: "É que o clima não favorece a severidade das seitas nórdicas. O austero metodismo ou o puritanismo jamais florescerão nos trópicos."

Cassiano Ricardo, em livro homônimo ao do capítulo há pouco citado, de Sérgio Buarque de Holanda, diz o seguinte (HC, p. 46):

"Existe uma cultura do coração e, em razão dela (dizem os sábios) uma 'evidência do coração'. *Un ordre du coeur, une logique du coeur*, uma 'forma estrutural dos atos dos sentimentos'.

Nisto é que somos diferentes dos outros: na abundância de coração para resolver problemas humanos, no amor por todos os povos; e nisso estará, quero crer, a nossa maior contribuição a um mundo ameaçado por uma civilização que se quer despir dos seus valores culturais e simbólicos pelo excesso de mecanicismo e pela ciência suicida.

Porque nunca o mundo precisou tanto de coração para se salvar como agora.

É esse o principal traço de nossa cultura.

Apenas *va demander à être utilisé...*

Utilisé, está certo, em favor de tão altos ideais, como o de uma maior aproximação entre os homens."

Em apoio à revelação feita pelo Espírito de Humberto de Campos, em 1938, segundo a qual Jesus, o Divino Mestre, sempre esteve à frente das decisões tomadas em relação ao Brasil, vale a pena a análise de um trecho de Robert Southey (HB, p. 168), sobre a vinda do Padre Manuel da Nóbrega para o Brasil:

"Era D. João III o grande benfeitor dos jesuítas, seu primeiro, seguríssimo e mais útil amigo. Já mandara S. Francisco Xavier ao Oriente, e agora principiavam a dar-lhe cuidado as almas dos seus súditos brasileiros. (....) Um zelo leal e sincero o animava de derramar a sua religião por entre os pagãos; e cristianismo, ainda quando desfigurado e aviltado pela superstição, é sempre pelos preceitos morais intrínsecos, e dele inseparáveis, uma grande e poderosa alavanca da civilização, um grande e inestimável benefício. (....) Desde muito que o Padre Simão [Rodrigues] ambicionava uma missão entre o gentio. Escolhido já antes para companheiro de Xavier, havia ele sido retido em Lisboa por serviços menos brilhantes, embora não menos importantes para a Companhia; e agora esperava que, concluída a sua obra em Portugal, onde bem arraigada ficava a ordem, se lhe permitisse dedicar o resto da vida aos selvagens do Brasil.

Pesaroso como ficava por separar-se dele, cedeu o rei as suas veementes instâncias: anuiu Loiola, e resolveu-se que ele partiria tanto que o P. Martinho de Santa Cruz voltasse de Roma, aonde fora por matéria de muito subido alcance para a província jesuítica em Portugal. Morreu Martinho, e tão grande peso de negócios devolveu a sua morte sobre o P. Simão, tornando tão indispensável a sua presença na província, que forçoso lhe foi abandonar a esperança de ser o apóstolo do Brasil. Nomeou, pois, chefe da missão em seu lugar o Padre Manuel da Nóbrega, a quem deu por companheiros os padres João de Alpiscueta, Antônio Pires, Leonardo Nunes, e os irmãos leigos Vicente Rodriguez e Diogo Jácomo. Tão grande parte tomaram os jesuítas na história da América do Sul, que estes primeiros nomes se tornam dignos de memória. Era Nóbrega português e de nobre família. Vendo fugir-lhe uma honra colegial, a que era candidato, e a que se julgava com melhor direito do que o seu feliz rival, renunciou ao mundo numa veleidade de desgosto; mas mal pensava ele então que era esta renúncia devia fazê-lo representar nesse mesmo mundo um papel muito mais importante, do que de outra forma lhe caberia com todos os seus talentos e lisonjeiras esperanças. Em abril de 1549 chegou a armada à Bahia."

Eric Hobsbawm (EDE, pp. 344-345), referindo-se ao desenvolvimento, controlado ou não pelo Estado, que "não era de interesse imediato para a grande maioria dos habitantes do Terceiro Mundo", demonstrando que o grosso do povo continuava a viver da agricultura, na "África subsaariana e na maior parte do sul e sudeste da Ásia, assim como na China", informa-nos sobre algo que fará com que nós, brasileiros, venhamos a valorizar o nosso berço que, um dia, será esplêndido em todos os sentidos, principalmente no que tange à moralização da sociedade:

"O problema era que, como modernidade e governo andavam juntos, o 'interior' era governado pelo 'litoral', o sertão pela cidade, o analfabeto pelo educado. No início, era o verbo. A Casa da Assembléia do que iria brevemente tornar-se o Estado independente de Gana incluía entre seus 104 membros 68 que tinham tido algum tipo de educação pós-primária. Dos 106 membros da Assembléia Legislativa de Telengana (Sul da Índia), 97 possuíam educação secundária ou superior, incluindo cinqüenta diplomados. Nas duas regiões, a grande maioria dos habitantes na época era analfabeta (Hodgkin, 1961, p. 29; Gray, 1970, p. 135). E o que é mais: qualquer um que quisesse atuar no governo nacional dos Estados do Terceiro Mundo precisava ser alfabetizado não apenas na língua comum da região (que não era necessariamente a da sua comunidade), mas em uma das poucas línguas internacionais (inglês, francês, espanhol, árabe, mandarim, chinês), ou pelo menos na língua franco-regional que os novos governos tendiam a desdobrar em línguas 'nacionais' escritas (suaíle, baasa, pidgin). A única exceção estava nas partes da América Latina onde as línguas escritas oficiais (espanhol e português) coincidiam com a língua falada da maioria. Dos candidatos a cargos públicos em Hyderabad (Índia) na eleição geral de 1967, só três (de 34) não falavam inglês (Bernstorff, 1970, p. 146).

Até as pessoas mais distantes e atrasadas, portanto, reconheciam cada vez mais as vantagens da educação superior, mesmo quando não podiam elas próprias dela partilhar; talvez sobretudo quando não podiam."

Antes de concluir este já extenso item, com a transcrição de prometido trecho, que o fechará com chave de ouro, creio, apenas alguns passos de "Tudo é cíclico", de André Lara Resende (FSP, de 14-01-97, p. 1-2):

"Na semana passada, em curta estada na França, deparei-me com mais um livro de Stefan Zweig. Nascido em Viena, ainda no século passado, Zweig escreveu ensaios, romances, artigos de jornal e memórias de viagens. Foi autor de grande sucesso na primeira metade do século, tanto na Europa como por estas bandas. Mas como tudo é cíclico, Zweig saiu de moda e foi praticamente esquecido. Há muitos anos, sob insistência de meu pai, tentei ler o seu 'Brasil, País do Futuro'. Confesso que não fui longe. Questão de momento.

Pois Zweig foi redescoberto na Europa. Tropeço em sua biografia e seus livros pelas livrarias onde passo. Dessa vez foram as suas notas de viagem publicadas sob o título de 'Pays, Villes, Paysages'. Lá encontrei um capítulo com o relato de sua viagem ao Brasil em 36. A descrição da chegada ao Rio, por mar, vindo provavelmente de Santos, é de arrepiar. A cidade se descortinava no ritmo lento da embarcação, os passageiros reunidos no convés para apreciar o espetáculo: a Joatinga, as praias de Ipanema e Copacabana, o Pão de Açúcar e a baía da Guanabara.

Se as descrições da paisagem emocionam, suas observações sobre a cidade, o povo e a vida são particularmente argutas. Zweig descobre no Rio uma harmoniosa diversidade, a arte dos contrastes que faz uma cidade. Segundo ele, para cativar, uma cidade deve reunir antagonismos poderosos - o Rio o faz como nenhuma outra.

Mas não foi apenas o Rio que fascinou o viajante. Em São Paulo, Zweig viu a força das cidades que crescem. Sua estética encontra-se menos no prazer dos olhos do que na energia e no dinamismo: uma beleza em forma de amanhã que 'se sente atravessar o presente com uma violência cheia de impaciência.' (....)

Para Zweig, o Brasil era um país em expansão, no início de um crescimento que nada poderia deter, com um clima de confiança e de otimismo que exercia um efeito tonificante sobre os que vinham da atmosfera carregada da Europa às vésperas da Segunda Guerra. Na Academia Brasileira, no Rio, antes de partir, emocionado, ele agradece e diz que se lhe fosse dado esperar ainda alguma coisa da vida, seria poder voltar."

Eis o que Stefan Zweig escreveu, às pp. 17-18 da Introdução de seu belíssimo *Brasil, País do Futuro:*

"Nesse sentido [avaliando o grau de superioridade de uma nação pelo seu espírito pacífico e humanitário] - o mais importante, segundo a minha opinião - o Brasil parece-me um dos países mais modelares e, por isso, um dos mais dignos de estima. É um país que odeia a guerra e, ainda mais, que quase não a conhece. Há mais de um século, com exceção da Guerra do Paraguai, que foi insensatamente provocada por um ditador que perdeu a razão, o Brasil tem resolvido todas as questões de limites com seus vizinhos por meio de acordos e arbitragens internacionais. O seu orgulho e os seus heróis não são apenas guerreiros, mas estadistas, como Rio Branco e Caxias, que com prudência e firmeza souberam evitar e acabar guerras. O Brasil, cujo idioma se limita ao seu território, não tem desejos de conquistar territórios, não possui tendências imperialistas.

Nenhum vizinho pode exigir dele alguma coisa e ele nada exige de seus vizinhos. Nunca a paz do mundo foi ameaçada por sua política e, mesmo numa época de incertezas como a atual, não é possível imaginar que o princípio básico de sua idéia nacional, esse desejo de entendimento e de acordo, se possa jamais alterar. Esse desejo de conciliação, essa atitude humanitária, não tem sido o sentimento casual dos diferentes chefes e dirigentes do país; é produto natural de um predicado do povo, da tolerância natural do brasileiro, a qual no curso da sua história sempre se confirmou. O Brasil é uma nação em que não existiram perseguições religiosas sangrentas, nem fogueiras de inquisição. Em nenhum outro país os escravos foram tratados relativamente com mais humanidade. Mesmo suas revoluções interiores e mudanças de regime se efetuaram quase sem derramamento de sangue. Os dois imperadores, que a vontade do Brasil de se tornar independente fez deixarem o país, dele se retiraram sem sofrer vexames e, por isso, sem ódio. Mesmo após rebeliões e intentonas que foram sufocadas, desde a independência do Brasil, os cabeças não pagaram o ato de insurreição com a vida. Quem quer que governe o povo brasileiro, inconscientemente, é forçado a adaptar-se a seu espírito de conciliação; não constitui uma casualidade o fato de o Brasil - que entre todos os países da América durante decênios foi a única monarquia - ter tido como imperador o mais democrata, o mais liberal de todos os soberanos. E, que o governo é considerado como ditadura, há aqui mais liberdade e mais satisfação individual do que na maior parte dos nossos países europeus. Por isso, na existência do Brasil, cuja vontade está dirigida unicamente para um desenvolvimento pacífico, repousa uma das nossas melhores esperanças de uma futura civilização e pacificação do nosso mundo devastado pelo ódio e pela loucura. Mas onde se acham em ação as forças morais, é nosso dever fortalecermos essa vontade. Onde na nossa época de perturbação ainda vemos esperança de um futuro novo em novas zonas, é nosso dever indicarmos esse país, essas possibilidades.

E por isso escrevi este livro."

No Prefácio à Edição Brasileira de ACT, Dr. Brian L. Weiss, chega a demonstrar, de forma convincente, a sua admiração pela nossa Pátria:

"Em agosto de 1996 vim ao Brasil pela primeira vez (nesta vida). Como tantos outros visitantes, fiquei inicialmente impressionado com as dimensões e belezas do país. (....)

Só aos poucos fui percebendo que a beleza geográfica do Brasil reflete a beleza espiritual de seu povo. Em minhas viagens ao redor do nosso planeta, conheci muitas pessoas desenvolvidas espiritualmente. Mas nunca encontrei tantas em um só lugar. As manifestações de apoio e amor que recebi no Brasil ultrapassam todas as medidas e são algo de que nunca esquecerei.

Muitas pessoas no Brasil têm a mente aberta. As mentes fechadas são incapazes de aprender qualquer coisa nova."

A belíssima revista P, p. 7, traz, em sua carta ao leitor, sob o título "Compromisso pela VIDA", de Walter Zarzur Derani, o presidente da Editora, o seguinte:

"Tenho certeza de que alguma vez você deve ter se perguntado: Como fazer um trabalho social? Como posso ser voluntário em algum projeto? Esse tipo de indagação encontra sintonia em duas especiais características do brasileiro. Mesmo em meio às dificuldades da vida, do trabalho e do coração, o brasileiro é um povo esperançoso e solidário por natureza. Mesmo sofrendo, encontra motivos para acreditar no futuro e quando quer ajudar, divide até o que não tem.

Acredito que, se você está lendo essas linhas, certamente é um desses brasileiros. Que se sensibiliza com a dor dos menos favorecidos e quer também saber um pouco mais sobre o universo de atitudes positivas que estão por aí, por este Brasil afora. Nossa revista nasceu para isso."

De Hermes Fontes (1888-1930), em seu livro D, vamos transcrever duas peças poéticas, grafadas na velha ortografia, a primeira delas o soneto "A nova Lingua" (pp. 21-22):

"No futuro, haverá uma linguagem
talvez perpetua; nova, com certeza:
— flora de sons, clamor da natureza,
thesouro expressional de idéa e imagem.

Lingua, feita da união da portugueza,
com outras, de outros povos, em romagem
na Terra virgem e no Mar selvagem!
— Plasma verbal de nova Marselheza...

Lingua afinada no vertiginoso
rythmo do coração americano,
na agitação tentacular da Vida:

— Canto de actividade e de repouso,
entoando em voz oracular de oceano
a esperança da Terra-Promettida..."

O segundo poema, intitulado "O meu paiz..." (pp. 95-96), é uma prova irrecusável da certeza que tinha o poeta de ser o Brasil, inquestionavelmente, o Coração do Mundo:

"Não me ufano da terra em que nasci,
simplesmente por ter nascido nella:
nem por ser a mais bella,
a que esplende e sorri,
na mágica opulencia que revela
á maravilhação do meu louvor.

— É a terra em que nasceu, modesto e honrado,
meu Pae, glorioso e humilde lavrador;
e em que nasceu, para o jardim-fechado
do meu Extase, o meu primeiro amor...

É a terra em que repousa
minha Mãe, em seu somno de ha vinte annos,
compondo lirios brancos, sob a lousa,
para avatar de corações humanos!

Creio que pairem sobre a minha terra
destinos de grandeza e de bondade.
E bem se diz que em sua fórma encerra,
em sua nobre configuração
no mappa-mundi o meu paiz encerra
um coração:

E é, por isso, em verdade,
o coração da Terra.
E talvez guarde em si,
talvez palpite aqui
o grande coração da Humanidade.

— Eu me ufano da terra em que nasci."

Inspirada a seguinte trova de Leonardo Henke, que Décio Valente selecionou em seu RT, p. 99:

> Deus, num símbolo que encerra
> promessas de redenção,
> deu ao Brasil - minha terra -
> a forma de um coração.

O ESSENCIAL SOBRE ESTILO E ESTILÍSTICA

Dos diversos livros consultados sobre Lingüística e Estilo, assunto dos mais sérios para ser tratado por um autodidata, resolvi selecionar os que se me afiguraram com características de simplicidade, uma vez que primariamente este trabalho se destina ao público espírita em geral, não obstante possa chegar aos graduados em Literatura, o que me será de grande proveito para colher a crítica construtiva de que necessito, crítica essa que me ajudará na luta que venho travando comigo mesmo, desde que tomei contato com as obras espíritas, isto já na época do meu Curso Primário, ajudar-me-á na luta, repito, contra o orgulho feroz, do qual um dia me libertarei, graças à bênção da Reencarnação, tanto quanto do egoísmo e da tola vaidade.

Como se trata de um capítulo preparatório para o que se constitui no cerne deste estudo - a análise do estilo de Humberto de Campos, encarnado e desencarnado, não somente do ponto de vista lexical, mas sintático, tanto quanto possível -, nada melhor que começar com a **Conceituação de Estilo e Estilística**, de início rogando ao leitor escusas por não poder me furtar ao uso das siglas.

1) Allan Kardec - RE, pp. 257-270 - "**O ESTILO É O HOMEM**.

Polêmica entre vários Espíritos.

(Sociedade Espírita de Paris).

Na sessão da Sociedade de 19 de julho de 1861, o Espírito de Lamennais deu espontaneamente a dissertação seguinte, sobre o aforismo de Buffon: *O estilo é o homem*, por intermédio do Sr. A. Didier, médium. Buffon, achando-se atacado, replicou, alguns dias depois, por intermédio do Sr. d'Ambel. Depois, sucessivamente, o visconde Delaunay (Sra. Delphine de Girardin), Bernardin de Saint-Pierre e outros mantiveram uma discussão. É esta polêmica, tão curiosa quanto instrutiva, que reproduzimos em sua íntegra. Notar-se-á que ela não foi nem provocada nem premeditada, e que cada Espírito veio espontaneamente tomar parte nela; Lamennais abriu a discussão, os outros o seguiram."

E, em seguida, transcreve a *Dissertação de Lamennais*, da qual transcrevo apenas o primeiro parágrafo:

"Há um fenômeno bem estranho no homem, é o que se chamaria o fenômeno dos contrastes; antes de tudo, falamos das naturezas de elite; eis o fato: Encontrais no mundo Espíritos cujas obras poderosas contrastam estranhamente com a vida privada e os hábitos de seus autores. O Sr. de Buffon disse: *O estilo é o homem*; infelizmente, esse grande senhor do estilo e da elegância viu demasiado todos os autores por si mesmo. E o que poderia se aplicar a ele está longe de ser aplicável a todos os outros escritores. Tomamos aqui a palavra estilo no sentido mais amplo e em sua mais larga acepção. O estilo, ao nosso ver, será a maneira grande, a forma mais pura pela qual o homem exprime as suas idéias. Todo gênio humano está, pois, aqui diante de nós, e, com um golpe de vista, contemplamos todas as obras da inteligência humana: poesia na arte, na literatura e na ciência. Longe de dizer, como Buffon: O estilo é o homem, diremos, talvez de maneira mais concisa, menos formulada, que o homem, pela sua natureza inconstante, difusa, contrariante e revoltada, freqüentemente, escreve contrariamente à sua natureza primeira, às suas primitivas aspirações, e eu diria mesmo mais, às suas crenças."

Na *Réplica de Buffon*, este, depois de confessar que "amava as belas coisas, as roupas lantejouladas, as rendas e as vestes vistosas, em uma palavra, tudo o que era elegante e delicado", julga-se em boa companhia ao lado da grande Sévigné, tomando o próprio abade como exemplo do que ele próprio dizia, citando-lhe o nome de dois livros. Antes de citar o nome de vários escritores que estariam na mesma situação - Scribe, Eugène Sue, Dumas, Victor Hugo -, afirma, categórico, demonstrando-nos que o homem será no Plano Espiritual o mesmo que foi na vida física: "Em sobrecasaca abotoada, como em batina, ficastes desclassificado, meu pobre Lamennais. Vejamos, não vos irriteis, mas convinde comigo que *o estilo é o homem*. (....)

Vede Murger, esse cantor de costumes fáceis, desempenhando conscienciosamente seu papel nessa boêmia que ele cantou. Vede Nerval, de cores estranhas, de estilo ornado e incoerente, fazendo *fantasia* com a sua vida, como com a sua pena. Quantos deles deixo, e dos melhores! Como Soulié e Balzac, dos quais a vida e as obras seguem caminhos paralelos. Mas creio que esses exemplos vos bastarão para que não repilais, de maneira tão absoluta, o meu aforismo: *O estilo é o homem.*"

Depois das perguntas dirigidas a Buffon; a defesa de Lamennais pelo visconde Delaunay (Delphine de Girardin); a resposta de Buffon a este Espírito, a resposta de Bernardin de Saint-Pierre; a mensagem de Lamennais a Buffon, a página *Fantasia*, por Gérard de Nerval, em duas etapas, a *Conclusão de Erasto*, que devemos todos ler e reler, destaco o mais expressivo parágrafo, a meu ver, desta última peça literária:

"Buffon, Gérard de Nerval, o visconde Delaunay, Bernardin de Saint-Pierre conservam, como Lamennais, os gostos e a forma literária que notáveis neles quando vivos. Creio que é útil chamar a vossa atenção sobre esta condição de ser de nosso mundo de além-túmulo, para que não vos deixeis ir a crer que se abandonam instantaneamente seus pendores, seus costumes e suas paixões, despojando-se da veste humana. Sobre a Terra, os Espíritos são como prisioneiros que a morte deve libertar; mas do mesmo modo que aquele que está sob os ferrolhos tem as mesmas propensões, conserva a mesma individualidade quando está em liberdade, do mesmo modo os Espíritos conservam suas tendências, sua originalidade, suas aptidões, quando chegam entre nós; todavia, salvo aqueles que passaram, não por uma vida de trabalho e de provas, mas por uma vida de castigo, como os idiotas, os cretinos e os loucos. Para estes, as faculdades inteligentes, tendo permanecido no estado latente, não despertam senão em sua saída da prisão terrestre. Isto, como o pensais, deve-se entender do mundo espiritual inferior ou médio, e não dos Espíritos elevados, isentos da influência corporal."

2) Raúl H. Castagnino, AL, pp. 224-228 - "Em *El aprendizaje del arte de escribir* (CLXXVII), Payot afirma que o estilo é a fusão da inteligência e dos sentimentos em um todo harmonioso, em uma forma pessoal. O estilo, portanto a personalidade, valoriza a redação com o colorido de cada idiossincrasia. Daí que embora todos possam escrever com correção gramatical ou com ajuste retórico, nem todos podem fazer com originalidade, pois esta só depende do maior ou menor grau de desenvolvimento da individualidade.

Esta aproximação de estilo e personalidade; do estilo, que se forja na obra; da personalidade, que se realiza no sujeito, faz que o estudo estilístico possa verificar-se do ponto de vista do objeto ou do sujeito. Em relação objetiva, estilo é o característico da obra, sua alma; em relação subjetiva, estilo é a personalidade. (....)

Para Stendhal, 'o estilo consiste em acrescentar a um pensamento dado todas as circunstâncias calculadas para produzir todo o efeito que este pensamento deverá produzir.' (*Racine et Shakespeare, 1823-1825)*. (....)

...Segundo o próprio Buffon o afirma - escrever bem é pensar, sentir, expressar bem; é ter, a um tempo, agudeza, alma, sentimento, sensibilidade, gosto; o estilo supõe integralmente o ser; 'o estilo - como diz Buffon - é o próprio homem'."

Após a transcrição do trecho de Buffon, do seu *Discurso do Estilo*, no qual afirma que o estilo é o próprio homem, conclui brilhantemente: "As diferentes correntes da estilística, embora difiram nos pontos de ataque da investigação porque são distintas as finalidades, coincidem, não obstante, em quatro asserções: a unidade harmônica dos distintos traços estilísticos, sua continuidade, a individualidade do estilo; e, por último, na idéia de que o estilo é a tradução das facetas profundas e íntimas da personalidade criadora. Tradução que às vezes é consciente e elaborada; outras, radiografia inconsciente do eu profundo do artista. De sorte que o objeto primeiro da estilística - apóie-se no afetivo, no estético, no psicológico puro - é antes de tudo estudar a expressão por sua individualidade e a individualidade pela expressão."

3) Eduardo Carlos Pereira, GE, pp. 397-398 - "Estilo é o modo peculiar de dar cada escritor expressão a seus pensamentos.

Estilo (do latim *stylus*) era na antigüidade o ponteiro de ferro ou estilete que, aquecido, servia para se escrever em tabuinhas enceradas.

Por uma transladação natural de sentido, a palavra que indica o instrumento de se escrever nos tempos antigos, indica hoje o modo de se expressar o pensamento.

A maneira e o assunto dessa expressão dão-nos a conhecer, de um modo geral, o caráter do escritor; daí o dizer-se com Buffon, que '*o estilo é o homem'."*

4) Evanildo Bechara, MGP, p. 350, descreve os quatro campos da Estilística - fônica, morfológica, sintática e semântica -, citando trecho de *La Langage e la Vie,* p. 100, de Ch. Bally.

5) Dámaso Alonso, PE, pp. 8-9 - Demonstrando ser feio o nome Estilística, palavra que realmente o aborrece, demonstra-nos um dos temas centrais de que trata: "Porque este livro quer precisamente mostrar que não existe uma técnica estilística, que o ataque estilístico é sempre um problema daqueles que os matemáticos chamam 'de feliz idéia'. Isto é, que a única maneira de penetrar no recinto é um afortunado salto, uma intuição. Toda intuição é querença, é ato de amor, ou que supõe o amor. (....)

Assim como nosso trabalho está voltado para o céu, movendo-se entretanto em zonas humanas, creio que a tarefa da estilística somente se inicia após uma intuição (dupla, neste caso: intuição de leitor; intuição seletiva do método de estudo) e deverá deter-se junto ao cimo (a última unicidade do objeto literário só é cognoscível mediante salto 'cego e escuro'). Eis aí os limites da Estilística."

6) Massaud Moisés, GPAL, pp. 48-65 - Vale a pena estudarmos a mecânica da análise literária feita de um texto lírico - poema "Canção", de Cecília Meireles -, a fim de nos inteirarmos da diferença entre a mecânica da análise e a mecânica do estilo, que se propõe neste estudo.

7) Georges Mounin, IL, pp. 142-159 - Partindo do princípio de que em matéria de estilo tudo se encontra em Buffon, bastando analisá-lo, referindo-se ao ponto de vista genético da Estilística, deixa claro: "É ele que responde à pergunta: *por que razão* escreve o escritor? É o ponto de vista que nos últimos dois séculos predominou mais - desde o declínio do reino absoluto da antiga retórica. A esta pergunta as respostas têm sido múltiplas, desde Buffon. Respostas filosóficas, ou metafísicas (o escritor escreve para exprimir o real absoluto, etc.). Respostas morais, sociológicas, psicológicas (o escritor escreve para ajudar os homens ou os povos, ou para pintar o homem, etc.). Respostas psicanalíticas (o escritor escreve para se libertar dos seus fantasmas pessoais). Respostas estéticas (a arte pela arte, etc). Todas estas respostas não devem ser hoje em dia rejeitadas. Devem mencionar-se obrigatoriamente, pois são necessárias a quem queira refletir nos porquês da obra de arte e a quem

insista em colocar tal pergunta como ponto de partida para a sua reflexão. Todas as ciências a que se recorrer podem ainda trazer elementos de resposta - e o único erro aqui será talvez o de querer *a priori* privilegiar uma, ou outra destas respostas, e torná-la exclusiva de todas as outras. Mas o lingüista não estaria a ser honesto com o leitor de hoje se lhe dissimulasse que, do ponto de vista lingüístico, o maior perigo deste tipo de investigação até hoje tem sido a introspecção do autor."

8) M. Rodrigues Lapa, ELP, p. 72 - Orientando os principiantes em trabalho de estilo quanto ao perigo do emprego abusivo do clichê, das locuções estafadas e de imagens corriqueiras, conclui: "O Estilo é uma permanente criação pessoal."

9) ALB, pp. 87-90 e 109 - Eugênio Gomes, estudando o estilo *coupé*, ágil e breve, que conferiu um frêmito singular à parenética do Pe. Antônio Vieira, referindo-se ao livro *História do futuro,* que este escreveu em seus derradeiros anos de permanência na Terra, afirma que "timbra Vieira em declarar que usava 'de estilo claro e que todos possam perceber'", citando do autor de *Sermões* mais o seguinte: "O estilo há de ser muito fácil, e muito natural. (....) Assim há de ser o pregar. Hão de cair as cousas, e hão de nascer; tão naturais, que vão caindo, tão próprias, que venham nascendo."

10) Zélio dos Santos Jota, DL, pp. 125 e 328 - Cf. os verbetes Estilo e Estilística.

11) Jean Paulus, AFSL, pp. 123 e 135 — "Escolha de palavras, registro das imagens, ritmo e contorno das frases caracterizam, no falante e mais ainda no escritor, o que se chama de estilo. Explicamos anteriormente o tipo de análise a que dá lugar: a estilística, setor da pragmática. (....)

Lembramos que distinguimos dois tipos de estilística: uma, lingüística, cataloga meios que a língua oferece aos indivíduos para exprimir sentimentos e intenções mais ou menos conscientes; outra, psicológica e estética, que procura atingir a personalidade profunda de um autor através da escolha de seus vocábulos, imagens, sonoridades, matizes sintáticos, temas e assuntos tratados."

12) A. J. Greimas (*organizador)*, ESM, pp. 98; 102; 117-119;

215-216 - "A distinção teórica entre a estrutura profunda e a estrutura de superfície de um texto pode resolver muitos problemas tradicionais da teoria literária, particularmente os problemas de ordem estilística. (....) Não é só isto [as diversas interpretações de uma frase de superfície e de uma frase profunda, ao contrário da gramática gerativa atual]. São precisamente as diferenças microssemânticas que operam as variações estilísticas, pois toda supressão, toda substituição ou adição, modifica de uma maneira ou de outra a estrutura sêmica total das frases profundas. Essas modificações sêmicas, no texto não literário ou nas macroestruturas de uma narrativa, por exemplo, podem ser descuráveis ou redundantes e, por conseguinte, eliminadas pela redução teórica constituída por toda a gramática. É preciso notar que, para Chomsky [*Aspects of the Theory of Syntax*, Cambridge, Mass., The M.I.T.-Press, 1965, p. 15], as alterações estilísticas não representam transformações propriamente ditas, dependendo porém de um nível mais profundo ainda, talvez até do estágio do desempenho."

13) Pierre Guiraud, AS, p. 137 - "A noção de estilística é ainda complexa e complicada por causa de uma terminologia ambígua; grosso modo podemos distinguir duas estilísticas.

Estilística 2 (segundo sentido), ou estilística do indivíduo, que considera a linguagem como a expressão específica do locutor, trazendo a marca original de seu caráter, de seu temperamento, de sua visão do mundo e de sua arte. A estilística 2 é bem distinta da semântica.

Estilística 1 (primeiro sentido) é o estudo dos valores extranocionais de origem afetiva ou sociocontextual que colorem o sentido [remete o leitor à p. 32]; é o estudo da função expressiva da linguagem, oposto à sua função cognitiva ou semântica."

14) Aires da Mata Machado, CE, pp. 215 e 238-239 - Ao afirmar que Afrânio Peixoto, que desenvolveu a teoria de que "o estilo é o povo", alcançou a glória suprema do escritor, ao criar o seu próprio estilo, complementa o seu pensamento, referindo-se a uma entrevista de Mário de Andrade concedida a Homero Sena e publicada em *O Jornal*: "Nessa ordem de idéias, cabia a pergunta do repórter: 'E que atitude devemos tomar: seguir à risca as regras da gramática portuguesa, ou nos insurgir contra ela?' É de ver o equilíbrio da resposta: 'Nem uma nem outra. Para

o artista na plena posse de sua capacidade, a gramática deixa de existir. Mas o escritor que não conhece a fundo e preliminarmente a gramática jamais será artista. Poderá ser um gênio, mas não será digno da sua profissão.' E arremata: 'O escritor, esse, assimila a parte imutável do esquema idiomático e, beneficiando-se livremente da elasticidade peculiar aos elementos instáveis, deixa o vinco individual, na concretização do estilo. O estilo não é senão o modo pessoal de utilizar a língua.'"

15) Michael Riffaterre, EE, pp. 131; 138; 153-154 e 265 - "O conjunto da mensagem participa do estilo, mas são os efeitos que lhe dão estrutura. São os elementos marcados que permitem ao leitor 'reconhecer' um estilo e limitam a liberdade de decodificação: a estilística é, portanto, a parte da lingüística que estuda a percepção da mensagem. [Em nota de rodapé, citando Chapman, defende a tese de que "dizer que 'o estilo é o homem' não esclarece o estilo como forma de comunicação", e conclui: "Em resumo, no estilo, o psicólogo deve procurar não o criador, mas a maneira pela qual este se impõe ao leitor superando a fraqueza da língua".] (....)

A estilística estuda os elementos que, no enunciado lingüístico, são utilizados para impor ao decodificador a maneira de pensar do codificador, quer dizer, estuda o ato de comunicação não como mera produção de uma cadeia verbal, mas como algo que traz a marca da personalidade do locutor e chama a atenção do destinatário. Em resumo, ela estuda o rendimento lingüístico quando se trata de transmitir uma forte carga de informação. (....)

Meu ponto de vista é completamente diferente [de que os próprios estilicistas, na sua maioria, negam qualquer valor expressivo ao clichê]: compete ao crítico emitir julgamentos de valor, a tarefa da estilística é apenas constatar. Pouco lhe importa se o clichê suscita ou não reações desfavoráveis, contanto que as suscite: a característica de toda estrutura estilística é impor-se à atenção. Ora, o clichê é percebido como tal e, portanto, podemos perguntar-nos como ele se torna eficaz no caso particular do ato de comunicação lingüística chamado obra literária. (....)

Nossa conclusão impõe-se: nenhum elemento de um texto pode atualizar uma estrutura se não for objeto de uma seleção que o impõe à percepção do leitor. Por outras palavras, nenhuma unidade lingüística pode ter função estrutural, sem ser também uma unidade estilística."

16) Roman Jakobson, FF, p. 185 - "Qualquer que seja o plano lingüístico que abordemos hoje em dia, desde as unidades superiores até as unidades últimas, não temos como concordar com Benjamim Lee Whorf que 'a verdadeira essência da lingüística é a busca da significação'."

17) Helena Montezuma, NE, pp. 20 e 32 - Transcrevendo o antológico trecho das *Memórias*, de Humberto de Campos, em que este se despede, aos treze anos de idade, de seu cajueiro, como exemplo de autor que narra no presente um fato passado, diz: "A estilística estuda o valor afetivo dos fatos da linguagem organizada e a ação recíproca dos fatores que concorrem para formar o sistema de meios de expressão de uma língua. Esses fatores de expressão devem ser por ela estudados sem espírito de sistema e as tendências gerais devem ser determinadas sem excessivo rigor."

18) Edward Sapir, LC, pp. 76-77 - "Temos finalmente o estilo como o quinto nível da fala. Muita gente tem a ilusão de que o estilo é qualquer coisa que só diz respeito à literatura. Ora, o estilo é uma faceta permanente da fala, que caracteriza tanto o grupo social como o indivíduo. Todos nós na conversação ou no trato cerimonioso temos os nossos estilos pessoais, que não são coisas arbitrárias e casuais como em regra supomos. Há sempre um método individual, por pobre em seu desenvolvimento que seja, para dispor palavras em grupos, e com estes construir unidades maiores. [Em nota de rodapé, o tradutor demonstra que "Sapir limita assim o conceito de 'estilo' ao plano sintático, considerando à parte a escolha do vocabulário".] Seria problema complicadíssimo destrinçar as determinantes sociais e individuais do estilo, mas é um problema teoricamente possível."

19) Hênio Tavares, TL, pp. 410-413 - "A aquisição do estilo só é possível no âmbito gramatical, e na razão direta do estudo e do talento. O estilo literário é pertença exclusiva daqueles que foram desde o berço fadados para a arte. Requer vocação.

'A aquisição do estilo pressupõe, portanto, três coisas: primeiro, a vocação literária; segundo, o bom gosto; terceiro, o conhecimento seguro dos fatos da língua. O primeiro elemento é inato; o último, adquirido; o segundo participa das duas qualidades, porquanto sempre é possível educar o gosto.' (Sílvio Elia, in *Orientações da Lingüística Moderna*, pág. 70)."

Completa o capítulo com a admirável página de Augusto Meyer - "O Estilo é o Homem" -, que tem por epígrafe, em francês, o famoso passo do discurso com que Buffon foi recebido na Academia, da qual destaco esta pérola: "De algum modo, quando se afirma que o estilo é o homem, há uma preocupação de considerar exclusivamente a singularidade característica da sua expressão, e daí a observação de Thibaudet: 'Non seulement le style c'est l'homme, mais le style c'est un homme, une réalité physique et vivante.' Porém, logo a seguir acrescenta, num remate que torna a postular a complexidade da questão: 'Les lignes et la marche d'une phrase rendent pour un artiste les lignes et la marche de son corps idéal, du corps qu'il se serait donné s'il s'était creé.' Definição que, partindo de uma imagem plástica, peca talvez pelo excesso de plasticidade. (Albert Thibaudet: 'Gustave Flaubert', Gallimard, 1922.)"

20) Nelly Novaes Coelho, LE, pp. 9 e 30 - Dando por acabado que Estilística é a análise e compreensão dos textos literários, transcreve o seguinte trecho de Joseph Conrad: "A arte destina-se, acima de tudo, a fazer-nos ver. O objetivo do escritor é prestar a mais alta espécie de justiça ao mundo visível. Ver e dizer - a linguagem é uma extensão especial do poder de ver, porquanto pode tornar visível não apenas o mundo já visível, mas através dele o mundo invisível das relações e afinidades (o mundo do espírito)."

21) Edith Pimentel Pinto, AGMA, pp. 259 e 409 - Considerações de Mário de Andrade sobre estilo nobre e estilo familiar, para quem "não há razão pra distinções como esta mais", acrescentando: "O homem tem de ser um reflexo da sociedade e o estilo com todas as suas facilidades subjetivas e pessoais, tem de ser social ou socializável."

22) Pe. Antônio da Cruz, ACE, pp. 52 e 66 - "Otimamente, pois, se expressou Buffon, quando disse que o 'o estilo é o homem', porque exige do homem a aplicação de todas as suas faculdades. A inteligência deve comunicar-lhe solidez e encadeamento; a imaginação há de dar-lhe brilho, vivacidade e graça; a vontade inspirar-lhe-á calor, força e dignidade; até o ouvido e a língua fazem valer os seus direitos e têm acerca do estilo legítimas exigências.

Disto se deduz que existem tantos estilos quantos escritores. Há-os longos e curtos, coloridos e incolores, difusos e concisos, vivos e pálidos, segundo o talento, a inspiração e o temperamento dos autores. (....)

Estilo original é aquele que surpreende, que impressiona, que seduz; não é original o estilo morto, sem imagem, sem colorido, sem relevo, sem imprevisto. A originalidade está, principalmente, na maneira de dizer as coisas, de exprimir as idéias, de fazer valer os pensamentos. Sem ela não há grande escritor."

23) Erich Auerbach, JAL, pp. 28 e 37-38 - Depois de demonstrar que "a crítica estética era, em geral, uma estética de gêneros poéticos, e que a subdivisão da poesia foi feita pela Antigüidade, obscurecida pela Idade Média, retomada pela Renascença e ainda bastante importante para nós", e que o quadro por ele esboçado é deveras sumário e grosseiro, esclarece: "A prosa artística foi também subdividida em gêneros: história, tratado filosófico, discurso político, discurso judiciário, conto, etc. - e para um desses gêneros se procuravam fixar as regras e a forma ideal. Atribuía-se-lhes também um estilo de linguagem mais ou menos elevado: a tragédia, por exemplo, da mesma maneira que a grande epopéia, a história e o discurso político se enquadravam no estilo sublime; a comédia popular, a sátira, etc., no estilo baixo; e entre os dois havia o estilo médio, que compreendia, entre outras, a poesia bucólica e amorosa, em que os grandes sentimentos deviam ser temperados por uma certa dose de jovialidade, de intimidade e de realismo. (....)

As obras de arte literária são obras compostas em linguagem humana; o desejo de se aproximar delas o mais possível, de alcançar-lhes a própria essência, deu, nestes últimos tempos, novo impulso à análise dos textos literários, análise cuja base é a lingüística; não é mais unicamente para compreender-lhes o conteúdo material, mas para apreender-lhes as bases psicológicas, sociológicas, históricas e sobretudo estéticas, que se pratica atualmente a análise ou explicação de texto."

24) António Albalat - a) AE, pp 10-12: "A escrita não é senão a transcrição da palavra falada, e é por isso que se diz que o estilo é o homem. O estilo mais bem escrito é, as mais das vezes, o estilo que se poderia falar melhor.

Assim o entendia Montaigne. Nunca vos impressionastes com o

desembaraço que os aldeões empregam nas suas narrativas, quando se servem da sua linguagem natal?

As pessoas do povo, para exprimir coisas por que passaram, têm certas palavras e originalidades de expressão e uma criação de imagens que espantam os profissionais. (....)

Quase todas as pessoas escrevem mal, porque não se lhes demonstrou o mecanismo do estilo, a anatomia da escrita, nem como se encontra uma imagem e se constrói uma frase. Impressionei-me sempre com a quantidade de pessoas que poderiam escrever e que não escrevem, ou escrevem mal, por não terem alguém que as desimpedisse das ligaduras em que estão comprimidas.

Há estilos inexperientes, que espalham pérolas e ouro e fazem surgir plantas vivazes por entre as ervas incultas.

Descobrir o filão, tirar o diamante, sachar a terra, nada é, e é tudo.

Quando se refazem as frases, quando se descobrem as imagens, quando se limpa o estilo e quando se reúnem as palavras, que estupefação!"

b) AFE, pp. 330-332 - "Entendo por aticismo um certo modo, a justeza do conjunto, esse ar de facilidade sem esforço, que dão a clareza, a elegância, o espírito, a variedade e a correção.

Noutros termos, trata-se aqui do estilo sem retórica, (conservando a palavra 'retórica' o seu sentido de demonstração prática).

Voltaire é o mestre desse estilo.

Soube definir-se bem, quando disse: 'Sou como os regatos: claro e transparente, porque sou pouco profundo.'

Certamente Voltaire cultivou a antítese.

Abusa dela na sua correspondência; mas não era o seu modo de pensar, nem o hábito da sua frase.

Tem inspiração corrente.

A sua prosa é reta, leve, fluente.

A agudeza e a facilidade são a alma do seu estilo.

O tato, o gosto, a boa disposição, eis os seus caracteres."

Alertando o leitor para o fato de que quanto mais ler o autor do

Dicionário Filosófico, "mais sentireis as vossas faculdades de escrever iluminarem-se, vivificarem-se, moverem-se à vontade", e de que "tudo que é ministrado pela inspiração tranqüila, o conjunto das qualidades de bom senso, de clareza, de finura e de equilíbrio, que fazem um tom geral", adquire-se nele, Voltaire, que conclui brilhantemente: "O verdadeiro estilo não tem processos nem retórica; é a expressão do pensamento no estado espontâneo e inconsciente. Retórica, mecanismo, regras, trabalho, preocupação não servem senão para fazer estilo falso, estilo artificial."

25) Nils Erik Enkvist, John Spencer e Michael J. Gregory, LE, pp. 12; 24-26; 36-37 e 79 - Ao longo de todo o volume, os autores não escondem que "o estilo é um fenômeno complexo"; que "pode ser definido como um desvio de uma norma"; e que "para Paul Goodman, nos sonetos de Milton geralmente não há estilo", apóiam a tese seguinte: "Ullmann nos deu a história deste 'termo canhestro' ['estilística'] no seu *Style in the French Novel*, Cambridge, 1957, p. 3, nº 2: 'O termo *stilistik* tem estado em curso na Alemanha desde o início do século XIX; o primeiro exemplo registrado pelo dicionário de Grimm é de *Novalis*. Em inglês, o nome *stylistic* é encontrado já em 1846; *stylistics* é primeiramente atestado em 1882-3 (O.E.D.). Em francês, o primeiro exemplo de *stylistique* data de 1872, quando Littré averbou a palavra em seu dicionário.'" Antes, cita Stendhal: "Estilo consiste em acrescentar a um dado pensamento todas as circunstâncias calculadas para produzir o efeito completo que o pensamento deveria produzir."; Kenneth Burke: "Em sua manifestação mais simples, o estilo é encantamento. É uma tentativa de obter favor pelo processo hipnótico ou sugestivo de 'dizer a coisa certa'."; Sir Arthur Quiller-Couch: "Isto, pois, é Estilo. Tal como tecnicamente manifestado em Literatura, é o poder de tocar com facilidade, graça, precisão, qualquer nota da gama de pensamento e emoção humanos. Essencialmente, porém, assemelha-se às boas maneiras." Por fim, este conceito lapidar de Rémy de Gourmont, extraído de *La culture des idées* (Paris, 1916, p. 9): "Avoir un style cést parler au milieu de la langue commune un dialect particulier, unique et inimitable et cependant que cela soit à la fois le langage de tous et le langage d'un seul. [Ter um estilo significa falar um dialeto particular, único e inimitável em meio a uma linguagem partilhada com outros, o qual é a um só tempo a língua de todos e a língua de um único indivíduo.]"

26) Paulo Rónai, BCH, pp. 101 e 120-121 - "O que entendemos

por estilo é justamente esse jeito: isto é, a maneira por que o escritor escolhe no fundo comum da língua os elementos adequados para a expressão de seu pensamento.

É difícil determinar com exatidão os limites do estilo. De um lado, é quase impossível designar o ponto em que terminam as características lingüísticas e começam as particularidades de estilo. Do outro, nem sempre se podem separar facilmente na obra do escritor a forma e o pensamento. São estes os dois perigos que ameaçam de contínuo a quem estuda o estilo de um escritor: deixar-se levar a pesquisas unicamente de linguagem, e encarar as idéias expressas em vez da veste com que se apresentam. (....)

Para se pronunciar um julgamento imparcial e bastante completo sobre o estilo de Balzac, é preciso examinar-lhe separadamente as diversas modalidades. Na realidade trata-se não de um só, mas pelo menos de quatro estilos: o da narrativa, o do diálogo, o das cartas e o da figuração dos pensamentos, ou monólogo interior.

O estilo de Balzac falando em seu próprio nome é justamente aquele a que se refere o maior número de censuras: a heterogeneidade, as pretensões a cientista e historiador, a banalidade ou a incongruência das imagens, a exuberância, às vezes caótica."

27) Augusto Meyer, PB, pp. 93-94 - Citando como epígrafe o famoso passo de Buffon (cuja parte final é a seguinte: *Ces choses sont ors de l'homme: le style: ne peut donc ni s'enlever, ni se transporter, ni* s'altérer...):

"Ao criar o estilo, tenta o escritor aproveitar o seu ritmo instintivo e orgânico na criação de um *eu ideal*, com movimento menos acidental, menos vacilante e sincopado; há sempre diante dele, e no próprio impulso que lhe dita a frase, um regente a marcar compasso, um modelo interior e inatingível, que recua à proporção do seu avanço, indicando-lhe na brancura da página o rasto a seguir, o passo a acertar pelo seu passo. Em tal sentido, como aparente mecanismo, o estilo é um faro fino, um ouvido apurado, uma segunda natureza e a intuição de um rumo certo.

Mas nesse *eu ideal* também se integram as normas que recebeu de herança e apurou como cultura, e ao mesmo tempo, certa corrente literária com sua linguagem peculiar, onde acomoda as preferências pessoais.

O estilo, portanto, é mais que o homem, para poder transmitir-se e viver: é o seu esforço na criação de um outro eu, que fala uma linguagem ideal, não a sua algaravia cotidiana, feita de *clichés*, anacolutos, vícios de elipse e reticência."

28) Roland Barthes, GZE, pp. 82-83 - "Esses autores sem estilo - Maupassant, Zola, Daudet e seus epígonos - praticaram uma escritura que foi para eles o refúgio e a exposição das operações artesanais que julgavam ter expulsado de uma estética meramente passiva. São conhecidas as declarações de Maupassant sobre o trabalho da forma, e todos os processos ingênuos da Escola, graças aos quais a frase natural se transforma em frase artificial destinada a dar testemunho de sua finalidade puramente literária, vale dizer, do trabalho que custou. Sabe-se que, na estilística de Maupassant, a intenção de arte fica reservada à sintaxe, o léxico deve permanecer aquém da Literatura. Escrever bem - daí por diante, único signo do fato literário - é ingenuamente mudar um complemento de lugar, é pôr 'em relevo' uma palavra, pensando obter assim um ritmo 'expressivo'. Ora, a expressividade é um mito: ela nada mais é que a convenção da expressividade."

29) James Deese, P, pp. 86-87 - "Ele [Bernstein, que confirmou estudos anteriores mostrando a que o *status* socioeconômico e os resultados em testes de inteligência são correlacionados negativamente] detectou dois estilos fundamentais diferentes de comunicação; esses estilos, como os próprios dialetos, eram constituídos sobre princípios gramaticais semelhantes. Um desses estilos Bernstein classificou de *formal* e o outro, *restrito* ou *público*. Linguagem formal é o modo de falar dominante nas classes média e alta. (....) O estilo formal é fala cuidada e altamente estruturada. Aparece nas classes sociais altas porque a fala nestas classes é uma atividade social e visível. Pessoas dessas classes realizam jogos intelectuais com a linguagem, e ao fazê-lo a língua torna-se *analítica* tanto quanto *descritiva*. O estilo formal utiliza abstrações em detalhes complicados. Em contraste, o modo de falar da classe mais baixa se distingue por uma sintaxe limitada e o pouco esforço para tornar claro o significado. Como as comunicações nestas classes são principalmente sobre matéria concreta, opiniões e sentimentos, há pouca motivação para tornar claro o significado. O estilo de fala das classes baixas serve principalmente à descrição, e é difícil construir argumentos analíticos e abstrações dentro de seus limites."

30) Ezra Pound, ABCL, p. 63 - Antes de definir beleza como sendo adequação ao objetivo: "A incompetência se manifesta no uso de palavras demasiadas. O primeiro e o mais simples teste a que o leitor deve submeter o autor é verificar as palavras que não funcionam; que não contribuem em nada para o significado OU que distraem do fator MAIS importante do significado em favor de fatores de menor importância."

31) Rainer Maria Rilke, CJP, pp. 31-32 - Oportuno trasladar para cá pequeno trecho de uma das dez cartas escritas pelo Autor ao poeta Franz Xaver Kappus, de 1903 a 1908, em bela tradução de Paulo Rónai, esta datada de Viareggio, perto de Pisa (Itália), 23 de abril de 1903: "Deixe-me fazer-lhe aqui um pedido: leia o menos possível trabalhos de estética e crítica. Ou são opiniões petrificadas e tornadas sem sentido em sua rigidez morta, ou hábeis jogos de palavras inspirados hoje numa opinião, amanhã noutra. As obras de arte são de uma infinita solidão; nada as pode alcançar tão pouco quanto a crítica. Só o amor as pode compreender e manter e mostrar-se justo com elas."

Na certeza de que tudo tenha ficado claro, não transparente quanto um regato, no dizer de Voltaire, mas pouco profundo como queria este, que foi considerado Escritor-Sol, ilustre contemporâneo de Luís XIV, o Rei-Sol, que eu possa entrar no capítulo central deste estudo, contando com a sua paciência, leitor amigo.

PARTE III

TEXTOS ANTOLÓGICOS DE TODO O MATERIAL PESQUISADO

CAPÍTULO 1

NOMES E CONCEITOS BÍBLICOS

1.1) Abraão/Isaac - SÉRIE I, 4.A, pp. 145-148 - **"Mãe"** - "A mãe de Pausânias, correndo a auxiliar os éforos que muravam as portas do templo de Minerva, em Esparta, no qual se refugiara o famoso capitão acusado de traição à pátria, pode parecer admirável aos olhos dos historiadores e dos poetas antigos. Mas sublime é, porém, Níobe, tornada rochedo, petrificada de dor, chorando surdamente os pedaços do coração que os deuses lhe tinham levado.

Lembrai-vos de Abraão, senhora, — dizia um sacerdote a uma piedosa dama generosa que tinha nos braços o seu filho morto. — Deus ordenou que ele matasse a Isaac pequenino, e a sua mão não tremeu ao erguer o punhal sobre o coração do inocente.

Sim — respondeu a dama, inconsolável. — Mas Deus deu essa ordem a Abraão, que era pai; não a deu a Sara, que era mãe, porque sabia que não seria obedecido. (....) A senhora paulista agora absolvida parece grande aos olhos dos homens. Eu creio, porém, que ela se tornaria maior, gigantesca mesmo, aos olhos das outras mulheres, se, realizado o pensamento que a tornou criminosa, fosse procurar todos os dias no cárcere o condenado, e dissesse a quem estranhasse vendo-a visitar um ladrão:

E por que não, se esse ladrão é meu filho?"

1.2) Caifás/Pedro - SÉRIE I, 3.A, pp. 81-87, **"A Agonia de Joffre"** - No diálogo travado entre o Senhor Deus dos Exércitos e Pedro sobre o marechal de França José Jacques Cesário Joffre, nascido em 1852,

MENSAGENS DO ALEM-TUMULO!

Humberto de Campos dirige-se, dos cimos intangiveis, áquelles que "ainda se acham mergulhados nas sombras do mundo"...

"O OBJECTIVO DE MINHAS PALAVRAS POSTUMAS É SÓMENTE DEMONSTRAR O HOMEM... DESENCARNADO E A IMMORTALIDADE DOS SEUS ATTRIBUTOS"

Por detraz do véo de Isis — Um pouco da outra vida — De novo como um menino, na Miritiba distante — O turbilhão da saudade — O presente — "O espectaculo do mundo me desola e espanta" — Humberto abandonou a phonetica...

A assignatura graphada pelo "medium" ao pé da mensagem, do autor de "Memorias"

A assignatura de Humberto de Campos, conforme se vê num album de poesias.

Humberto de Campos com o fardão da Academia Brasileira

PEDRO LEOPOLDO, 25 (Do enviado especial do GLOBO, Clementino de Alencar) — Continuação — Tornada assim difficil a concentração, José Candido dá por encerrados os trabalhos.

Apressa-se então o reporter em re-manuel. Tudo devidamente authenticado pelas tres rubricas, ao alto da pagina.

Um dos presentes faz a Chico Xavier um pedido a que este attende: lê em voz alta, todas as mensagens.

A seguir, começa a retirada dos assistentes. A sessão está finda. Colhemos, das pessoas de mais destaque presentes, algumas impressões e retiramo-nos para o hotel, afim de nos entregarmos a uma leitura mais demorada daquellas paginas recem-graphadas pelo "medium".

Phrases que nos occorrem...

Lemos e relemos aquellas mensagens no silencio da tranquilla noite serrana que já ia adeantada.

Depois, nos quedamos a meditar sobre tudo aquillo e nossos pensamentos...

(Conclue na 3ª pagina)

Reportagem do jornal* O Globo*, Rio, RJ, de 1935, em sua primeira página, mostra a semelhança das assinaturas de Humberto de Campos em dois momentos: acima, quando desencarnado, pelo médium Chico Xavier; e, abaixo, encarnado, ao assinar um álbum de poesias.

oficial de engenharia, chefe do Estado-Maior Francês, na guerra de 1914, há referência ao "país mais pacífico do mundo", o Brasil, descoberto por Cabral: "— Eu prefiro, aos marechais como esse, aqueles do Brasil, que chegavam a esse posto sem guerra e sem sangue... Esse país realizou o ideal cristão. (....) Quando morriam, chegavam aqui com a sua espada inteiramente limpa de sangue humano. Gente sensata e boa, Pedro! (....)

O Senhor observa, porém, o interesse de Pedro. Sente que ele é, ainda em parte, o homem que arrancou da espada para cortar a orelha de Malco, criado de Caifás."

1.2.1) SÉRIE IV, 5, p. 165 - **"A negação de Pedro"** - "Pedro e João, observando que a detenção do Mestre pelos emissários do templo era fato consumado, combinaram, entre si, acompanhar, de longe, o grupo que se afastava, conduzindo o Messias. Debalde, procuraram os demais companheiros que, receosos da perseguição, haviam debandado. (....)

A noite caíra sobre a cidade.

Os dois discípulos observaram que a expedição de servos e soldados chegava à residência de Caifás, onde o Cristo foi recolhido a uma cela úmida, cujas grades davam para um pátio extenso."

1.2.2) SÉRIE I, 4.A, pp. 152-153 - **"Gloria in Excelsis Deo** (*A Cristo, no Corcovado)***"** - "Não pertencendo ao número seleto dos teus apóstolos ou dos teus discípulos, eu não sou, todavia, Senhor, da casta dos fariseus. Não estive contigo na ceia mas não te insultei no caminho do Gólgota. Quando pregavas no Templo, eu me encantava com a tua palavra sem me inundar da tua fé. Ao passar sob o peso da cruz, por diante da casa do sapateiro Simão, viste, talvez, um filósofo, coberto de andrajos, que detinha, com brandura, o braço às crianças que te lançavam pedras. Sem acreditar que fosses um Deus, porque era grego e não acreditava nos deuses alheios, esse filósofo acompanhou a turba, com os pés feridos, sorrindo da sua própria dor, mas compadecido da tua. Quando Pedro, diante da casa de Caifás, te negou três vezes, foi ele que soltou aqueles assobios de zombaria. Ele não acreditava em ti, mas não perdoava aos que, a um mesmo tempo, te seguiam e te negavam."

"O que me disse Caifás", pp. 261-264 - "Com a exoneração de Pôncio Pilatos, chamado a Roma por Tibério, que lhe destinava, a pedido do seu cunhado, o senador Caio Scévola, o governo da Armênia, manifestou-se na Judéia uma rebelião, na qual tomara parte Anás, sogro de Caifás, que exercia a função de Sumo Sacerdote da Lei no ano em que foi crucificado Jesus de Nazaré. Tornado suspeito às autoridades romanas, por uma acusação do próprio sogro, foi Caifás intimado a abandonar a Palestina, e viver longe dela durante vinte anos. E Caifás veio ter a Roma, na esperança de justificar-se perante o imperador, e de regressar, em breve, a Jerusalém, revestido das altas dignidades sacerdotais que lhe haviam sido confiscadas por determinação da metrópole. (....)

Aquele encontro era, para mim, providencial. Caifás havia sido testemunha e, mesmo, personagem de relevo, na tragédia que deu origem ao cristianismo, então nascente em Roma. (....)

Caifás pousou o queixo na mão, a testa franzida:

Jesus... Jesus de Nazaré... Um profeta que foi crucificado em Jerusalém no tempo de Pôncio Pilatos?

Esse mesmo.

Caifás endireitou o corpo no pequeno banco de pedra em que se achava sentado, pediu a Zacarias que fizesse calar as crianças, em algazarra lá fora, e falou, pausado:

É um caso que se torna preciso esclarecer... Alguns amigos dos condenados têm, nos últimos tempos, procurado lançar sobre mim a responsabilidade do julgamento... Eu não tive, entretanto, nada com o processo daquele profeta... O governador poderia salvá-lo, e não quis. Esperei que o defendessem, e só apareceram acusadores. Ninguém me procurou para justificá-lo. E eu, vendo que nem os seus íntimos, aqueles que o cercavam, acorriam em sua defesa, cheguei à conclusão de que se tratava de um culpado.

E os discípulos?

— (....) Foi um deles que me procurou, oferecendo-se para entregar-me o seu Mestre, contanto que eu lhe desse 30 moedas de prata. (....) Houve outro. Um deles, de nome Simão, ou Pedro, não me lembro bem, assim que viu o seu Mestre preso e amarrado, declarou à minha porta, três vezes, que jamais havia visto Jesus de Nazaré. E os outros desapareceram na multidão. (....) E Jesus não tinha amigos. Nem amigos, nem parentes. Não me apareceu uma única pessoa da família.

Ana, a mulher de Zacarias, entrou, trazendo pães e mel. Caifás tomou um deles, afastou com os dedos da mão esquerda as grandes barbas sacerdotais, mergulhou no abismo da boca o pão pequeno e claro, e tornou:

Eu devia, aliás, ter aprendido com esse profeta de Nazaré uma grande lição. Se eu tivesse atentado para o que fizeram com ele os seus discípulos, não teria perdido a cadeira sacerdotal em Jerusalém."

1.2.3) SÉRIE IV, 7, pp. 219-224 - **"O discípulo ambicioso"** - "Quando Judas, obcecado pela ambição, procurou avistar-se com Caifás, no Sinédrio, trazia a cabeça incendiada de sonhos fantásticos.

Amava o Mestre - pensava, presunçoso -, entretanto, competia-lhe cuidar dos interesses d'Ele. A vaidade absorvia-o. A paixão pelas riquezas transitórias empolgava-lhe o espírito. (....) O Mestre ensinava a concórdia, a tolerância, a paciência e a esperança, mas, como efetuar as reformas necessárias através de simples atitudes idealistas?

E o discípulo, em atitude de homem escravizado à ilusão, aguardava Caifás, que não se fez esperar muito tempo. (....)

O sumo-sacerdote, após abraçá-lo com fingida simpatia, observou, em tom cordial:

— Com que então o Templo tem a felicidade de contar com a sua valiosa colaboração!

— Ah! sim, é verdade — exclamou o leviano aprendiz, sentindo-se envaidecido.

Caifás, consciente da própria importância na administração de Jerusalém, voltou a dizer:

— Precisávamos de alguém, com bastante coragem, para salvar o Messias Nazareno. (....)

Dissimulou Caifás os sentimentos sinistros que lhe vagavam na alma e respondeu em voz quase doce:

— Compreenderá, certamente, a necessidade das medidas aparentemente rigorosas. O Mestre, por exemplo, segundo o plano estabelecido, será preso, por uma questão de segurança pessoal. Será detido, a fim de que se coloque a salvo de qualquer incidente desagradável, enquanto nos valeremos da grande aglomeração de patriotas na cidade para proclamar a nossa independência. Liquidada a vitória inicial, com a submissão das autoridades romanas, coroaremos o Messias, que ostentará o cetro do poder.

O discípulo exultava. Conhecedor antigo dos efeitos da lisonja nos corações indisciplinados e invigilantes, Caifás continuou:

— O meu prestimoso amigo, até que se resolva a situação em

definitivo, chefiará os companheiros e receberá as homenagens que lhe são devidas. Tomará o lugar do Messias, provisoriamente, e ditará ordens, até que ele próprio, com a garantia desejável, possa assumir o poder. (....) De posse das declarações comprometedoras, Caifás interrompeu o inquérito, mandou que Judas esperasse na ante-sala e iniciou providências junto de romanos e judeus, para que Jesus fosse preso, imediatamente, como agitador político e explorador da confiança pública.

Em breves horas, um grupo de soldados postava-se nas vizinhanças do Templo, à espera da ordem final, e Caifás, compensando Judas com algum dinheiro, fez-lhe sentir a necessidade de sua orientação na prisão inicial do Messias, assegurando que, em breve tempo, se cumpriria a redenção de Israel.

O discípulo invigilante foi à frente de todos e encaminhou a triste ocorrência."

1.3) Elias - SÉRIE I, 2.A, p. 174 - **"O Rabino e o Monge"** - "O judeu passou a mão pelo ponto atingido, forçou a memória, e gritou-lhe:

Moisés, Abraão, Aarão, Noé, José, Jó, Davi, Salomão, Elias, Tobias, Daniel, Ester, Judite e... os sete macabeus!"

P. 209 - **"Brás y Fierabrás"** - Alusão aos corvos do profeta.

1.3.1) SÉRIE I, 2.B, pp, 31-32 - **"Os Sacerdotes de Baal"** - "Perseguido por Jezabel, que se deixara governar pelos sacerdotes de Baal e pelos quatrocentos profetas de Asera, que comiam da sua mesa, andou Elias fugido de Samaria, até que, em um momento de penúria extrema para todo o reino, mandou Acab a Obadias que fosse buscá-lo pelos caminhos. Levado à presença do rei, pediu Elias, para conjurar a vingança do céu, que se reunisse o povo de Israel no monte Carmelo, e aí, diante da multidão, intimou-a:

'Até quando coxeareis entre dois pensamentos? Se o Senhor é Deus, segui-o; e se Baal, acompanhai-o' (*Reis*, 18,21).

E como Israel se mostrasse indeciso, o profeta, sozinho, diante dos sacerdotes idólatras, fez descer uma língua de fogo celeste, que devorou o holocausto, consumiu a lenha, destruiu o altar e lambeu a água do córrego, demonstrando, dessa maneira, que era ele, entre tantos embusteiros, o único portador da confiança de Deus...

É esta, no momento, a perspectiva da situação do Brasil, ante o problema da substituição presidencial. Apontam-se como candidatos os deuses e os demônios; e como não aparece um Elias que a intime a escolher o caminho definitivo, a Nação hesita, cala-se, tergiversa, como se desconhecesse, diante do abalo, os limites da sua responsabilidade!

Os sacerdotes de Baal e os quatrocentos profetas de Asera, que 'comem da mesa de Jezabel', não devem, entretanto, zombar do momento que passa, insistindo, como até agora, em explorar a ignorância de Israel." E transcreve o versículo 18,40 do livro dos *Reis*, que explica o motivo pelo qual, no futuro, no corpo de João Batista, Elias veio a resgatar o seu pretérito de dívida cármica.

1.3.2) SÉRIE I, 3.A, p. 136 - **"Santo Antônio"** - Cf. *Governo Provisório.*

1.3.3) SÉRIE I, 6.A, pp. 234-235 - **"A Última História das Mil e Uma Noites"** - "Aí [no Iraque, que compreende, realmente, toda a Mesopotâmia] teve Semíramis os seus jardins suspensos. Aí teve Nabucodonosor a sua estátua de ouro e barro. (....) Aí rugiu Isaías diante dos reis, e cantou Elias diante dos sacerdotes. Aí se levantou Nínive, com a sua imensa biblioteca em tijolos. Aí reinou Assurbanipal, com todo o esplendor da sua glória. Aí se elevou Bagdá, com os seus califas, cujas mãos de pedra espalharam sobre a terra as flores das mais lindas histórias encantadas."

1.3.4) SÉRIE I, 6.B, p. 31 - **"Paquetá, Asilo das Aves Desamparadas"** - "As aves, segundo afirmam os que lhes estudam a psicologia e os costumes, mostram-se geralmente gratas a quantos as auxiliam na existência amável ou tormentosa. Barrington conta a história de uma avestruz que, poupada por um caçador africano, correu a despertá-lo quando o viu na iminência de ser atacado por um leopardo. E está na Bíblia a notícia daqueles corvos que, para redimirem a espécie comprometida por aquele que abandonou a Arca sem agradecer, o agasalho durante o Dilúvio, iam levar a Elias, cada manhã, junto à torrente de Carit, o pão para seu sustento."

1.3.5) SÉRIE I, 13, pp. 115-116 - **"Joaquim Nabuco"** - "Tem-se acentuado nestes últimos tempos a paixão literária da biografia. A vida dos grandes homens desaparecidos voltou a interessar os pequenos homens que vagam na terra. Os Plutarcos do século imprimem, porém, à obra que realizam, um aspecto mais humano, mais verdadeiro, mais fiel e, por isso, mais amargo, mais ingrato, mais triste. Os biógrafos antigos poupavam ao leitor o espetáculo doloroso da velhice, do declínio, da decadência física dos seus heróis. Licurgo e Sólon, Publícola e Numa Pompílio atravessam o mundo como faiscantes meteoros que se apagam de súbito. Era prática dos escritores, para não demonstrar a inutilidade do esforço e o fementido da glória, apresentar as grandes vidas como um incêndio que se extingue de repente. Rômulo desaparece misteriosamente de Roma. Cleomedes dissipa-se na atmosfera. Elias sobe aos céus no seu carro de fogo.

Pp. 423-425 - **"A Ressurreição do Conto Árabe"** - Novamente a transcrição do trecho de *O Livro dos Reis*, a que nos referimos acima, rememorando uma verdade assinalada por Voltaire.

1.3.6) SÉRIE IV, 5, p. 133 - **"A lição da vigilância"** - "João respondeu que seus amigos o tinham na conta de Elias, que regressara ao cenário do mundo depois de se haver elevado ao céu num carro flamejante; Simão, o Zelota, relatou os dizeres de alguns habitantes de Tiberíades, que acreditavam ser o Mestre o mesmo João Batista ressuscitado; Tiago, filho de Cleofas, contou o que ouvira dos judeus na Sinagoga, os quais presumiam no Senhor o profeta Jeremias."

1.3.7) SÉRIE IV, 9, pp. 21-26 - **"Em sessão prática"** - Experiência vivida por dois benfeitores espirituais, abnegados seareiros do bem - o primeiro deles homônimo do profeta que fora substituído por Eliseu.

1.4) Herodes - SÉRIE I, 3.A, pp. 47; 51-55 - "A Criança Mutilada" e "A Vingança dos Reis Magos".

1.4.1) SÉRIE I, 12.A, pp. 198-199 – **"Jesus"** - "As duas famílias, a de Zacarias como a do carpinteiro, traziam no espírito, constantemente, duas preocupações. Segundo a palavra dos Profetas, o povo de Israel teria de cair sob o jugo do estrangeiro, do qual o livraria, no entanto, um grande Rei, que viria disfarçadamente à terra, com o sangue de Davi. A primeira parte das profecias estava cumprida. Os sucessores dos Macabeus haviam ateado a guerra civil na Judéia, e invocado, em certo momento, o auxílio dos romanos, que tinham escolhido entre eles um rei, de nome Herodes, o qual reinava em Jerusalém. E a outra, a mais grave e difícil, parecia, agora, em via de realização."

Pp. 229-241 - **"Herodes"** - Excelente conto que, devido à sua extensão, não poderá ser transcrito.

1.4.2) SÉRIE II, 2, pp. 191-194 - **"As Rosas de S. Sérgio"** - Cf. um dos mais belos capítulos - o LXXIII.

1.5) Maria de Magdala/Madalena - SÉRIE II, 6, pp. 84-85 - **"Madalena"** - "Vivia Simão Pedro, ainda, em Jerusalém, divulgando a santa doutrina do Mestre, quando Jesus da Galiléia, crucificado pelos judeus, chegou, entre uma revoada de anjos, ao Reino do Pai. (....)

Um dia, porém, foram expedidas ordens imprevistas aos serafins, aos anjos, aos arcanjos, aos tronos e aos primeiros mártires ali abrigados. As estrelas desabrocharam nos canteiros do Infinito, e as flores multiplicaram-se, cheirando, por todos os interstícios das nuvens.

Deve ser uma grande santa, Senhor, a que esperais hoje no reino do vosso Pai! — observou o chaveiro ao Filho de Deus.

Pelo contrário, Simão Pedro! — contestou o Nazareno. — Aquela que hoje vai penetrar no céu teve, na terra, a mácula do pecado. É Maria da Magdala.

Maria da Magdala? — fez o Apóstolo. — E tu a perdoaste, Senhor?

Ela é digna do reino de Deus, Simão Pedro! — tornou Jesus, com um sorriso de misericórdia.

E fazendo curvar a cabeça ao chaveiro:

Ela é digna do Reino do meu Pai, porque muito amou, e, sobretudo, porque amou com humildade!

E mandou acender pelas alturas, no caminho da Pecadora, as maiores estrelas que hoje se vêem no céu..."

1.5.1) SÉRIE IV, 5, p. 103 - **"O testemunho de Tomé"** - "Maria de Magdala, Pedro, João, bem como outros companheiros, tinham visto o Senhor, tinham-lhe escutado a palavra consoladora e divina."; pp. 123-132 - **"Maria de Magdala"** - "Maria de Magdala ouvira as pregações do Evangelho do Reino, não longe da Vila principesca onde vivia entregue a prazeres, em companhia de patrícios romanos, e tomara-se de admiração profunda pelo Messias. (....)

Em dado instante, observou-se que seu peito não mais arfava. Maria, no entanto, experimentava consoladora sensação de alívio. Sentia-se sob as árvores de Cafarnaum e esperava o Messias. As aves cantavam nos ramos próximos e as ondas sussurrantes vinham beijar-lhe os pés. Foi quando viu Jesus aproximar-se, mais belo que nunca. Seu olhar tinha o reflexo do céu e o semblante trazia um júbilo indefinível. O Mestre estendeu-lhe as mãos e ela se prosternou, exclamando, como antigamente:

— Senhor!...

Jesus recolheu-a brandamente nos braços e murmurou:

— Maria, já passaste a porta estreita!... Amaste muito! Vem! Eu te espero aqui!"; pp. 139-144 - **"A mulher e a ressurreição"** - "Foi então, quando, na manhã do terceiro dia, a ex-pecadora de Magdala se acercou do sepulcro com perfumes e flores. (....) Maria Madalena ia ao túmulo com amor e só o amor pode realizar os milagres supremos. (....)

Instintivamente, Madalena se ajoelhou e recebeu o olhar do Mestre, num transbordamento de lágrimas de inexcedível ventura. Era a promessa de Jesus que se cumpria. A realidade da ressurreição era a essência divina, que daria a eternidade ao Cristianismo. (....)

A luz da ressurreição, através da fé ardente e do ardente amor de Maria Madalena, havia banhado de claridade imensa a estrada cristã, para todos os séculos terrestres.

É por isso que todos os historiadores das origens do Cristianismo param a pena, assombrados ante a fé profunda dos primeiros discípulos que se dispersaram pelo deserto das grandes cidades para a pregação da Boa Nova, e, observando a confiança serena do todos os mártires que se têm sacrificado na esteira infinita do Tempo pela idéia de Jesus, perguntam espantados, como Ernesto Renan, numa de suas obras:

— Onde está o sábio da Terra que já deu ao mundo tanta alegria quanto a carinhosa Maria de Magdala?"

1.5.2) SÉRIE IV, 7, p. 14 - **"A escrava do Senhor"** - (....) "Amparada pela convertida de Magdala, alcançou [Maria, mãe de Jesus] as vizinhanças do palácio do tetrarca. Oh! infinita amargura! Jesus fora vestido com uma túnica de ironia e ostentava, nas mãos, uma cana suja à maneira de cetro e, como se isso não bastasse, fora também coroado de espinhos!..."; pp. 54-57 - **"Mãe"** - "Quando Jesus ressurgiu do túmulo, a negação e a dúvida imperavam no círculo dos companheiros.

Voltaria Ele? - perguntavam, perplexos. Quase impossível. Seria Senhor da Vida Eterna quem se entregara na cruz, expirando entre malfeitores?

Maria Madalena, porém, a renovada, vai ao sepulcro de manhãzinha. E, maravilhosamente surpreendida, vê o Mestre ajoelhando-se-lhe aos pés. Ouve-lhe a voz repassada de ternura, fixa-lhe o olhar sereno e magnânimo. (....) Maria julgou a princípio que via o jardineiro.

Antes da certeza, a perquirição da mente precedendo a consolidação da fé. Embriagada de júbilo, a convertida de Magdala transmite a boa nova aos discípulos confundidos. Os olhos sombrios de quase todos se enchem de novo brilho."; pp. 125-130 - **"Depois da ressurreição"** - "Contou-nos um amigo que, logo após a ressurreição do Cristo, houve grande movimentação popular em Jerusalém.

O fato corria de boca em boca. Sacerdotes e patriarcas, negociantes e pastores, sapateiros e tecelões discutiam o acontecimento.

Em algumas sinagogas, fizeram-se ouvir inflamados oradores, denunciando a 'invasão galiléia'.

— Imaginem — exclamava um deles da tribuna, diante das tábuas da lei —, imaginem que a mulher mais importante do grupo, a que se encarregou da chamada mensagem de ressurreição, é uma criatura que já foi possuída por sete demônios. Em Magdala, todos a conhecem. Seu nome rasteja no chão. Como aceitar um acontecimento espiritual, através de pessoa desse jaez?

(....) Simão Pedro e os demais voltaram à Galiléia, para 'vender o campo e seguir o Mestre', como diziam na intimidade. Estavam tocados de fervor santo. A ressurreição enchera-lhes a alma de energias sublimes e até então desconhecidas. Que não fariam pelo Mestre ressuscitado? Iriam ao fim do mundo ensinar a Boa Nova, venceriam trevas e espinhos, pertenceriam a Ele para sempre. Reorganizaram, pois, as atividades materiais e regressaram a Jerusalém, a fim de dar início à nova missão."

1.5.3) SÉRIE IV, 8, pp. 39-41 - **"Apontamentos do Ancião"** - "Por aceitar a consideração afetuosa de Maria de Magdala, murmuraram os maledicentes:

— É desordeiro comum. Não consegue nem mesmo afivelar a máscara ao próprio rosto, dando-se à companhia de vil criatura, portadora de sete demônios. (....)

O velhinho fez intervalo expressivo e ajuntou:

— Como sabe, isto aconteceu com Jesus Cristo, o Divino Governador Espiritual do Planeta.

Sorriu, afável, e rematou:

— Endividados como somos, que devemos aguardar, por nossa vez, das multidões da Terra?

Foi, então, que vi o pobre escritor desencarnado exibir uma careta de alegria, que se degenerou em cristalina e saborosa gargalhada..."

1.5.4) SÉRIE IV, 12, pp. 86-89 - **"Na hora da cruz"** - "Quando o Mestre se afastou do Pretório, suportando o madeiro a que fora sentenciado pelo povo em desvario, pungentes reflexões lhe assomavam ao pensamento. (....)

O Cristo fitou-as, admirado.

Todas exibiam asfixiantes padecimentos.

Viu que, entre elas, Maria de Cleofas trazia a cruz da maternidade dolorosa, que Maria de Magdala panteava sob a cruz da tristeza e que Joana de Cusa, que viera igualmente às celebrações da Páscoa, sofria sob o madeiro do casamento infeliz... (....)

E endereçando compadecido olhar às mulheres que o cercavam, pronunciou as inesquecíveis palavras do Evangelho:

— Filhas de Jerusalém, não choreis por mim!... Chorai, antes, por vós mesmas e por vossos filhos, porque dias virão em que direis: bem-aventurados os ventres que não geraram e os seios que não amamentaram!... Então, clamareis para os montes: Caí sobre nós! — e rogareis aos outeiros: Cobri-nos! — Porque, se ao madeiro verde fazem isto, que se fará com o lenho seco?"

1.5.5) SÉRIE IV, 14, pp. 127-132 - **"Elucidando"** - "Ele, que honorificou a mulher, integrando-a no respeito devido, não tem o beneplácito das herdeiras de Ester, a sobrinha de Mardoqueu que obteve perdão de Assuero para os judeus perseguidos, ou o destemor das sucessoras de Judite, a viúva famosa, que defendeu a raça hebréia, na luta contra os generais de Nabucodonosor, todas elas irrepreensíveis e imaculadas no fausto de vivendas floridas e suntuosas; mas encontra na pobre filha de Magdala, obsidiada de sete demônios infernais, a mensageira da ressurreição, e nas mulheres sem nome, de Jerusalém, as companheiras fiéis de sua dor sob a cruz da morte, endereçando à posteridade o testemunho da compaixão feminina."

1.6) Matusalém - SÉRIE I, 16.B, pp. 193-199 - **"Prado Kelly"** - "Ninguém fica por muito tempo em evidência incontrastável na admiração do público, porque ainda não houve um Josué que fixasse no céu o astro de uma popularidade. Por isso, a sabedoria do homem de letras consiste em demorar a sua eclosão, o espetáculo da sua alvorada, evitando, quanto possível, os triunfos apressados e absolutos. (....)

Em arte, o que menos interessa é, mesmo, a idade de quem realizou a obra. Quem pergunta, hoje, os anos com que Homero compôs a *Ilíada*, ou se havia rugas em Miguel Ângelo quando terminou a pintura da Capela Sistina? À obra de arte é indiferente a idade do artista. O que se exige é que ela seja perfeita, completa, integral, pouco importando, no caso, que provenha da infância de Davi ou da senectude de Matusalém.

Ao jovem poeta, cujo talento me arrasta pelo meandro destes comentários, devem ter sido enviadas numerosas palavras de admiração pelo seu triunfo, em anos tão verdes."

1.6.1) SÉRIE I, 14, pp. 468-469 - **"Um Romance Amazônico"** - "As verdades não possuem - já dizia, porém, Ibsen, em *Um Inimigo do Povo*, pela boca de Brand, — a resistência de Matusalém: uma verdade de compleição normal vive ordinariamente dezessete, dezoito, às vezes vinte anos, raramente mais. É provável, pois, que esse mundo de tormentos que o Sr. Ferreira de Castro e eu vimos e experimentamos, já não exista. A Amazônia, em cujo seio úmido repousam para sempre mais de meio milhão de nordestinos nela sepultados vivos, pagou caro a sua imprevidência. Sobre as ruínas de Jerusalém, surda às ameaças de Isaías, tombaram a pobreza e a solidão."

1.6.2) SÉRIE III, 2, p. 56 - "*Sábado, 30 de agosto* [de 1930]:

Pelas minhas leituras de janeiro até agora, vejo que, no ano corrente, só conseguirei ler, e anotar, cem ou, no máximo, cento e vinte volumes. Dez anos para mil ou mil e duzentas obras... E eu que tenho, só em casa, para ler ou reler, mais de dois mil volumes, isto é, leitura para vinte anos, se me não entrasse na biblioteca mais um só livro!...

Dá-me, para que os encha, os teus anos vazios, avô Matusalém!"

1.6.3) SÉRIE IV, 9, pp. 70-71 - **"No correio fraterno"** - "Não serei eu, 'homem morto' há dezesseis anos, quem terá a coragem de contradizê-lo.

Naturalmente, se este correio de fraternidade chegar às suas mãos, um sorriso cor-de-rosa aparecerá triunfante em suas bochechas felizes; mas não se glorie, excessivamente, na madureza adornada de saúde e dinheiro, porque embora eu deseje a você uma existência no corpo de carne, tão longa quanto a de Matusalém, é provável que você venha para cá, em breves dias, ensaiando o sorriso amarelo do desencanto."

CAPÍTULO 2

FIGURAS E CONCEITOS MITOLÓGICOS

2.1) Ájax, filho de Oileu - SÉRIE I, 3.A, p. 49 - **"A Criança Mutilada"** - "No meu orgulho, como Ájax, filho de Oileu, eu posso desafiar os deuses, embora eles me fulminem incendiando com os seus raios todos os rochedos da Eubéia. Mas, que te fez essa criança, na sua fraqueza de mulher e menina?...

Deste, todavia, ao mundo, nesse drama triste, o símbolo mesmo da felicidade humana. Que é a felicidade, Senhor? Escuto, no meu coração, a tua resposta:

A boneca... dos que não têm braços!..."

2.1.1) SÉRIE I, 14, p. 200 - **"Junqueira Freire"** - "Na *Odisséia*, quando Ulisses penetra na caverna de Tirésias, é debalde que estende os braços para apertar os vultos amigos, de Antíloco, de Ájax, de Agaménon, de Pátroclo, e da veneranda e maternal Anticléia. As figuras desfazem-se, imponderáveis, ao tato das suas mãos. Homero não quis, num dos recursos do seu gênio, humanizar uma sombra."

2.1.2) SÉRIE I, 16.B, p. 108 - **"Francisco Glicério"** - "Nas sociedades definitivamente constituídas, o homem de Estado é, geralmente, um Ájax, um Sarpédon, um gigante homérico, a surgir de uma floresta de indivíduos normais."

2.1.3) SÉRIE I, 6.A, p. 67 - **"Lorenzone"** - "Não queria, fixando-se em São Paulo, oferecer aos homens o espetáculo da sua pobreza no mesmo palco em que lhe oferecera o da sua prosperidade. Na cidade tumultuosa, experimentou todos os gêneros de vida compatíveis com a sua condição. Os deuses insistiam, todavia, em persegui-lo. Como Ájax Oileu, tentava ele salvar-se de cada naufrágio. Ondas novas se erguiam, porém, e o desalojavam do seu rochedo... Lorenzone não esquecera, entretanto, São Paulo."

2.1.4) SÉRIE II, 1, p. 283 - **"O Arco de Ulisses"** - "Traído por Palamedes, discípulo de Chiron e filho de Náuplio, partiu Ulisses para Tróia, sob cujos muros devia operar os milagres da bravura, de coragem e de prudência, que despertavam o despeito de Ájax e deviam acordar, mais tarde, o sonoro entusiasmo de Homero."

2.1.5) SÉRIE II, 2, p. 54 - **"Miniaturas Homéricas"** - Referências a Homero, às divindades da *Ilíada* e a Ájax diante de Juno pacificadora.

2.1.6) SÉRIE IV, 4, p. 58 - **"Marte"** - "Encarcerado no ponto convencional de sua existência transitória, o homem terrestre é aquela coruja incapaz de enfrentar a luz da montanha espessa e triste de sua noite. Como Ájax, filho de Oileu, contempla, às vezes, o tridente irado dos deuses, mas embora a sua desesperação e o seu orgulho, não vai além da ilha, onde a maré alta o atirou, nos caprichosos movimentos do oceano da Vida." Rogamos ao leitor consultar a excelente nota ao pé da página, aposta pela Editora, na qual somos informados de detalhes sobre a figura mitológica sob nossa análise; pp. 112-113 - **"Maio"** - "Lembrei, assim, a paisagem pobre e triste da minha aldeia natal. E vi novamente Miritiba, com as suas ruas arenosas e semidestruídas, guardando no litoral maranhense as antigas tradições dos guerrilheiros balaios, o lar humilde e farto da minha primeira infância, o gênio festivo de meu pai e a figura bondosa e severa de minha mãe... Em seguida, revi os quadros de amargura e de orfandade, vividos na Parnaíba distante. E depois... era o meu veleiro, rudemente, jogado no oceano largo, onde os remos da minha coragem, procurava enfrentar, inutilmente, a maré solta das lágrimas, até que um dia, desesperado na ilha dos meus sofrimentos, e cansado de afrontar, como Ájax, a cólera dos deuses, submergi-me involuntariamente, na grande noite, para despertar no outro lado da vida."

2.2) Cérbero/Orfeu - SÉRIE I, 3.A, p. 215 - **"Carta Grega (*De Péricles, filho de Xantipa, a George Paliópulo)*** - "Acabo de saber, por intermédio do deputado Diakos, que o presidente da República, usando de um direito que a Constituição lhe confere e a solidariedade das forças armadas revigora, acaba de dissolver mais uma vez o Parlamento grego. Informado dessa atitude, aproveitei a hora em que Cérbero velava apenas com uma das suas três cabeças, e vim à porta da furna que somente Ulisses e Orfeu transpuseram de regresso, a fim de comunicar-me contigo."

2.2.1) SÉRIE I, 4.A, pp. 20-21 – **"Uma Voz na Sombra"**, **5** - "Pergunta-me por que, conhecendo a vida dos humildes, a tragédia anônima de cada um deles, não revelo aos homens das altas camadas da sociedade, em romances que retratem a existência do proletariado brasileiro, as dores, as revoltas, as decepções, os segredos dramáticos do microcosmo de que fui personagem. Indaga você por que, tendo descido aos Infernos, como Orfeu, ou no Inferno, como Dante, e regressado incólume da excursão tormentosa, não transmito aos vivos, em obras de profundo fôlego literário, o que Cérbero me disse com o seu uivo e Virgílio me contou com a sua palavra. Quer saber você, em suma, por que, tendo mergulhado na cratera do vulcão, não trouxe ainda para as letras um pouco da lava que ferve nas entranhas da terra, de modo a prevenir os homens imprudentes contra a erupção que se prepara."

2.2.2) SÉRIE IV, 2, pp. 59-60 - **"Do Além-Túmulo"** - "É até muito cedo para que um 'morto' apareça, contrariando as opiniões gerais. Ainda há réstias de sol evadindo-se entre os arvoredos, como as rolas morenas e ariscas fugindo à noite cheia de sombras. Há uma grandiosa placidez na paisagem que se aquieta como ovelha mansa para ouvir a voz carinhosa do pastor. (....)

Encontrei, nesse "outro mundo", a minha própria bagagem. Meus pensamentos, minhas obras, frutos dos meus labores, da minha regeneração no sofrimento. Sem estar na beatitude do Céu, não conheço igualmente a topografia do inferno. Os uivos de Cérbero ainda não ecoaram aos meus ouvidos. O "nessun maggior dolore", que Dante escutou dos lábios de Francesca de Rimini, em sua peregrinação pelas masmorras do tormento, constitui provavelmente um resultado da perturbação dos seus nervos auditivos, porque eu afirmo o contrário. Não há maior prazer que recordar, na paz daqui, as nossas dores na Terra."

2.2.3) SÉRIE IV, 7, p. 105 - **"Advertência fraterna"** - "Seu sentimento amigo talvez entendesse algum dos conceitos novos, relativamente à vida eterna do espírito imortal, mas o seu raciocínio cerrar-me-ia a porta. A razão, de fato, é uma luz na consciência humana, mas, por vezes, converte-se num Cérbero feroz, a exercer controle sobre o coração."

2.3) Ísis/Édipo/Pégaso - SÉRIE I, 6.B, p. 245 - **"A Volta ao Campo"** - "Todos os povos primitivos têm, sempre, o culto da terra fecunda. O mito de Deméter, que se transformou no de Ceres entre os romanos e que provinha, já, do de Ísis, dos egípcios, é o louvor comovido do homem ao solo que lhe dá o pão. Conta-se que os figalianos, povo da Arcádia, tinham uma estátua de Deméter, que cultuavam por ocasião das colheitas." Cf. *Delfos*.

2.3.1) SÉRIE I, 16.A, pp. 106-107 - O mesmo trecho transcrito no livro anteriormente citado - *Um Sonho de Pobre*.

2.3.2) SÉRIE II, 6, p. 141 - **"A Múmia"** - Depois de transcrever o seguinte trecho de Heródoto: "Os antigos egípcios podiam tomar por empréstimo grandes quantias, deixando como garantia nas mãos do credor o cadáver do seu pai. Quando eles não retiravam esse penhor, eram cobertos de infâmia."

"O moço foi à porta do bazar e trouxe, com pulso forte, um caixão de madeira que deixara encostado ao muro, abrindo-o aos olhos do usurário. Este olhou a múmia, fechou a caixa, e contou, uma a uma, as moedas na mão do mancebo.

— Até a sétima festa de Ísis, Hassurbanipal! — fez o moço, despedindo-se.

— Até a sétima festa de Ísis, Ptolomeu!"

2.3.3) SÉRIE IV, 1, pp. 9-10 - **"A Palavra dos 'Mortos'"** - "Os movimentos planetários, os turbilhões atômicos no complexo de todas as coisas tangíveis, inclusive o seu próprio corpo, o mistério da força, os enigmas da aglutinação molecular, o segredo da atração, a identidade substancial da energia e da matéria, que nunca se encontram separadas uma da outra, não se mostram aos olhos humanos dentro da sua transcendência e da sua grandeza. Todo átomo de matéria tem a sua gênese no átomo invisível, de natureza psíquica. Raios impalpáveis e ocultos trazem a vida e trazem a morte. E o homem, na sua ignorância presumida, mal se apercebe de que é o fantasma cambaleante de Édipo, vivendo na zona limitada do seu livre arbítrio, mas submetido às leis de bronze do destino e da dor, cujas atividades objetivam o aprimoramento de sua personalidade; apesar da sua vaidade e do seu orgulho, todas as suas glórias materiais caminham para a morte. Nietzsche arquiteta com Zaratustra a filosofia do homem superior para cair aniquilado sob o seu próprio infortúnio. Napoleão, depois das lutas prestigiosas que lhe granjearam a admiração universal, recolhe-se em Santa Helena para meditar nas célebres sentenças do Eclesiastes. Edson, após encher de conforto as cidades modernas com a sua imaginação criadora, sente o esgotamento de suas forças físicas para aguardar o gume afiado da morte. Os homens, com todos os pergaminhos de suas conquistas, viverão sempre no círculo de suas fraquezas e de suas misérias, enquanto não se voltarem para o lado espiritual do Sofrimento e da Vida."

2.3.4) SÉRIE IV, 4, pp. 49-50 - **"No banquete do Evangelho"** - "A morte não é sinônimo de renovações integrais e definitivas. Para o homem que demandou o reino das sombras, ainda existe o véu de Ísis, e, no seu coração, ainda ressoam as célebres exortações do oráculo de Delfos. Encontramo-nos "neste outro lado da vida", com as mesmas inquietações e com a mesma necessidade de aperfeiçoamento. E, não raro, sentimo-nos envolvidos na rede caprichosa dos cálculos de Édipo, ansiosos por solver os problemas próprios."; p. 59 - "Marte" - "É por isso que apelarei aqui para o véu de Ísis ou para o dorso de Pégaso, cuja patada fez brotar a fonte de Hipocrene, no Hélicon das divindades." Consultemos as notas de rodapé sobre Édipo, Ísis e Pégaso, colocadas pela Editora.

2.4) Mito/Mitologia - SÉRIE I, 1, p. 233 - **"Vitória-régia"**

"No teu corpo de flor trepida e estua
Todo o forte esplendor, toda a grandeza
Desta terra, que é tua. (....)
Assim, também, num símbolo plutônico,
Eu, numa lenda, te poria
Sobre o seio amazônico,
Para compor outra Mitologia."

P. 241 - **"Juventude"**

"És a imagem cristã dessa virgínea Artêmis,
Dessa esplêndida flor de modelo esquisito,
E procuras, talvez, - tu, que a vida não temes,
Ir, também, perfumar as florestas do Mito."

2.4.1) SÉRIE IV, 12, pp. 48-49 - **"Explicação de amigo"** — "Queria você que nos detivéssemos nos chamados assuntos palpitantes do mundo, efetuando o 'striptease' desse ou daquele escândalo, no palco da imprensa, com objetivos de regeneração dos costumes, como se não conhecêssemos, e de sobra, o picadeiro da pilhéria humana, onde, por mal de nossos pecados, já desempenhamos a função de palhaço. Afirma, ainda, que teríamos olvidado a Mitologia e o gosto das citações para nos acomodarmos 'tão-somente ao estilo trivial dos que ensinam frases comoventes para conforto de estivadores e lavadeiras', como se lavadeiras e estivadores não fossem gente igual a nós.

Que não desfrutamos competência para a arte da redação, é coisa vulgarmente sabida. Se há o que estranhar em sua carta é a impressão de que nos acharíamos presentemente modificados, o que, em verdade, não sucede. Sou o mesmo jornalista desenxabido, sem a ilusão de estar servindo caviar no cardápio das letras, quando apenas dispõe de algum refogado pobre para oferecer aos amigos."

2.5) *Olimpo* - SÉRIE I, 3.A, pp. 6-7 e 204 - **"As Horas"** - "— Zeus, pai dos deuses, que repousas no alto do Olimpo, divide de novo o Tempo, para que possamos medir a nossa idade e dar um limite aos atos que praticamos! — gemiam os homens. — Move, de novo, a roda que marcava o movimento da vida. Parte, em pequenos pedaços, a Eternidade!

Intermediários dos homens, os deuses todos imploravam, pediam, suplicavam:

Zeus! Zeus! Dá movimento ao Tempo! Divide a Eternidade!

(....) Não havia, porém, mais, no Olimpo, asas, para fabricar pássaros, libélulas e borboletas. E Zeus, para não tornar mais infelizes os homens que haviam chegado tarde, fez, com os pedaços do Tempo, lagartas miúdas e douradas, que lhes entregou nas mãos."

"**Elogio do Bom-Humor**" - "E é Homero quem informa, de sobre os escombros dos séculos, que até os deuses, com Júpiter à frente, riram em pleno Olimpo, fazendo estremecer com a sua gargalhada incomparável - a vitoriosa gargalhada homérica - os próprios alicerces do mundo."

2.5.1) SÉRIE IV, 7, p. 174 - **"Questão de provas"** - "Nem a ira de Júpiter, no Olimpo, entre os deuses, seria tão desvairada, porque Júpiter se enfurecia numa época em que o mundo não ia além da floresta e do mar."

2.5.2) SÉRIE I, 4.A, p. 189 - **"A Condenação de Otelo", 5** - "Convença-se disso cada homem, lembre-se que os gregos deram a Vênus as mais variadas denominações para que a deusa mais formosa do Olimpo não fosse uma só, e terá remediado, de antemão, os malefícios do amor."

2.5.3) SÉRIE IV, 8, p. 186 - **"Bilhete a Jesus"** - "Senhor Jesus, enquanto a alegria do Natal acende luzes novas nos lares festivos, torno à velha Palestina, revendo, com os olhos da imaginação, a paisagem de tua vinda...

Roma estendia fronteiras no Nilo, no Eufrates, no Reno, no Tâmisa, no Danúbio, no Mar Morto, no Lago de Genesaré, nas areias de Saará. César 'sossegava e protegia' os habitantes das zonas mais remotas, aliciando a simpatia dos príncipes regionais. Todos os deuses indígenas cediam a Júpiter, o dono do Olimpo, de que as águias dominadoras se faziam emissárias, tremulando no topo das galeras, cheias de senhoras e de escravos."

2.5.4) SÉRIE II, 2, pp. 219-221 - **"Os Espinhos"** - "Discorrendo sobre as pequenas intrigas do Olimpo, passeavam, uma tarde, pelas suaves campinas da Arcádia, cada qual mais linda, mais leve, mais encantadora, Vênus e Juno. À aproximação das deusas, os córregos paravam, admirados, na ânsia de lhes refletir a formosura inigualável. Pinheiros enormes, que jamais se haviam curvado à fúria das tempestades do outono, vergavam-se flexíveis, à passagem das duas rivais, como se Orfeu houvesse descido, de novo, domando as feras e abrandando as árvores, das cumiadas solitárias do Ródopo.

À sombra de um plátano rumorejante, em cujo âmago as hamadríadas precipitadamente se esconderam, Juno ouviu, trazidos de longe pelos zéfiros fugitivos, os acordes tristes, saudosos, melancólicos, de uma flauta selvagem. As deusas pararam de repente, e Vênus suspirou, comovida:

Se Adónis passasse, agora, por estes caminhos...

Para quê? — atalhou a filha de Saturno. — Para que o visses doido de amor, entre as serpentes dos meus braços?

Entre os teus? — protestou Vênus, recuando, enrubescida de cólera.

Sim, entre os meus braços...

Ele te ama?

Adora-me!

É falso! — bradou a mais formosa das deusas, com os olhos em chama.

Juno sorriu, zombeteira, e propôs, desafiadora, à formosa rival ofendida:

Queres ver? Esconde-te, à sua aproximação, metamorfoseando-te, por exemplo, numa rosa, que é a mais inocente das flores, e assiste, imóvel, ao meu encontro com ele em qualquer clareira solitária.

Nesse momento, ouviram-se, no bosque próximo, pequenos gritos de ninfas assustadas, que anunciavam, correndo em tumulto, a aproximação do mancebo maravilhoso.

Esconde-te! Foge! Dissimula-te! — pediu Juno, aflita, à companheira e rival.

Vênus afundou os pés mimosos na umidade de um monte de relva, e, num doce milagre, foi o seu corpo se tornando, aos poucos, verde, como um caule de roseira. Ao mesmo tempo, como num encanto, o seu busto se transformou numa grande rosa orvalhada, que se curvou, balouçando, à margem do caminho.

Mal se havia consumado o prodígio da metamorfose, quando Adónis apareceu, perto, na orla do bosque.

Meu amor! — gritou Juno, acenando-lhe com a mão tão alva como os lírios.

Meu amor! — soluçou o semideus, correndo, como um gamo, ao encontro do seu corpo de fogo e neve.

Orgulhosa da vitória tão fácil, a deusa atirou ao pescoço de Adónis o colar dos seus braços tentadores, arrastando-o, pérfida, para junto da roseira em que Vênus se dissimulara. E aí recebeu na colmeia da boca faminta, num enxame sonoro, infindável, ressoante, as abelhas de ouro de seu beijo.

Ao lado dos dois amantes, transformada em pequeno arbusto florido, Vênus sentiu que, a cada beijo, o seu ciúme se refletia, irritado, hostil, agressivo, no caule da planta em que se tornara. E tanto os dois se beijaram, sequiosos de amor, que, quando se separaram, o arbusto inocente estava coberto de acúleos pontiagudos, como as plantas amaldiçoadas dos deuses!

A datar desse tempo, as roseiras começaram a nascer com espinhos..."

2.5.5) SÉRIE III, 2, p. 155 - "Sexta-feira, 5 de junho [de 1931]

Bonito! O telegrama de renúncia era, mesmo, de Santos Dumont, que vem rumo do Brasil, e se acha no mar, gravemente enfermo e, parece, já privado da razão! A confirmação chegou ao Rio cinco horas após a sua eleição!

Evidentemente, Júpiter não quer perdoar o titã que projetou o domínio do Olimpo!..."

2.5.6) SÉRIE I, 11.A, p. 69 - **"O Último Estio de Atenas"** - "Uma figura houve, entretanto, no Olimpo, que permitiu a minha aproximação. Foi Raul Astolfo Marques, que se tornou conhecido, mais tarde, nas letras regionais, como Astolfo Marques, unicamente."

2.5.7) SÉRIE I, 14, p. 194 - **"Junqueira Freire II"** - "Os titãs, vossos aliados, venceram os vossos inimigos. Prometeu, libertado, destronou Júpiter e é, a esta hora, senhor do Olimpo. Estais, pois, livres do vosso castigo."

2.5.8) SÉRIE I, 16.A, p. 38 - **"A Costela de Adão"** – "A escalada do Olimpo está se tornando formidável, por parte dos titãs pequeninos. O Pélion já está sobre Ossa, e o Ossa sobre o Etna. Se Júpiter não vibra o raio fulminador, serão eles, antes de quinhentos anos, os senhores da Terra e do Céu."

2.5.9) SÉRIE I, 16.B, p. 167 - **"Floriano Peixoto"** - "Lá no alto, no píncaro, está o Olimpo, onde as divindades, isto é, os seres que se purificaram primeiro, nos esperam."

2.6) Tirésias - SÉRIE I, 2.A, p. 45 - **"A Fantasia de Korner"** - "Procurando ver demasiadamente longe no futuro alheio, o Tirésias prussiano descobriu que o segredo da felicidade americana consiste na organização de uma grande e poderosa federação, de uma espécie de república dual, formada pela Argentina e pelo Chile."

A título de curiosidade, transcrevo a seguinte antístrofe, dedicada ao Exmo. Conde de Oeiras [Sebastião José de Carvalho e Melo], de Pedro Joaquim Antônio Correia Garção, que nasceu em Lisboa, em 1724, e desencarnou depois de meses de cárcere no Limoeiro, a 24 de março de 1773:

"Que mais fiel Sibila que a experiência
Não fala, não responde,
Sem do profundo abismo,
Evocarmos a sombra de Tirésias?
Testemunhas maiores
São de tuas ações, sábio ministro,
O Trono defendido.
A Pátria restaurada, e nós felizes!"

2.6.1) SÉRIE I, 4.A, pp. 129-130 - **"Os Cegos"** - Transcrevendo trecho de Shakespeare - Rei Lear (ato IV, cena VI) -, quando Edgar se refere à cegueira do pai: "E não será aqui o lugar de citar o velho Tirésias, que Juno cegou e a quem nem o próprio Júpiter pôde restituir os olhos? E o de lembrar Édipo, que arrancou os seus, horrorizado de si mesmo, com os ganchos do seu manto?"

2.6.2) SÉRIE I, 6.A, pp. 35-36 - **"Carlo Pensarelli"** - "Os cronistas imobilizados pela doença, e de olhos incapacitados para a leitura, assemelham-se, dessa maneira, aos magos antigos e aos bruxos medievais: trabalham com as sombras. O seu gabinete é a furna de Tirésias. A sua pena, ou a sua máquina, é a vara de Merlino."

2.6.3) SÉRIE I, 6.B, p. 161 - **"3 de Dezembro"** - "Palestrador admirável [João Brígido dos Santos, o mais temível jornalista que o Ceará possuiu na Monarquia e na República, ou, precisamente, desde o aparecimento da imprensa naquele agitado pedaço do Império], servido de assombrosa memória, conhecia a crônica de todas as famílias cearenses, por toda a extensão de dois séculos. Cego como Tirésias, desvendava o passado dos homens com a presteza com que o outro revelava o futuro."

2.6.4) SÉRIE I, 14, p. 200 - Cf. ***Ájax, filho de Oileu***.

2.6.5) SÉRIE I, 14, p. 328 - **"O Sr. Aluísio de Castro, Prosador"** - "A Academia Brasileira de Letras é, enfim, para o Sr. Aluísio de Castro, o que foi para Ulisses a furna mágica de Tirésias. Cerca-o, ali, a bênção das sombras queridas."

2.6.6) SÉRIE I, 16.B, p. 213 - **"Correia de Araújo"** - "Irmão [o poeta] de Orfeu, como ele diz, e, talvez, de Tirésias, vai mais longe: vê, no seu sonho, o que será, dentro de algumas décadas, aquele embrião da larga civilização sertaneja, e anuncia, profético:

Vejo em brilhante, próximo porvir,

A majestosa Capital futura,

A soberba New York brasileira

Surgir."

2.6.7) SÉRIE III, 1, pp. 173-174 - "*Quarta-feira, 4 de abril [de 1928]*

Após a sessão na Academia, jantar em casa de Coelho Neto: Reflito então. O que falta são os convivas, os companheiros antigos. No lugar em que me assento, assentava-se Bilac, quando ali ia. Do mesmo lado, adiante duas cadeiras, ficava o Mano, filho mais velho do escritor, que lá está, já, no silêncio da morte. (....) Em torno à mesa, hoje triste e sem crianças, como aos olhos de Ulisses na furna de Tirésias, passam e repassam as sombras..."

P. 237 - "Sábado, 30 de junho [de 1928]

Há dois dias, venho trabalhando intensamente na revisão da 'Odisséia', tradução de Odorico Mendes, obra que deve estar pronta dentro de oito dias, a fim de ser remetida para o Maranhão.

Eu já havia lido Homero integralmente, nas versões francesas de Leconte de Lisle e de Mme. Dacier. Só agora, porém, lendo como revisor, verso por verso, vocábulo por vocábulo, foi que compreendi a grandeza do poema. A visita de Ulisses ao país dos Cimérios e o seu encontro, na furna de Tirésias, com as grandes sombras amigas, é verdadeiramente soberbo, na descrição; como soberbos aparecem, na tradução brasileira, o banquete no palácio de Alcino e o canto heróico de Demódoco; e, em particular, o aparecimento de Helena no momento em que Menelau recebe Telêmaco, que anda errante em busca do pai."

A título de curiosidade, consultemos a obra-prima que é *A Vidente de Prevorst,* do Dr. Justinus Kerner (Tradução do Dr. Carlos Imbassahy, Casa Editora O CLARIM, Matão, SP, 1ª edição, 1973), p. 113: "Quando as vantagens e desvantagens dos que são dotados de tais faculdades, os que têm olhos para o mundo visível e invisível, se equilibram - diz Kant -, esse dom assemelha-se ao que Juno outorgou a Tirésias: a este concedeu a profecia e o tornou cego.

Quem se deu ao trabalho de observar a Sra. Hauffe ou pô-la à prova, convenceu-se de sua sinceridade e espírito piedoso. Ela não esperava que os outros acreditassem na realidade das aparições que Deus não lhes pedia.

Infelizmente minha vida foi feita assim - dizia ela -, os seres espirituais me vêem e eu os vejo; os outros não têm essa faculdade, e tanto podem crer nas visões como considerá-las ilusões, se lhes agradar."

2.6.8) SÉRIE IV, 4, p. 72 - **"A Agrippino Grieco"** - "Não desejo reviver o acervo de minhas velhas recordações, cheias de lágrimas muito amargas; todavia, se não represento mais a figura de Tirésias, dando palpites ao mundo, do seio de sombras da sua noite, desejaria trazer-te o complexo de minhas emoções novas e de meus novos conhecimentos."

2.6.9) SÉRIE IV, 7, p. 187 - **"Adivinhações"** - "Meu amigo: você ainda pertence ao número daqueles que consideram os Espíritos desencarnados adivinhadores e pergunta o motivo pelo qual não pulverizamos as afirmativas dos detratores gratuitos e apressados do Espiritismo cristão. Julga você, acompanhando as águas de muita gente, que somos novas edições do velho Tirésias, precursor da 'buena-dicha', e que, à maneira dos criados linguarudos, devemos estar em dia com todos os segredos do próximo, a fim de, por esse processo fácil, dar-lhe a conhecer nossas atividades espirituais, de modo concreto e insofismável."

CAPÍTULO 3
NOMES GEOGRÁFICOS

3.1) Delfos - SÉRIE I, 7.A, p. 226 - **"A Hora de Durga Dass"** - "Refere Heródoto que, ao chegarem a Delfos, os lídios, enviados de Creso, perguntaram à Pítia se ela se não envergonhava de haver, com os seus oráculos, excitado o seu soberano à guerra contra os persas. E a resposta foi esta: É impossível, mesmo a um deus, impedir o cumprimento das sentenças do Destino!"

3.1.1) SÉRIE I, 13, p. 402 - **"Literaturas Regionais"** - "Contam os historiadores antigos que, tendo dois filhos de Tarquínio, o Soberbo, ido a Delfos consultar o oráculo, a fim de saber a quem caberia o poder em Roma, lhes foi respondido que este iria ter às mãos daquele que, de retorno à pátria, primeiro abraçasse a sua mãe. Companheiro de viagem dos filhos do tirano, Marcus Junius Brutus, ao tornar à Itália, atirou-se ao chão de braços abertos, cingindo com eles a terra, mãe generosa de todos os homens. E dias depois ele, Hamlet latino, o jogral da corte do déspota, fundava a República, para maior esplendor do mundo romano."

3.1.2) SÉRIE IV, 4, 49 - **"No banquete do Evangelho"** – Cf. *Édipo.*

3.1.2.1) P. 70 - **"A Agrippino Grieco"** - "É certo que seus olhos mortais não me vêem. Todavia eu recorro ainda aos símbolos mitológicos para justificar a minha presença, nesta casa de simplicidade e de amor cristão. Suponhamos que me encontro por detrás do véu de Ísis, como as forças ocultas que se ocultam aos olhos dos homens, no famoso santuário de Delfos."

3.2) Éfeso - SÉRIE I, 5.A, pp. 53-55 - **"Victor Victorum!"** - "Quando, naquela noite, Paulo reuniu em Éfeso os seus discípulos Acaio, Estefânio e Fortunato, para lhes entregar a Segunda Epístola aos Coríntios, confirmando a primeira, confiada à juventude de Timóteo, Jesus apareceu aos quatro semeadores da sua palavra e, voltando-se para aquele a quem estavam confiados num mundo pagão os destinos da sua Igreja, disse:

Mais vale confiar no Tempo, que matar o Tempo. O Tempo deve ser um aliado e não um inimigo. (....)

E dizendo isso, Jesus desapareceu

Pela madrugada, apertando as sandálias nos pés feridos, Paulo retomava o bordão, e em companhia de Acaio, Estefânio e Fortunato, partia de Éfeso, pela porta de Esmirna, na sua terceira peregrinação. Ia pregar em Alexandria e em Tessalônica. Tinha o Tempo ao seu lado.

Foi com o Tempo que S. Paulo venceu."

3.2.1) SÉRIE I, 13, p. 287 - **"O Sr. Coelho Neto e o seu Estilo"** - "Ele é, na literatura, o grego designado para retribuir a visita de Anacársis, e que, errando o caminho da Cítia, fosse ter a Éfeso, abrindo o caminho de Alexandre."

3.2.2) SÉRIE IV, 5, p. 131 - **"Maria de Magdala"** - "No justo momento de suas efusões afetuosas, quando o casario de Éfeso se lhe desdobrava a vista, seu corpo alquebrado negou-se a caminhar. Modesta família de cristãos do subúrbio recolheu-a a uma tenda humilde, caridosamente. Madalena pôde ainda rever amizades bem caras, consoante seus desejos. Entretanto, por largos dias de padecimentos debateu-se entre a vida e a morte."

Pp. 191-192 e 196 - **"Maria"** - "E João lhe contou a sua nova vida. Instalara-se definitivamente em Éfeso, onde as idéias cristãs ganhavam terreno entre almas devotadas e sinceras.

(....) Demorara-se a vir, explicava o filho de Zebedeu, porque lhe faltava uma choupana, onde se pudessem abrigar; entretanto, um dos membros da família real de Adiabene, convertido ao amor do Cristo, lhe doara uma casinha pobre, ao sul de Éfeso, distando três léguas aproximadamente da cidade.

(....) No outro dia, dois portadores humildes desciam a Éfeso, de onde regressaram com João, para assistir aos últimos instantes daquela que lhes era a devotada Mãe Santíssima."

3.2.3) SÉRIE IV, 14, p. 47 - **"A maravilha de sempre"** - "O mundo antigo, na opinião de eméritos escritores, conheceu sete maravilhas, nascidas de mãos humanas: o túmulo de Mausolo, em Halicarnasso; a pirâmide de Quéops; o farol de Alexandria; o colosso de Rodes; os jardins suspensos de Semíramis, em Babilônia; a estátua de Zeus, em Olímpia, e o templo de Diana, em Éfeso."

3.3) Esdrelon - SÉRIE I, 3.A, pp. 159-163 - **"Os apóstolos"** - "Aquela tarde, escolhera-a Jesus para a designação dos Apóstolos. De toda parte da Galiléia chegavam, desde a véspera, centenas de peregrinos. De Siquém, de Samaria, de Cafarnaum, tinham descido multidões. Até os mercadores de Tiro e de Jafa, desviando-se das estradas que iam ter a

Damasco, haviam parado, naquele dia, à entrada de Genesaré. Um tumulto de homens, de crianças e de mulheres enchia a cidade, onde todos procuravam passar, com a sua riqueza ou com a sua humildade, sob os olhos do Rabino. (....)

Pálido, o olhar doce, o Nazareno chamou um dos pescadores, e ordenou:

Simão Pedro, traze a tua barca.

Uma embarcação frágil aproximou-se, cortando suavemente as águas silenciosas. Arrepanhando a túnica, Jesus penetrou no lago alguns passos, tomou-a, sozinho, e, sentado no banco ainda úmido, falou à multidão, que se aglomerava na margem:

Homens e mulheres da Judéia: pastores de Esdrelon, que, para ouvir a palavra do meu Pai, abandonastes os vossos cordeiros; hetaíras de Jafa e de Jerusalém, que deixastes, para acompanhar-me, o vosso leito e o vosso pecado, mães e esposas de Cafarnaum e Genesaré, que olvidastes o filho e o esposo para colher na minha boca a semente que ela vos trouxe; mercadores que íeis a Damasco, e vos desviastes, sem que o quisésseis, da areia do vosso caminho: em verdade eu vos digo que só me seguirão na terra, e no céu, até à mão direita de meu Pai, os limpos de coração. (....)

Meia hora depois a embarcação voltava à margem trazendo treze homens. Eram Jesus, Simão Pedro, André, seu irmão; Filipe, Mateus, Tiago, Tadeu, Simão, o zelador; João, Bartolomeu, Tomé, Tiago, filho de Alfeu; e Judas Iscariotes."

3.3.1) SÉRIE IV, 5, pp. 15-19 - **"Jesus e o precursor"** - "Após a famosa apresentação de Jesus aos doutores do Templo de Jerusalém, Maria recebeu a visita de Isabel e de seu filho, em sua casinha pobre de Nazaré. (....)

Nazaré, com a sua paisagem, das mais belas de toda a Galiléia, é talvez o mais formoso recanto da Palestina. Suas ruas humildes e pedregosas, suas casas pequeninas, suas lojas singulares se agrupam numa ampla concavidade em cima das montanhas, ao norte do Esdrelon. Seus horizontes são estreitos e sem interesse; contudo, os que subiam um pouco além, até onde se localizam as casinholas mais elevadas, encontrarão para o olhar assombrado as mais formosas perspectivas. O céu parece alongar-se, cobrindo o conjunto maravilhoso, numa dilatação infinita. (....)

Exprimindo a austera disciplina que antecede a espontaneidade do amor, a luta para que se desfaçam as sombras do caminho, João é o primeiro sinal do cristão ativo, em guerra com as próprias imperfeições do seu mundo interior, a fim de estabelecer em si mesmo o santuário de sua realização com o Cristo. Foi por essa razão que dele disse Jesus: 'Dos nascidos de mulher, João Batista é o maior de todos.'"

3.3.2) SÉRIE IV, 7, pp. 13-17 - **"A escrava do Senhor"** — "Quando João, o discípulo amado, veio ter com Maria, anunciando-lhe a detenção do Mestre, o coração materno, consternado, recolheu-se ao santuário da prece e rogou ao Senhor Supremo poupasse o filho querido. (....) Em copioso pranto, viu seu filho vergado ao peso da cruz. Ele caminhava com dificuldade, corpo trêmulo pelas vergastadas recebidas e, obedecendo ao instinto natural, Maria avançou para oferecer-lhe auxílio. Contiveram-na, todavia, os soldados que rodeavam o Condenado Divino.

Angustiada, recordou-se repentinamente de Abraão. O generoso patriarca, noutro tempo, movido pela voz de Deus, conduzira o filho amado ao sacrifício. Seguira Isaac inocente, dilacerado de dor, atendendo a recomendação de Jeová, mas, eis que no instante derradeiro, o Senhor determinou o contrário, e o pai de Israel regressara ao santuário doméstico em soberano triunfo. Certamente, o Deus compassivo escutava-lhe as súplicas e reservava-lhe júbilo igual. Jesus desceria do Calvário, vitorioso, para o seu amor, continuando no apostolado da redenção; no entanto, dolorosamente surpreendida, viu-o içado no madeiro, entre ladrões."

3.4) Espanha - SÉRIE I, 1, p. 179 - **"Orellana"**

"Aos seus olhos, minaz, na esfera da cabeça,
Ruge um drama brutal, de insolência tamanha,
Que ele teme, talvez, fugindo à sorte avessa,
Que, no embate mortal, fique em risco, ou pereça,
A fama varonil de um soldado de Espanha!"

P. 209 - "Oceano"

"De outro barco, a ambição de cada dia
Era lançar-se, em canhoneio, à prata
Das galeras de Espanha... E ei-lo pirata,
Entregue à vida de pirataria!"

Pp. 332-335 - "Cancioneiro espanhol"

"Se algum dia te curvares
Não seja de humilhação:
Seja para erguer nos ares
Aquele que está no chão.
(....) Eu nasci como a gaivota,
Junto do oceano, entre escolhos:
Por isso é que não se esgota
A água do mar nos meus olhos!"

3.4.1) SÉRIE I, 2.A, p. 45 - **"A Fantasia de Korner"** - Refere-se ao Tirésias prussiano e aos dois mais fortes rebentos da Espanha colonizadora.

3.4.2) SÉRIE I, 2.B, pp. 87-88 - **"Los Nietos de Don Ignacio"** - "Um dos poetas característicos da Espanha é, positivamente, o valoroso Don Ignacio de Luzan, autor ilustre de algumas canções patrióticas, e tradutor, ali, de alguns poemas de Metastásio. (....)

Don Ignacio de Luzan temia, entretanto, às vezes, que a Espanha degenerasse, produzindo homens incompatíveis com a grandeza heróica dos antepassados..."

P. 135 - "O Dia de Ibraim" - "Um dos dias mais terríveis da história da península ibérica foi, sem dúvida, aquele em que os reis da Espanha decretaram, num acesso de ódio místico, a expulsão dos judeus."

Pp. 155-156 - **"As Rãs de Augusto"** - "De regresso da Espanha, onde fora em busca de César, o neto problemático dos Tarquínios volta à casa paterna, onde as rãs coaxavam de novo. E mandou que os batráquios se calassem. E as rãs, desobedientes, não se calaram mais..."

3.4.3) SÉRIE IV, 3, p. 54 - **"Os Escravos"** - "A Casa de Avis, sob cujo reinado se iniciou o tráfico hediondo dos homens livres, desapareceu para sempre, depois de sucessivos desastres. Após a derrota D. Sebastião em Alcácer-Quibir, o trono caiu nas mãos do Cardeal D. Henrique e, em 1580, Portugal, exânime, entrega-se ao domínio da Espanha, acentuando-se a sua decadência com Filipe II, o mais fanático e o mais cruel de todos os príncipes da Europa do século XVI."

P. 65 - **"Os Negros do Brasil"** - "Sob o domínio espanhol, Portugal sofria todas as conseqüências da sua desídia e imprevidência. A Espanha guardava o cetro de um império resplandecente e maravilhoso.

Suas frotas poderosas cobriam as águas de todos os mares, carregando os tesouros do México e do Peru, do Brasil e das Índias, os quais faziam afluir para Madrid a mais elevada percentagem de ouro do mundo inteiro."

P. 77 - **"A Invasão Holandesa"** - "Os fatos se verificaram, consoante as afirmações do iluminado preposto de Jesus. Em 1624, a pretexto de sua guerra com a Espanha, os holandeses tomavam de assalto a Bahia, sob o comando de Joan Van Dorth."

P. 81 - **"A Restauração de Portugal"** - "No primeiro quartel do século XVII, a situação de Portugal era de profunda decadência. Sob o reinado de Filipe III, de Espanha, príncipe apático e doente, que entregara a direção de todos os negócios ao Duque de Lerma, os esplendores das conquistas portuguesas haviam desaparecido."

P. 103 - **"No Tempo dos Vice-Reis"** - "Pelo Tratado de Methuen, assinado em 1703, a Inglaterra, cujo poderio marítimo se consolidava depois dos grandes feitos das armadas de Portugal, da Espanha e da Holanda, passaria a amontoar o ouro do Brasil, como principal fornecedora do primeiro e de suas colônias."

P. 130 - **"A Revolução Francesa"** - "O século XIX começava a viver embalado pelo fragor das armas, em todas as direções. Portugal alia-se à Inglaterra, resistindo às ordens supremas do conquistador. Bonaparte assina um tratado com a Espanha, que já se havia dobrado às suas determinações, e ordena a invasão imediata de Portugal."

3.4.4) SÉRIE IV, 4, p. 19 - **"D. Pedro II"** - "Considere que, examinando a minha consciência, não me lembro de haver fortalecido nenhum sentimento de rebeldia nos meus tempos de governo; entretanto, muito sofri, verificando que eu poderia ter suavizado a luta entre os nossos estadistas e os políticos da América espanhola."

3.4.5) SÉRIE IV, 6, pp. 141-145 - **"O Valor do Trabalho"** - "Fervorosa admiradora da vida e obras de Teresa de Jesus, a notável religiosa da Espanha do século XVI, Cecília endereçava-lhe ardentes rogativas, idealizando a missionária do Carmelo num jardim de delícias, diariamente visitada por Jesus e seus anjos. Não queria saber se a grande mística trabalhava, ignorava-lhe as privações e sofrimentos, para só recordá-la em genuflexão ao pé dos altares. (....)

Em lugar de maravilhosos encantos naturais, a ex-religiosa de Espanha recebeu-a generosamente. (....)

Teresa, sinceramente comovida, esclareceu com bondade:

Os quadros de meus serviços estão completos, mas tenho uma oportunidade a oferecer-te. Requisitam minha atenção num velho asilo de loucos, na Espanha. Desejas ajudar-me ali?

Cecília não cabia em si de gratidão júbilo.

E, naquele mesmo dia, voltava à Terra com obrigações espirituais, convicta de que, auxiliando os desequilibrados, havia de encontrar o próprio equilíbrio."

3.4.6) SÉRIE IV, 10, p. 72 - **"O encontro divino"** - "O nobre cavaleiro [D'Arsonval] tornou ao lar e, mais tarde, menos afortunado nos negócios, deixou, de novo, a casa. Demandava a Espanha, em missão de prelados amigos, aos quais se devotava."

3.4.7) SÉRIE IV, 13, p. 148 - **"O Conquistador Invencível"** - "Aníbal, o chefe cartaginês, em seu ódio a Roma, senhoreou terras e populações da Espanha e da Itália, espalhando maldição e miséria, aflições e ruínas, envenenando-se, mais tarde, na Bitínia, para não entregar aos inimigos a própria cabeça."

3.4.8) SÉRIE I, 3.A, p. 147 - **"Um Coração Espanhol"** - "Subiram, dizem os telegramas, a mais de mil, as mensagens que chegaram à sede do Governo em Madri, suplicando ao Presidente da República, Sr. Alcalá Zamora, a comutação da pena de morte a que fora condenado o General Sanjurjo. (....) E o chefe da nação espanhola, curvando-se ao apelo das vozes da terra e de outra, ainda mais alta, que lhe subia da consciência castelhana, respondeu ao mundo:

A Espanha não ensopará seu solo com o sangue dos seus soldados: o General Sanjurjo viverá!"

P. 223 - **"O Destino"** - Não nos esquecendo de que segundo o Espiritismo só existe de fatal o momento da desencarnação, vejamos o que diz o Autor, referindo-se a uma trova do Sr. Adelmar Tavares: "Os mouros da Espanha possuíam uma frase, uma hipérbole, que consubstanciava toda a serenidade do seu fatalismo: 'El cálamo corrió por lo que habia mandado Alah' - diziam eles."

3.4.9) SÉRIE I, 3.B, p. 237 - **"O Verme do Dia"** - "Amanhã, um operário levantará a Espanha e tomará a direção dos seus destinos."

3.5) Estados Unidos - SÉRIE I, 9.B, p. 106 - **"Desarmando o**

Inimigo" - "Era Salvador de Mendonça diretor do jornal *A República*, no Rio de Janeiro, quando o governo imperial, não obstante as suas idéias democráticas, o nomeou cônsul do Brasil nos Estados Unidos. Aceita a nomeação, foi o jornalista, nas vésperas da viagem, despedir-se do imperador, e pedir as suas ordens para aquele país.

— Não tenho ordens a dar-lhe, — respondeu-lhe, benévolo, o soberano.

E sorrindo:

— Apenas faço votos para que o senhor preste tão bons serviços ao império, nessa República, quantos prestou à sua *República*, no meu Império."

3.5.1) SÉRIE II, 1, pp. 287-288 - **"Os Novos Lares"** - "A educação dos rapazes ressente-se, em nossos dias, de grandes e lamentáveis inconvenientes. Afastados do convívio dos pais ainda na infância, o homem de hoje entra na vida sem conhecer, quase, o que são os encantos da família. E o resultado é o receio que tem, depois, de constituir a sua casa, o seu lar, pela ignorância quase completa do ambiente doméstico. Educado em colégios internos e, geralmente, em país estrangeiro, o moço brasileiro acaba ficando egoísta e daí o número sempre crescente dos celibatários, dos que entram na velhice como os leões penetram no Deserto.

Da nocividade dessa educação moderna, é prova o susto, o receio, o temor com que o Dr. Filipe Moreira, tão conhecido nos círculos esportivos do Rio de Janeiro, encarava e encara, ainda hoje, o problema do casamento. Diplomado nos Estados Unidos, onde se formou em engenharia, esse jovem brasileiro desejava casar-se, constituir família, mas temia, por falta de hábito, não se acostumar, depois, em uma casa tranqüila, onde morassem poucas pessoas."

3.5.2) SÉRIE IV, 2, p. 112 - **"Hauptmann"** - "Elliot imprime o primeiro movimento à roda fatídica; correntes elétricas anestesiam o cérebro do condenado e, dentro de quatro minutos, pelo preço mesquinho de alguns centavos, os Estados Unidos da América do Norte exercem a sua justiça, não obstante as dúvidas tremendas que pairam sobre a culpabilidade do homem em cuja cabeça recaiu o rigor da sentença."

P. 125 - **"Carta a Maria Lacerda de Moura"** - "A palavra dos Kropotkines soa em vão, conclamando os espíritos de boa vontade.

Mussolini assina um programa socialista nos primórdios da sua carreira política, escondendo a pretensão exclusiva de conquistar um império. O presidente pacifista dos Estados Unidos idealiza a organização da paz internacional de Genebra, de cujas atividades o seu país não compartilha."

3.5.3) SÉRIE IV, 14, p. 117 - **"Definição inesperada"** - "Silvério Conde voltara de longa viagem à Europa e aos Estados Unidos e, presente à sessão, num modesto grupo de cultivadores da seara espírita, que freqüentava de tempos a tempos, declarou que apresentaria importante relato, mas somente quando João da Mata, um dos colaboradores desencarnados da instituição, estivesse a postos."

3.6) Germânia - SÉRIE I, 3.A, p. 120 - **"A Vitória de Cláudio Camilo"** - "Roma atravessava, por esse tempo, uma dessas crises comuns entre os povos que confiam o seu destino ao exclusivo prestígio das armas. Públio Quintílio Varo havia sido derrotado na Germânia por Armínio, e o Império inteiro sofria, abalado pela emoção, as conseqüências desse desastre militar. A ordem periclitava em Roma e nas províncias."

P. 192 - **"Grandeza e Decadência do Casamento"** - "O concílio Foroliviense, em seu cânon 9, ordenou que se observasse o mais possível a paridade dos anos, de modo a impedir os consórcios entre moços e velhos. O concílio Laodicense, ainda mais severo, proibia, no cânon 4, a junção matrimonial de viúvos, recusando-lhes a comunhão e condenando-os a jejuns e penitências. Na Germânia bárbara, o casamento era, também, di-lo Tácito no seu *De origene, situ, moribus ac populis Germanorum*, interdito às viúvas."

3.6.1) SÉRIE I, 7.A, p. 75 - **"Meu Dicionário de Coisas da Amazônia"** - "O Sr. Raimundo Morais desarticulou no Brasil a mecânica dos sucessos literários. À semelhança daqueles belicosos capitães romanos que, das ásperas montanhas da Armênia ou das úmidas florestas da Germânia ou das Gálias, se impunham, no coração de Roma, à admiração tumultuosa das tribos e ao respeito austero do Senado, ele conseguiu, de um ponto remoto da selva amazônica, impor-se ao país inteiro. E quando de lá partiu, e atravessou o Rubicon, não foi para vencer, mas, unicamente, para ver o que havia vencido."

3.6.2) SÉRIE IV, 4, p. 103 - **"Ludendorff"** - "O grande general da Linha Hindenburg, depois de ensarilhar os fuzis da Grande Guerra, empunhara as armas do pensamento, dedicando-se à mais intensa atividade intelectual, na construção da Alemanha Nova.

Do seu recanto solitário, Eric von Ludendorff conseguia o mais assinalado sucesso com as suas publicações, que se multiplicavam indefinidamente. Só a sua revista conseguia uma tiragem de setenta mil exemplares. Seus livros eram disputados, em todos os centros culturais da velha Germânia, ciosa das suas tradições militares e dos seus sonhos de domínio."

3.7) Macedônia - SÉRIE I, 7.A, pp. 219-223 - **"El Rey que no Rabió"** - "Inconstantes como todos os povos, os macedônios levantam-se um dia contra Antígono, cercando-lhe o palácio e exigindo-lhe modificações no processo de governar. Estão certos, eles, da submissão do tirano; e excedem-se nos clamores quando aparece um vulto na janela do edifício real. É Antígono que, sereno, superior, fisionomia enérgica, lhes pergunta: 'Macedônios, que desejais? Se quiserdes um rei que se deixe governar, que vos obedeça, ide procurá-lo. Aqui tendes o que é vosso!'

E, num gesto súbito, toma a coroa, e atira-a à multidão.

O resultado dessa atitude é imediato. O povo, arrependido, passa do protesto à ovação, pedindo a Antígono que retome as insígnias reais, porque ele, só ele, é digno de governar os macedônios."

3.7.1) SÉRIE I, 10, p. 236 - **"Papagaios"** - "Ao anoitecer, o dono do papagaio de *rocega* se mostrava tanto mais feliz e vaidoso quanto mais subido era o número de vítimas que fazia, isto é, de fios que cortara. Renasciam, em cada um deles, Filipe da Macedônia, Henrique IV, da Alemanha, ou Napoleão Bonaparte, destruidores de povos."

3.7.2) SÉRIE IV, 13, pp. 148-149 - **"O Conquistador Invencível"** - "Sem nos referirmos aos guerreiros e tiranos do Nilo e do Eufrates, outros grandes conquistadores haviam passado antes d'Ele...

(....) Alexandre Magno, rei da Macedônia, alçado à História por valoroso comandante da civilização, impôs-se aos trácios, aos gregos, aos ilírios, aos sírios, aos judeus, aos egípcios, aos persas, marcando a sua passagem com os sinais da humilhação e da morte, e, ainda moço, veio a perecer, melancolicamente, de febre, na Babilônia.

(....) — Glória a ti, ó Cristo! A esperança da Terra te saúda e glorifica para sempre!..."

3.8) Mar Morto - SÉRIE I, 1, p. 67 - **"A Morte de Moisés"**

"Na serra de Abarim, no píncaro alteroso
Do Nebo, entre o Mar Morto e a planície infinita,
Moisés olha Canaã que vê perto, e, saudoso,
Sente embaixo, acampado, o povo israelita.
Entre o Nebo e Canaã, passa, como uma fita,
O leito do Jordão. Ao longe, ermo e radioso,
Treme e ondula o Deserto onde a raça bendita
Quarenta anos andou, sem destino e sem pouso.
Moisés olha o Deserto e a Terra Prometida...
Olha a Vida e o Passado e, impassível e forte,
Vê que a Morte é Canaã no Deserto da Vida...
Sente a Morte, e sorri... O fel da Morte bebe...
E, sorrindo, ao morrer, sente que o fel da Morte
Acalma o coração, como as águas do Horebe..."

Pp. 191-196 - **"Os novos hebreus (A Propósito das Últimas Guerras)"**

"Há trezentos mil anos (bela idade!)
De longínquo Sinai prevendo os cimos,
Israelitas sem Moisés, partimos
Do cativeiro da Animalidade.
(...) A tribo inteira range os dentes; vede:
Um suplício tamanho não tem nome;
O Mar Morto não sente tanta fome
E o deserto não sofre tanta sede!
O ventre da mulher já não concebe...
E qual o hebreu, por destemido e bravo,
Que não prefira perecer escravo
A marchar num deserto sem Horebe?" Cf. *Comte*.

3.8.1) SÉRIE I, 2.B, p. 193 - **"A Cigarra Morta"** - "Estão, no Brasil, onde vêm repousar no solo da pátria os restos humanos de Aluísio Azevedo, dos quais se separou a 21 de janeiro de 1913 o brilhantíssimo espírito que concebeu *O Cortiço*, *O Coruja*, *O Homem*, *A Casa de Pensão*, e outros documentos autênticos e irrecusáveis dos costumes do Rio de Janeiro na primeira década do regime.

Raros escritores nacionais têm sido tão pouco estudados

postumamente como esse romancista fidelíssimo, de observação verdadeiramente assombrosa. Após um período de polêmicas suspeitas e apaixonadas, em que a sua individualidade oscilava entre as estrelas do panegírico e a lama da descompostura, caiu o nome de Aluísio nas águas estagnadas do Mar Morto, onde lhe não atiraram uma corda, até agora, os escaleres flutuantes da crítica. A sua obra era, porém, suficientemente sólida, preparada para as resistências seculares, e daí o lugar que ainda ocupa, hoje, na carinhosa simpatia do público."

3.8.2) SÉRIE II, 7, p. 241 - **"O Rei Gaspar"** - "A caravana havia abandonado, na véspera, os seus camelos, na fonte de Siloé, e os três príncipes marcham, agora, a pé e sozinhos, rumo de Betlém, pelas terras áridas que vão de Jerusalém ao mar Morto. As suas sandálias fazem rolar os seixos soltos pelas encostas, e vão, os três, meditativos: à frente, Melchior, com o ouro; no meio, Baltazar, com o incenso; e atrás, destacando-se da noite sem lua apenas pela alvura do seu manto, Gaspar, o africano, portador da mirra cheirosa."

3.8.3) SÉRIE IV, 8, p. 186 - **"Bilhete a Jesus"** - "Senhor Jesus, enquanto a alegria do Natal acende luzes novas nos lares festivos, torno à velha Palestina, revendo, com os olhos da imaginação, a paisagem de tua vinda...

Roma estendia fronteiras no Nilo, no Eufrates, no Reno, no Tâmisa, no Danúbio, no Mar Morto, no Lago de Genesaré, nas areias de Saará. César "sossegava e protegia" os habitantes das zonas mais remotas, aliciando a simpatia dos príncipes regionais. Todos os deuses indígenas cediam a Júpiter, o dono do Olimpo, de que as águias dominadoras se faziam emissárias, tremulando no topo das galeras, cheias de senhoras e de escravos." Cf. *Olimpo*.

3.8.4) SÉRIE IV, 14, pp. 133-137 - **"O livro - dádiva do céu"** - "Quando o Divino Mestre, nascituro, abria os braços tenros à luz suave da noite, na estrebaria singela, eis que fulgura no alto sublimada estrela.

(....) Negociantes de Cesaréia de Felipe, viajores do extenso vale do Jordão, caravaneiros que vinham da Fenícia, peregrinos de Decápole e todos os homens e mulheres acordados, desde o topo nevado do Hermon até as águas imóveis do Mar Morto, extáticos e felizes, viram a estrela descer vagarosamente, assinalando o berço divino, e os pastores e as crianças, almas simples da natureza, foram os primeiros a descobrir que o Rei Celeste brilhava na manjedoura...

Desde então, Jesus permanece vivo entre os homens, ensinando, reajustando, curando, redimindo...

(....) Veremos no livro o santuário de nossa ascensão espiritual.

Quando o povo missionário se desvairava na idolatria, o Todo-Poderoso salvou-o, com o livro dos Dez Mandamentos, por intermédio de Moisés.

Quando o Mestre Divino veio trazer à Terra as justas diretrizes da redenção, determinou o Todo-Compassivo que um livro - O Evangelho da Boa Nova - lhe fixasse a luz.

Quando a civilização se desequilibrava com as tempestades morais, luminosas e destruidoras, da Revolução Francesa, o Todo-Sábio amparou o mundo, então no declive de tenebrosos despenhadeiros, oferecendo-lhe o Livro dos Espíritos, através de Allan Kardec.

Depois da oração, o livro é a única escada pela qual o Céu pode descer à Terra.

Em verdade, quando um povo abandona o livro, começa a penetrar, sem perceber, o vale da estagnação e da morte."

3.9) Messênia - SÉRIE I, 9.A, p. 32 - **"Os Historiadores e a História"** - "Pausânias era considerado na antiguidade, e ainda o é em nosso tempo, uma das mais puras fontes de informação em Geografia e História. A sua *Periégesis* é o melhor dos roteiros para conhecimento de mundo antigo. É sabido, entretanto, que, ao escrever sobre a guerra da Messênia, ele preferia orientar-se pelo poeta Riano, que a celebrou em verso, do que pelo historiador Miron de Priena, que a relatou em prosa. O ouro da imaginação recebia dele, assim, a forma e o cunho, transformando-se em moeda da verdade."

3.9.1) SÉRIE I, 13, p. 112 - **"Joaquim Nabuco"** - "O chefe [Pinheiro Machado] rio-grandense tinha soldados que, como os lacedemônios na batalha de Messênia, se batiam na imprensa trazendo o nome no pulso, porque ele os havia convencido da sua invulnerabilidade."

3.9.2) SÉRIE I, 14, p. 188 - Mesmo trecho citado em SÉRIE I, 9.A, p. 32.

3.9.3) SÉRIE I, 16.B, p. 136 - **"Paderewsky"** - "O ritmo das vozes instrumentais acompanha, geralmente, a marcha progressiva dos povos. Aristófanes distinguia as gerações gregas pelas músicas dos cantos com que celebravam as vitórias. Pausânias conta que Epaminondas construiu Messênia ao som das flautas argivas, que davam o ritmo para a edificação das muralhas. Em Tebas, na Beócia, os padeiros amassavam o pão ao som de um instrumento músico que lhes ritmava os movimentos; e é ainda ao som de pandeiros e flautas que os negros do Daomé derrubam as matas, cavam a terra, atiram as sementes e fazem as colheitas, ativando e regularizando, por esse modo, a fecundidade do trabalho."

3.9.4) SÉRIE IV, 7, pp. 62-65 - **"Assim passa..."** - "À beira do Eurotas, a república de Esparta sentia a extensão de sua grandeza. Licurgo, o legislador, visitara as organizações do Egito e da índia e assenhorear-se-lhes dos gloriosos conhecimentos.

(....) Vencidos por Epaminondas, os espartanos observaram a reconstituição de Messênia, Martinéia e Megalópolis, que lhes haviam assistido ao ruidoso triunfo."

3.10) Minas Gerais - SÉRIE I, 9.B, pp. 70-71 - **"Honestidade de Juiz"** - "Era Raimundo Correia juiz em Minas Gerais, quando, ao abrir certos autos, encontrou um envelope com um conto de réis. Chamou o escrivão.

Foi a parte mesmo quem o deixou, senhor doutor, em sinal de reconhecimento pela rapidez com que teve andamento o inventário. Eu também recebi um conto de réis.

— Bom - retrucou Raimundo -, se é uma remuneração espontânea, cabe à sua consciência resolver sobre o caso.

E entregando-lhe o envelope que lhe coubera:

— Tome... Devolva o meu."

P. 79 - **"A Lisonja"** - "Desde o seu aparecimento na política nacional, patenteou João Pinheiro as suas altas virtudes de homem de Estado. Eleito presidente de Minas, Lauro Müller, seu amigo íntimo, chamou-lhe a atenção para os perigos da bajulação. 'Toma cuidado com os bajuladores, João. Eles são os nossos maiores inimigos. Não te atordoes com a lisonja!'"

P. 244 - **"Imperador, mas Constitucional"** - "De regresso de Minas Gerais, a 11 de março de 1831, Pedro I encontrou a capital do Império em grande efervescência, a qual se acentuou no dia 12.

Nessa noite, grupos de portugueses, querendo prestigiar o seu antigo príncipe, hostilizado pelo elemento indígena, saíram à rua, gritando:

Viva o imperador!... Viva o imperador!...

Os brasileiros natos formaram, por sua vez, os seus grupos, e partiram ao encontro dos primeiros, mas com este grito:

Viva o imperador enquanto constitucional!..."

Pp. 289-290 - **"O Orgulho de Paraná"** - "Era o Marquês de Paraná presidente do Gabinete, quando surgiu a candidatura do seu filho, Honório Carneiro Leão, a deputado-geral por Minas Gerais, nas eleições de 1856. Informado do fato, o imperador, em conversa com o seu ministro, procurou abordar o assunto fazendo-lhe sentir o inconveniente de apresentar-se como candidato 'o filho do presidente do Conselho'. Paraná era, porém, orgulhoso demais para submeter-se.

— Eu, como Honório Hermeto Carneiro Leão, não preciso do favor do presidente do Conselho para eleger um deputado por Minas! - declarou.

Ocorrendo, porém, a sua morte antes do pleito, o seu filho foi estrondosamente derrotado."

3.10.1) SÉRIE I, 10, pp. 275-276 - **"Colégio Saraiva"** - "— Professor, eu não posso fazer exame de Gramática nem de Geografia - disse-lhe. Há duas coisas que eu não consegui decorar.

— Quais foram?

— Eu não sei conjugar verbo, nem a geografia de Minas Gerais.

— Não tem importância... Não tenha medo, não... - tranqüilizou-me Saraiva Leão, batendo-me carinhosamente no ombro."

3.10.2) SÉRIE IV, 3, pp. 77-78 - **"A Invasão Holandesa"** - "O amor e o respeito que vota à liberdade [João Maurício, príncipe de Nassau] fazem-no venerado de todos os brasileiros e portugueses de Pernambuco, cujas terras, naquela época, desciam até à região do Paracatu, em Minas Gerais."

P. 93 - **"As Bandeiras"** - "Caçando as esmeraldas [Fernão Dias Paes, em 1672], que constituíam objeto das lendas de muitos aventureiros, visita todas as regiões auríferas de Minas Gerais."

Pp. 97 e 100-101 - **"Os Movimentos Nativistas"** - "A procura do ouro constituía a ansiedade incentivadora de todos os espíritos. Entretanto, desde o princípio do século, o governo espanhol havia providenciado quanto à organização do Código Mineiro para o Brasil e desde 1608 a 1617, quando a direção da colônia se achava repartida entre as cidades de Salvador e do Rio de Janeiro, já D. Francisco de Sousa guardava o título pomposo de Governador e Intendente das Minas. (....)

Antes, porém, desses movimentos revolucionários em Pernambuco, os paulistas e os emboabas lutavam na região aurífera dos sertões de Minas Gerais, disputando-se a posse do ouro, que abrasava a imaginação do país inteiro."

Pp. 156-157 - **"A Independência"** - "Gonçalves Ledo, Frei Sampaio e José Clemente Pereira, paladinos da imprensa da época, foram igualmente grandes propulsores do movimento da opinião, concentrando as energias nacionais para a suprema afirmação da liberdade da pátria.

Todavia, se a ação desses abnegados condutores do povo se fazia sentir desde Minas Gerais até o Rio Grande do Sul, o predomínio dos portugueses, desde a Bahia até o Amazonas, representava sério obstáculo ao incremento e consolidação do ideal emancipacionista. (....)

José Bonifácio aconselha a D. Pedro uma viagem a Minas Gerais, a fim de unificar o sentimento geral em favor da independência e serenar a luta acerba dos partidarismos."

3.10.3) SÉRIE IV, 10, p. 81 - **"Dívida e resgate"** - "Cem anos se passaram... Na antevéspera do Natal de 1956, dona Maria Augusta Correia da Silva, reencarnada, estava na cidade de Passa-Quatro, no sul de Minas Gerais."

3.11) Priena - SÉRIE I, 9.A, p. 32 - **"Os Historiadores e a História."** Cf. *Messênia.*

3.11.1) SÉRIE I, 14, p. 488 - **"José de Anchieta"** - Idem, ibidem (historiador Miron, de Priene).

3.11.2) SÉRIE I, 2.B, pp. 33-34 - **"A Taça dos Sete Sábios"** - "Tales, que a recebeu, consultou a sua consciência, e mandou entregá-las a Bias, em Priena, que, na sua opinião, era o legítimo destinatário. Bias não se julgou, porém, com direito ao presente real, e remeteu-a [a Taça] a Pítaco, em Mitilene; e este a passou a Cleóbulo; e este a Quilon; e este a Sólon; e este a Míson, que a fez voltar a Mileto, de onde Tales a embarcou para Tebas, com destino ao templo de Apolo."

3.11.3) SÉRIE IV, 7, p. 40 - **"Conquista e liberdade"** - "O mundo de carne é vasta esfera, cheia de berços luminosos, onde a vida é provável, e repleta de sepulturas sombrias, onde a morte é fatal.

Bias, o sublime cidadão de Priene, viveu para a bondade e para a sabedoria, no serviço aos semelhantes. Filósofo eminente e sábio generoso, era o amigo de todas as classes, e nunca se escravizara às posses efêmeras, nem conspurcara a consciência ouvindo as sugestões do mal."

3.12) Rio das Velhas - SÉRIE I, 16.B, pp. 86-87 - **"Alberto Deodato"** - "É para salvar Aurora, filha da índia Neagoa, que Garcia Velho empreende, no rio das Velhas, uma expedição imprevista, que dá assunto ao *Vila Rica*, de Cláudio Manuel da Costa. O próprio Machado de Assis, em 1875, tentou, com os poemetos *Potira* e a *Cristã Nova*, a exploração do veio em que se supriram as epopéias coloniais, restaurando, assim, no século XIX, a matéria que, a par da auricídia e da escravização do índio, alimentara, nos séculos anteriores, a idéia da conquista."

3.12.1) SÉRIE IV, 3, p. 94 - **"As Bandeiras"** - "Próximo do local onde mandara [Fernão Dias Paes] enforcar o filho, nas margens do Rio das Velhas, o seu espírito lutador se desprendeu igualmente do corpo exausto e quando, no íntimo do seu coração, implorava a misericórdia do Altíssimo para o delito, com que exorbitara de suas funções na Terra, a voz de Ismael falou-lhe do Infinito:

Irmão, as quedas, com as suas experiências sombrias, constituirão os degraus do teu caminho para as mais gloriosas ascensões espirituais. Atrás dos teus passos florescem cidades valorosas no coração das matas virgens, e os que recebem os teus benefícios abençoam o teu esforço e a tua energia perseverante. A essas mesmas paragens, onde turvaste a consciência por um instante, levado pelos rigores da disciplina, voltarás com teu filho, sob as asas caridosas da fraternidade e do amor, a fim de repararmos o passado cheio de tribulações e lutas incontáveis, porque, no coração misericordioso de Deus, repousam, eternamente, as luminosas esmeraldas da esperança e do amor, que procuraste a vida inteira."

3.13) Serra da Estrela - SÉRIE II, 11, p. 280 - Depois de aludir à estação da Estrela, e ao trem das 8h20, que vai para Petrópolis, correndo desabaladamente pela Baixada, à p. 255, num movimentado diálogo de **"Queijo da terra"**, surge a Serra da Estrela.

3.13.1) SÉRIE IV, 4, p. 14 - **"D. Pedro II"** - "Um vivo, em havendo de ir a Petrópolis, é obrigado ao trajeto penoso dos ônibus, embora as perspectivas maravilhosas do mais belo trecho de todas as estradas do Brasil; os desencarnados, porém, não necessitam de semelhantes sacrifícios. (....)

Não fomos encontrar o Imperador nos antigos edifícios em que estabelecera a residência patriarcal de sua família; mas, justamente num recanto de jardim, contemplando as deliciosas paisagens da Serra da Estrela e apreciando o sabor das recordações amigas e doces."

3.14) Tebas - SÉRIE I, 2.B, pp. 33-34 - **"A Taça dos Sete Sábios."** Cf. *Priena.*

3.14.1) SÉRIE I, 3.A, pp. 257-261 - **"A Prece de Sesóstris *(A propósito da cessação da guerra civil em São Paulo)"*** - "Ramsés II, a quem os gregos chamavam Sesóstris, havia regressado, naquele dia, de Qodshu, onde tinha derrotado, segundo refere Maspero, o príncipe Khitisaru. E Tebas, inteira, entre Lúxor e Carnac, era toda uma grande festa, para saudar o monarca vitorioso.

(....) Eram homens notáveis pela nobreza do sangue ou famosos pela bravura das armas. E todos, aceitando a fatalidade da derrota, vinham, com a sua presença, testemunhar, em Tebas, a glória do vencedor. (....) Respeitosa, e em silêncio, a população de Tebas via passar, entre as tropas triunfantes, os chefes derrotados.

(....) Prosternado diante do altar de Ámon, Ramsés II ergue a sua oração de fiel e de rei. Com a face quase no chão, mal tem olhos para ver o lugar em que se acha, tamanho é o respeito que lhe inspira a imagem monstruosa e divina, adorada há dois mil anos, por todas as dinastias que têm imperado em Tebas.

(....) E Sesóstris saiu, feliz. Correspondia ao humano desejo do seu coração a divina palavra de Ámon." Cf. *Sesóstris.*

3.14.2) SÉRIE I, 9.A, pp. 19-21 - **"A Inscrição da Caverna"** - "Vencida a travessia do deserto, as tropas do faraó haviam alcançado as Escadas Tírias, aproveitando a noite. (....) E eis que, de súbito, a cidade amanhecera cercada pelas tropas egípcias, que haviam consumido sete luas, na marcha entre Tebas e os rochedos da costa.

(....) Se capitularmos, ou formos vencidos, seremos levados como prisioneiros para Tebas, e nunca mais veremos as ondas nem escutaremos o vento soprar na trompa de pedra dos rochedos.

(....) Recebidas as riquezas de Tiro, reclamaria os escravos para levá-los a Tebas. E os escravos seríamos nós."

3.14.3) SÉRIE II, 4, p. 243 - **"Casamento"** - "Eu creio que, se a Esfinge me fizesse essas mesmas perguntas à porta de Tebas, ela me devoraria sem que eu lhe desse respostas convenientes."

3.14.4) SÉRIE IV, 7, p. 64 - **"Assim passa..."** - "Tebas arrebata-lhe o cetro do poder. Em vão o povo ambicioso e autocrata de Licurgo tenta arregimentar as forças que lhe restam."

3.14.5) SÉRIE IV, 11, p. 172 - **"Médiuns espíritas"** - "Antigamente, eram chamados oráculos, magos, sibilas e pitonisas e achavam-se em Tebas, Jerusalém, Olímpia, Roma."

3.15) Uberaba - SÉRIE I, 3.B, pp. 77-81 - **"Caridade, Flor dos Mortos!"** - Este belíssimo capítulo deveria ser transcrito na íntegra, mas a sua extensão não nos permite fazê-lo. Citemos apenas os trechos onde aparece o nome da cidade, na qual Chico Xavier, seu ilustre e querido cidadão, de janeiro de 1959 a junho de 2002, residiu e psicografou vários livros de Irmão X:

"— Eu sou de Uberaba - continuou o cavalheiro. — E venho falar com o senhor de assunto que interessa aos vivos e aos mortos.

E eu sou vivo ou morto?

O cavalheiro teve uma saída gentil:

O senhor é... "imortal"! (....)

Como disse ao senhor, eu sou de Uberaba, e queria que o senhor introduzisse no Rio de Janeiro um hábito que ali se arraigou, e de que temos tirado resultados excelentes. E esse se resumiu em dar às flores unicamente uma função: a de símbolo da alegria dos vivos. Abolimos, lá, inteiramente, as coroas mortuárias. Onde há flores, há festa, há contentamento. Onde se chora, não há rosas nem lírios.

E como demonstram os senhores, por lá, aos mortos, a saudade dos vivos?

Pela caridade. Quando morre uma pessoa altamente estimada, os amigos que vão ao enterro se cotizam, contribuindo com a importância das coroas que iam adquirir, e cujo produto é destinado às associações de beneficência. E é graças a isso que temos, em Uberaba, instituições caridosas como não as possui nenhuma outra cidade mineira. O hábito está, mesmo, se enraizando de tal modo, que, hoje, não morre um homem de fortuna sem deixar, no testamento, um legado aos hospitais da cidade, e de fora... Um enterro de personagem de relevo social, sabe quanto rende para os hospitais que mantemos? Oito, dez contos de réis. E, como o defunto sempre deixa alguma coisa para esses estabelecimentos, cada morte que ali se registra nas camadas superiores da sociedade resulta em benefício dos pobres. (....) O senhor é pobre, e amigo dos pobres. Não se lembra do seu artigo sobre o número de mulheres que morrem de câncer no Hospital da Gamboa, somente por falta de um aparelho de Raios X, no valor de setenta contos? Pois bem: com as flores de um enterro rico, salvar-se-iam centenas de mulheres proletárias, que ali são devoradas vivas, entre tormentos inenarráveis! Insista, pois! Que o Rio de Janeiro imite Uberaba! Que, ao morrer, os homens de alta representação recomendem à família, e aos amigos, que transformem em pão e remédio para a boca escancarada dos vivos as flores que destinavam à boca fechada de uma sepultura. Peça, meu caro senhor. Peça; aconselhe; e não se canse de aconselhar e pedir!

Prometi. E aqui estou, pregando aos vivos. Com a certeza, entretanto, de que seria ouvido mais depressa, e melhor, se fosse ao cemitério, e me debruçasse em cada lousa, falando para dentro de cada túmulo..."

3.15.1) SÉRIE I, 8.B, p. 175 - **"Melo Viana"** - "Nomeado pela Procuradoria, isto é, para carrasco do contribuinte relapso, partiu Melo Viana para o interior, a fiscalizar as coletorias e a processar os devedores em atraso. Recebido por toda parte com um ódio preventivo, saía, entretanto, entre palavras amigas, dos próprios executados.

— É interessante este procurador novo! - comentava um fazendeiro de Uberaba. — Mete o dinheiro da gente no Tesouro, e ainda se vai levá-lo ao trem, com um abraço!"

3.15.2) SÉRIE II, 1, p. 298 - **"Boitatá"** - D. Alice, a personagem da história, refere-se a uma fazenda sua, "a seis léguas de Uberaba".

3.15.3) SÉRIE II, 3, p. 11 - **"O Filósofo"** - "Educado no Colégio Caraça, o coronel Venâncio Figueira, fazendeiro em Uberaba, havia se contaminado, pouco a pouco, de filosofia e de latim, de modo a preocupar-se, mais do que o necessário, com os graves problemas da vida."

P. 24 - **"A Epiléptica"** - "Em uma dessas viagens, com a alma carregada de preocupações, confessei a um parente meu, fazendeiro em Uberaba, a desconfiança, que eu tinha, de que ela sofria de ataques, na minha ausência."

P. 98 - **"Manias..."** - "O coronel Evaristo Portela, grande fazendeiro em Minas, era um dos homens mais virtuosos produzidos, até hoje, pelo município de Uberaba."

3.15.4) SÉRIE II, 4, pp. 27-28 - **"A Água do Mar"** - "A

candidatura do Sr. Dr. Artur Bernardes à presidência da República pôs em extraordinária evidência, de novo, o Estado de Minas Gerais, e, em particular, os seus dignos habitantes. Pessoas versadas em história asseguram, mesmo, que, tirando o período da Inconfidência, os gloriosos dias em que se encontravam a espada de Tiradentes e a pena de Tomás Antônio Gonzaga, nunca os mineiros se sentiram tão alto no conceito nacional. (....) E desse número [dos mineiros que se deram ao trabalho de descer até o Rio] foi, nos primeiros dias de maio último, o coronel Epifânio Pereira Gonçalves, respeitabilíssimo fazendeiro no município de Uberaba, a doze horas, mais ou menos, da próspera capital do Triângulo. (....) Chegado aqui, visitou o que era visitável, viu o que se podia ver, gozou o que havia para gozar, e, trinta dias depois, desembarcava, de novo, em Uberaba, onde os amigos o receberam com as melhores demonstrações de amizade."

P. 261 - **"O Carro Atolado"** - "Com a terminação da guerra e a desvalorização de certos produtos da lavoura, os negócios da Fazenda Bom Princípio, do major Sebastião Tavares, passaram a preocupar seriamente o conhecido agricultor. O milho, o arroz, a batata, o feijão, que encontravam comprador com facilidade, começaram a voltar da feira de Uberaba, por falta de quem os quisesse."

3.15.5) SÉRIE II, 7, p. 243 - **"Jóquei"** - Aí, também, aparece o termo "Uberaba", sempre lembrado pelo velho Conselheiro XX.

3.15.6) SÉRIE III, 2 - "Domingo, 18 de março [de 1934]:

Linda a carta a que acabo de receber com a minha correspondência de hoje, e que vem de Uberaba, por intermédio do Professor Alcibíades de Lamare. Assina-a a família Sousa Neto. Remetendo-na, escreve o portador: 'A Senhorita Maria de Sousa Neto, professora do Grupo Escolar de Uberaba, moça cultíssima, piedosa e empreendedora, vota à sua pessoa verdadeiro culto de admiração, dedicando-lhe suas mais fervorosas orações e sucessivas comunhões. Não só pelo seu completo restabelecimento, como, também, pela sua integral conversão à fé de Jesus Cristo.'

A carta a que se refere o professor de Lamare é um mimo de elegância profana e de doçura cristã."

3.15.7) SÉRIE IV, 3, p. 182 - **"A Obra de Ismael"** - "Os primeiros fenômenos de Hydesville, na América do Norte, em 1847, não passaram despercebidos à corte do segundo reinado. A febre de experimentações que se lhes seguiu, nas grandes cidades européias, incendiou, igualmente, no Rio de Janeiro, alguns cérebros mais destacados no meio social. Em 1853, a cidade já possuía um pequeno grupo de estudiosos, entre os quais se podia notar a presença do Marquês de Olinda e do Visconde de Uberaba. Em Salvador, esses núcleos de experimentação também existiam, em idênticas circunstâncias. Em 1860 surgem as primeiras publicações espiritistas. Em 1865, o Dr. Luís Teles de Menezes, com alguns colegas, replicava pelo "Diário da Bahia", a um artigo algo irônico de um cientista francês, desfavorável ao Espiritismo, publicado na *Gazette Médicale*, e transcrito no jornal referido. As publicações brasileiras não passaram despercebidas ao próprio Allan Kardec, que delas teve conhecimento, com a mais justa satisfação íntima."

3.16) Viena - SÉRIE I, 4.A, p. 105 - **"O Príncipe Contraditório"** - "Fruto de sangue austríaco e de sangue espanhol, oscilava [o príncipe de Bourbon] entre os galopes do mouro e os embalos das valsas de Viena."

P. 148 - **"Mãe"** - "Um dia, em Viena, alguns forçados varriam as ruas, quando um rapaz de boa aparência desceu de um carro e correu a beijar a mão de um deles.

— Que é isso? Beijas assim, em público, a mão de um criminoso? - diz-lhe o comandante da escolta.

— E por que não, se esse criminoso é meu pai? - respondeu-lhe o moço.

A senhora paulista agora absolvida [por ter matado um filho menor, que roubara um chapéu, num clube de regatas, com medo de que ele se tornasse ladrão, pela vida adiante] parece grande aos olhos dos homens. Eu creio, porém, que ela se tornaria maior, gigantesca mesmo, aos olhos das outras mulheres, se, realizado o pensamento que a tornou criminosa, fosse procurar todos os dias no cárcere o condenado, e dissesse a quem estranhasse vendo-a visitar um ladrão: 'E por que não, se esse ladrão é meu filho?'"

3.16.1) SÉRIE I, 9.A, pp. 173-174 - **"A Glorificação do Café" - 2** - "O primeiro café instalado em Viena teve, na palavra mais ou menos vaga dos cronistas, origem bizarra. Era em 1683, e as tropas de Sobieski enfrentavam, batendo-se pela liberdade nacional, o exército do Sultão sob o comando de Kara Mustafá. (....) E assim apareceu em Viena, nesse mesmo ano, o primeiro café."

3.16.2) SÉRIE III, 2, p. 361 - "Primeira aplicação de Raios X deste ano. Fá-la o Dr. Miguel Mota.

— Confie em nós - diz-me, referindo-se ao seu companheiro de consultório, um alemão que fez um curso de radiologia em Viena, e a si mesmo.

E eu entrego a cabeça aos dois." (Quarta-feira de Cinzas, 12 de abril de 1933).

3.16.3) SÉRIE IV, 7, p. 155 - **"Em aditamento"** - "A contar de 1758, quando o corajoso sacerdote Manuel Ribeiro da Rocha ousou escrever contra a vergonha da escravidão, autorizadas vozes se levantaram, sob a luz do Cruzeiro, contra o doloroso comércio de homens livres. Em 1789, a abolição já constituía um dos itens do programa político da Conjuração Mineira. Em 1810, o príncipe D. João fez o possível por golpear o ignóbil movimento, sensibilizado com as injustiças que presenciava diariamente no Rio, efetuando providências para a extinção gradual do cativeiro, que culminaram com a ratificação do tratado concluído em Viena, entre Portugal e Inglaterra, pelo qual a Nação Portuguesa se propunha a cessar todo o tráfico na costa africana."

3.16.4) SÉRIE IV, 12, p. 24 - **"Tragédia no circo"** - "— Além das saudações, diante dos carros que chegarão de Viena — dizia [o patrício Álcio Plancus] - algo tocado pelo vinho abundante -, é preciso que o circo nos dê alguma cena de exceção... O lutador Setímio poderia arregimentar os melhores homens; contudo, não bastaria renovar o quadro de atletas..."

CAPÍTULO 4
LOGRADOUROS PÚBLICOS

4.1) Avenida/Avenida Atlântica/Avenida Central/Avenida Passos - SÉRIE I, 7.B, p. 243 - **"O Conflito Entre o Vaticano e o Quirinal"** - "E agora, quando se cruzam, é para se lançarem olhares de cólera, como dois divorciados brasileiros quando passam um pelo outro na Avenida Central." Cf. *Vaticano* e *Voltaire*

4.1.1) SÉRIE I, 13, pp. 183-184 - **"Jacobinismo Literário"** - "Francisco Ernesto de Magalhães, guarda-livros modesto e honrado, guarda-livros à Artur Azevedo, portador de uma alma anterior à Avenida

Central, alimentava dois desejos na vida: possuir um amigo e tirar um prêmio alto na loteria."

4.1.2) SÉRIE I, 14, p. 50 - **"A Viagem Maravilhosa"** - "Assim é que, ao lado das descrições palpitantes, sonoras, coloridas, verdadeiramente magistrais, da Avenida Central, da rua Larga, da Lapa, de Botafogo, de Copacabana, da Gávea, da Tijuca, de Niterói, das Águas Férreas, do Mangue, da praça da Bandeira, de São Paulo com seu mercantilismo febril..."

4.1.3) SÉRIE II, 5, p. 338 - **"Ajuste de Contas"** - "Caminhava Mariano pela Avenida Passos, quando viu, quase desembocando da rua General Câmara, o brutamontes que o seu testemunho havia levado à prisão. Ao divisá-lo, Salomão acelerou o passo. Tal foi, porém, o pavor que apossou do pobre rapaz, que, quando o valentaço chegou à esquina, já havia ele dobrado, meio quilômetro adiante, a rua da Constituição."

4.1.4) SÉRIE IV, 2, p. 84 - **"No Dia da Pátria"** - "Hão-de contemplar [muitos Espíritos desencarnados, que antigamente lutaram pela organização da nacionalidade], enlevados, a Avenida Central, a Avenida Atlântica, a praia de Copacabana, o Rússel, o Leblon, as obras de saneamento e o casario imenso da cidade maravilhosa, derramando-se pelos vales, pelas serras e planícies, numa alucinação de progresso vertiginoso."

4.2) Gávea - SÉRIE II, 1, p. 123 - **"Ciúme Póstumo"** - "As duas [coroas de *bisquit* e de flores de papel] eram da viúva e dos filhos, e a outra, de uma costureirinha da Gávea, a quem Hermógenes [Mascarenhas] não conhecera e que o admirava comovidamente através dos sonetos que ele deixara. Era uma paixão anônima, agradecida, quase religiosa, de que o poeta não tivera conhecimento, de que o devia acompanhar depois, na glória e no túmulo."

4.2.1) SÉRIE III, 1, p. 29 - "Terça-feira, 3 de abril [de 1917]:

As paisagens brasileiras ou, antes, cariocas, ultimamente apresentadas em filmes, são as mais lindas que os meus olhos têm visto. Um panorama, exibido há poucos dias, da Baía de Guanabara, ao alvorecer, é de uma beleza fantástica. (....) Outra maravilha da natureza e da cinematografia, que lhe roubou essas tintas, é um pôr-de-sol apanhado, creio, em uma das enseadas da Gávea. Todo o quadro é um incêndio: árvores, montanhas, nuvens, tudo é púrpura viva; e, emoldurado por tudo isso, um lago de fogo líquido, que um alquimista fantástico vai, pouco a pouco, transformando em um turbilhão de pedrarias liquefeitas."

4.2.2) SÉRIE III, 2, p. 60 - "Tomaram um automóvel, e Gilberto [Amado] mandou rumar para o Restaurante do Chuá, na Gávea."

P. 96 – "E Coelho Neto termina: Foi assim, 'seu' Humberto, que conseguimos chegar, já ao amanhecer, à casa de Dina, em Copacabana, após enorme volta pela Gávea, debaixo de uma chuva impertinente que ainda hoje me conserva a garganta no estado em que você vê."

P. 184 - "Domingo, 27 de setembro [de 1931]:

Vem-me à memória agora uma frase do meu filho Humberto, que tem atualmente oito anos. Há ano e meio, tendo ele pouco mais de seis, tomamos um automóvel e fomos, minha mulher, os filhos e eu, dar um passeio à Gávea, pela orla do mar. Era noite de lua e o mar espelhava, todo de prata. Na Avenida Niemeyer, entre a selva e o oceano, os perfumes da mata se misturavam à brisa do mar. Um encanto para os olhos, para os sentidos todos, para a alma inteira. Cada um de nós soltava a sua exclamação de entusiasmo ou de alegria.

— Mas, que Natureza!... — exclamavam todos."

4.2.3) SÉRIE IV, 7, pp. 214-217 – **"Parábola moderna"** - "O comunicante assumiu atitude paternal e narrou: — Um 'espiritista' convencido quanto à sobrevivência da alma, mas não convertido ainda ao Evangelho de Jesus, seguia de Madureira para a Gávea, quando encontrou em certa rua, determinada reunião de pessoas bem intencionadas, mas ignorantes das letras do mundo, tentando a prática do amor aos semelhantes, possuídas de sincera e profunda boa vontade.

(....) E o "espiritista" seguiu seu caminho para a Gávea e o materialista continuou na estrada de bondade espontânea."

4.3) Via Ápia - SÉRIE I, 7.A, p. 208 - **"Os Mortos Esquecidos pelos Vivos"** - "Das sete maravilhas do mundo que a antiguidade celebrou, duas, pelo menos, eram monumentos funerários: a pirâmide de Quéops e o túmulo de Mausolo. A Via Ápia, em Roma, era constituída toda ela de túmulos, por entre os quais desfilava a glória de Roma viva, para o consolo e orgulho dos mortos."

4.3.1) SÉRIE I, 16.B, p. 26 - **"Antônio Lemos"** - "Calígula, improvisando uma Via Ápia sobre as ondas, ligando, para um mero passeio, Baias a Puzzoles, não ia mais longe na sua loucura."

4.3.2) SÉRIE I, 13, pp. 19-20 - **"A Nossa Formação Étnica"** - "O povoamento [do Brasil] foi feito pelo índio, em proporção que evitamos apurar unicamente para que se perpetue historicamente a ilusão de que somos etnicamente latinos, com avós sepultados na Via Ápia, antepassados no *De Viris Illustribus* e ascendentes notáveis, e gloriosos, nas curuis do Senado romano."

4.3.3) SÉRIE IV, 5, p. 84 – **"Pecado e punição"** - "O Império Romano vulgarizara os mais nefandos processos de regeneração ou de vingança. Escravos ignorantes eram pasto das feras, nos divertimentos públicos, pelas faltas mais insignificantes nas casas dos patrícios. Só de uma vez, trinta mil desses servos, a quem se negava qualquer bem de espírito, foram crucificados numa festa, próximo aos soberbos aquedutos da Via Ápia. Os açoites humilhantes eram castigo suave."

CAPÍTULO 5

ENTIDADES ADMINISTRATIVAS, ÓRGÃOS DA IMPRENSA E EPISÓDIOS HISTÓRICOS

5.1) Banco/Banco do Brasil/Escola Nacional de Belas-Artes - Estudemos apenas os seguintes livros: SÉRIE I, 3.B, p. 200 - **"O Susto das Ovelhas Vitoriosas"** - "Alega o Banco do Brasil que a exclusão das mulheres no seu próximo concurso provém da circunstância de se tratar de cargos que a mulher não poderá exercer. O pretexto é, porém, insubsistente. Qual é, no Banco, a principiar pela de presidente, a função que uma senhora inteligente não possa desempenhar?"

5.1.1) SÉRIE I, 6.A, p. 173 - **"Entre o Lixo e o Luxo"** - "Se ninguém me escutasse, eu iria para o bairro comercial, e, da portaria do Banco do Brasil, gritaria aos homens de fortuna:

Senhores! Vós amais o Rio de Janeiro, cujas ruas vêem rodar os vossos automóveis de alto preço. Velai, portanto, pelo seu bom nome! A cidade não tem um forno crematório. Não há capital nenhuma do mundo, de Angorá a Bangkok, de Teerã a Porto Príncipe, em que se atire à água, e não ao fogo, o lixo urbano! (....) Ide comigo, ao Sr. Interventor, pedir-lhe que deixe o Municipal como se acha, e faça construir o forno crematório. O nosso problema do Luxo está resolvido: resolvamos o problema do Lixo! O Sr. Interventor é médico, não ignora as exigências da Higiene moderna, e nos atenderá."

5.1.2) SÉRIE I, 8.B, p.24 - **"Araújo Franco"** - "A festa que oferece ao Presidente Epitácio, na qual entrega à esposa do chefe do Estado um colar no valor de sessenta contos; a transação com o Tesouro, para pagar em cento e cinqüenta anos a dívida da Associação; a permuta do prédio da Associação com o do Banco do Brasil constituem vitórias da sua diplomacia. E tudo isso com a fisionomia carregada, e a palavra concisa, mais de quem exige uma reparação do que, mesmo, de quem pede um favor."

5.1.3) SÉRIE II, 2, p. 63 - **"A Camisa"** - "Quando o Banco do Brasil resolveu dar um balanço geral na sua agência de Pelotas, o escolhido para essa incumbência foi, naturalmente, o Dr. Antunes de Medeiros, funcionário do contencioso, que aliava às suas condições de fortuna pessoal as virtudes de cavalheiro versadíssimo na alta diplomacia de salão."

5.1.4) SÉRIE IV, 3, pp. 136-137 - **"D. João VI no Brasil"** - "Grandes instituições se fundam na cidade da mais maravilhosa baía do mundo. Surgem a Escola de Medicina, o Real Teatro São João, o Banco do Brasil; organizam-se os primórdios da Escola de Belas-Artes, criam-se a Academia de Marinha, o Conselho Militar, a Biblioteca Real; desenha-se o Jardim Botânico, como novo encanto da cidade, e, sobretudo, inicia-se com a Imprensa Régia a vida do jornalismo na terra de Santa Cruz."

5.2) Clube dos Diários - Cf. SÉRIE II, 1, p. 103; SÉRIE II, 3, p. 264 - **"A Festa da Inteligência"** - "Por especial deferência do sr. ministro das Relações Exteriores, foi-me permitido, anteontem, nos "Diários", tomar parte, como diplomata, nas homenagens prestadas pela intelectualidade brasileira a Sua Majestade o Rei da Bélgica. Relegado para as filas destinadas aos jovens funcionários do Itamarati, não foi sem custo que consegui aproximar-me do local distribuído aos homens de ciência e de letras, cujos paramentos, tirados às sete cores do arco-íris, davam à solenidade um tom de magnificência, de luxo, de riqueza, verdadeiramente excepcional."

5.2.1) SÉRIE I, 3.B, p. 47 - **"O Fantasma que Pede um Túmulo"** "Não fosse o Rei Alberto I, dos belgas, do qual estive próximo, em 1920, na sessão solene que lhe consagraram, no Clube dos Diários, as sociedades sábias do Brasil, e eu diria jamais ter visto um monarca, nem vivo, nem morto." (....)

P. 168 - **"Zé Eduardo"** - "Dias depois, sabe [Macedo Soares] que João Laje se encontra no Clube dos Diários, cercado de gente da sua confiança."

5.2.2) SÉRIE IV, 4, p. 13 - **"D. Pedro II"** - "Em meu íntimo, havia um alvoroço de emoções. Lembrei-me de que, em toda a minha existência de jornalista no mundo, só enxergara um monarca dentro dos meus olhos: o rei Alberto I, dos Belgas, quando, no Clube dos Diários, a elite dos intelectuais do país lhe oferecera a homenagem de uma comovida admiração. E ponderei se haveria mérito em consultar o pensamento de um rei, no outro mundo, onde todas as majestades desaparecem."

5.3) Distrito Federal - SÉRIE I, 3.B, pp. 86-87 - **"A Esmola e a Caridade"** - "Há à rua Estácio de Sá um prédio enorme, e não concluído ainda, iniciado na administração policial do Dr. Carlos Costa, e que se destinava a um asilo. A ele devem ser recolhidos todos os indivíduos que estendem as mãos à caridade pública no Distrito Federal. (....) Basta que o Sr. Prefeito, que é médico e compreende a extensão da miséria pública, convide trinta ou quarenta senhoras da sociedade carioca, e, fazendo-lhes um apelo, lhes confie a organização dos serviços de caridade na capital da República, sob a proteção do governo municipal.

(....) O meu interesse pelo desaparecimento dessa chaga horrível que sangra no coração da primeira cidade do Brasil não data de hoje. Quando deputado, soube que havia na Câmara um projeto, do qual dependia a conclusão do Asilo Afonso Pena. Tratando-se, porém, de assunto que devia ser encaminhado por um representante do Distrito Federal, lembrei o caso ao Sr. Adolfo Bergamini.

— É inútil — disse-me o deputado carioca. — Nenhum projeto pelo qual se interessem os membros da oposição terá andamento.

— E se eu apresentar um requerimento sobre o assunto, você assina comigo?

— Assino. Pois não!

Era, porém, em agosto de 1930, quando era irresistível, já, a agitação nos espíritos. Semanas depois vinha a Revolução. E nada se fez então, e até hoje, nem dentro, nem fora da lei."

P. 92 - **"As Feridas da Cidade"** - "Durante mais de um quarto de século os representantes do Distrito Federal falaram na Câmara. Discutiam tudo. Faziam barulho, apenas, para se recomendarem a um eleitorado sem ocupação. E nenhum projeto construtivo! Nenhuma proposta para uma obra pública! Nenhum serviço que não interessasse unicamente, ao seu eleitor!"

P. 188 - **"O Cafeeiro de Maguari"** - "— A escola, no Distrito Federal, tem, assim, alunos que se matriculam na idade em que outros se retiram, e alunos que principiam na idade em que outros acabam...

Exatamente."

5.3.1) SÉRIE I, 7.A, p. 121 - **"Adesões Masculinas às Esperanças Femininas"** - "Encontram-se naquela capital [Belo Horizonte], há dois dias, dezenas ou centenas de senhoras e senhoritas, provenientes dos municípios mineiros como de outros Estados, e do Distrito Federal."

5.3.2) SÉRIE I, 7.B, p. 129 - **"Que é que Vamos Dar ao Leão"** - "Os jornais publicaram esta semana uma notícia oficiosa informando que se acha quase concluído o recenseamento dos 'sem trabalho' do Distrito Federal, serviço esse que ficaria completo dentro de três ou quatro dias."

5.3.3) SÉRIE I, 15, p. 255 - **"Alfredo de Carvalho"** - "E a verdade é que o Distrito Federal exerce hoje sobre o país uma tirania mais forte, e mais inflexível, do que aquela que exercia há quarenta anos o Município Neutro."

5.3.4) SÉRIE IV, 2, p. 149 - **"Carta aberta ao Sr. Prefeito do Rio de Janeiro"** - "Sr. Prefeito do Distrito Federal. Dirijo-me a V. Ex.ª para ponderar um dos últimos atos de sua administração na velha cidade de São Sebastião do Rio de Janeiro, não obstante as minhas condições de jornalista desencarnado, e apesar do estado de guerra vigente no país."

5.4) Governo Provisório - SÉRIE I, 3.A, p. 136 - **"Santo Antônio"** - "O Governo Provisório podia, assim, na data de amanhã, revalidar a carta-régia de D. João V. Santo Antônio é um capitão antigo na idade e na classe, mas animado do mais puro espírito revolucionário. Basta lembrar que foi ele o chefe de duas revoltas, ambas vitoriosas: uma contra Ezelino, tirano da Itália, derrubado por ele; e outra contra Elias, geral dos franciscanos, a quem depôs energicamente com uma conspiração da confraria."

Ainda se referindo a Santo Antônio e aos milagres, os quais, segundo o Espiritismo, não existem: p. 139 — **"A Nacionalização do Oratório"** - "Quem sabe o Governo Provisório, que tem reparado tantas omissões do regime legal, não nos poderá canonizar, agora, por decreto, o Negrinho do Pastoreio, tão famoso e rico de milagres nas coxilhas do Rio Grande do Sul?"

5.4.1) SÉRIE I, 4.B, p. 91 - **"Manifesto à Nação"** - Dos dez mandamentos enumerados pelo Autor, a denotar-lhe profunda sabedoria, não obstante o tom irônico em alguns deles, apenas transcreveremos o V, em seqüência a este passo: "Na Terra da montanha havia duas pedras, em que se viam, em letras de fogo, palavras que eu, por haver perdido os óculos, não distinguia bem. Tomei essas duas pedras, desci o monte. Embaixo, no largo da Carioca, sentei-me próximo a um combustor, e, com o auxílio de um guarda-noturno, encarregado de velar, em nome do Governo Provisório, pela fiel obediência à ortografia acadêmica, decifrei e li o seguinte: (....) V - Não aceitarás mais livro para escrever prefácio."

5.4.2) SÉRIE I, 9.B, pp. 81-82 - **"Cerimônia... Sem Cerimônia"** - "Ao ser proclamada a República, era Chefe de Polícia da corte o Dr. José Bassonde Miranda Osório, o qual, ao ter conhecimento, pela manhã, dos acontecimentos do Campo de Santana, se dirigiu para a sua repartição, sentando-se, espapaçado, em sua cadeira, sem tomar a menor providência. Por volta das duas da tarde, apeou-se à porta da repartição o capitão do Exército Vicente Antônio do Espírito Santo, confiou o cavalo a um soldado, subiu a escada a arrastar o espadagão e, abrindo ele mesmo o reposteiro do gabinete, foi dizendo ao chefe:

— Eu venho, em nome do Governo Provisório, tomar posse da chefia da Polícia do Distrito Federal.

E Basson, levantando-se:

— E eu estou aqui para lha entregar!

E, tomando o chapéu, retirou-se, numa reverência."

Pp. 223-224 - **"A Piedade de Pedro II"** - "Quatro dias após a proclamação da República, a legislação brasileira recebia o seguinte decreto:

'Considerando que o Senhor D. Pedro II pensionava de seu bolso a necessitados e enfermos, viúvas e órfãos, para muitos dos quais esse subsídio se tornava o único meio de subsistência e educação; considerando que seria crueldade envolver na queda da monarquia o infortúnio de tantos desvalidos; considerando a inconveniência de amargurar esses sofrimentos imerecidos a fundação da República:

Resolve o Governo Provisório da República dos Estados Unidos do Brasil:

Artigo 1º - Os necessitados, enfermos, viúvas e órfãos, pensionados pelo imperador deposto, continuarão a perceber o mesmo subsídio, enquanto durar a respeito de cada um a indigência, a moléstia, a viuvez ou a menoridade em que hoje se acharem.

Artigo 2º - Para cumprimento dessa disposição se organizará, segundo a escrituração da ex-mordomia da casa imperial, uma lista discriminada quanto à situação de cada indivíduo ou à quota que lhe couber.

Artigo 3º - Revogam-se as disposições em contrário. Sala das sessões do Governo Provisório, em 19 de novembro de 1889. Manuel Deodoro da Fonseca - Aristides da Silveira Lobo - Rui Barbosa - Manuel Ferraz de Campos Sales - Quintino Bocaiúva - Benjamim Constant Botelho de Magalhães - Eduardo Wandenkolk.'

Observação de um republicano:

Não precisa o túmulo de Pedro II de epitáfios pomposos, em latim grandiloqüente. Basta que se grave esse decreto do Governo Provisório sobre a pedra mármore de Pedro, o Pobre."

5.4.3) SÉRIE IV, 3, pp. 219-220 - **"A Federação Espírita Brasileira"** - "A República, com as suas ideologias novas, filhas do positivismo mais avançado, criara os mais sérios embaraços ao desenvolvimento da doutrina. O novo Código Penal incluíra o Espiritismo nos seus textos e o ambiente era obscuro, sentindo todas as correntes espiritistas a necessidade imediata de união para a defesa comum, enquanto se balbuciavam protestos a medo, a Federação, com a sua prudência e a sua serenidade, iniciou a defesa pacífica da doutrina, dirigindo uma 'Carta Aberta' ao Ministro da Justiça do Governo Provisório, em que esclarecia devidamente a situação. Os mensageiros invisíveis cuidaram, então, de organizar os novos planos de unificação de todos os elementos."

5.5) Tesouro Nacional - SÉRIE I, 9.B, pp. 281-282 - **"Honestidade de Ministro"** - "Era José Bernardino Batista Pereira de Almeida Sodré ministro da Fazenda, em 1828, quando o seu colega da pasta da Guerra lhe oficiou, pedindo o pagamento das despesas de transporte, e outras, de alguns operários que o imperador mandara engajar na Alemanha. Recusado esse pagamento, mandou Pedro I chamar José Bernardino, interpelando-o.

— Senhor — respondeu o ministro —, no orçamento que vigora não tenho verba que autorize essa despesa; ela é, portanto, ilegal, e eu não a posso ordenar.

Mandei engajar esses homens — tornou o imperador, com energia; — quero que as despesas sejam pagas.

— E sê-lo-ão, senhor; pois que Vossa Majestade o quer.

Dias depois, indagado pelo monarca sobre o cumprimento da sua ordem, o ministro informou:

— Em face da lei, o Tesouro Nacional não podia pagar a esses engajados; a ordem de Vossa Majestade tinha, porém, de ser cumprida.

— E então?

— Paguei-os do meu bolso particular!"

5.5.1) SÉRIE IV, 3, pp. 214-215 - **"A República"** - "Confortado pelas luzes do Alto, que o não abandonaram em toda a vida, D. Pedro II não permitiu que se derramasse uma gota de sangue brasileiro no imprevisto acontecimento. Preparou, rapidamente, sua retirada com a família imperial para a Europa, obedecendo às imposições dos revolucionários e, com lágrimas nos olhos, rejeita as elevadas somas de dinheiro que o Tesouro Nacional lhe oferece, para aceitar somente um travesseiro de terra do Brasil, a fim de que o amor da Pátria do Cruzeiro lhe santificasse a morte, no seu exílio de saudade e pranto.

Jesus, porém, consoante à sua promessa, lhe santificaria os cabelos brancos. Uma tranqüila paciência caracterizou o seu inenarrável martírio moral."

5.6) Vaticano - SÉRIE I, 8.A, pp. 197-198 - **"Carlos de Laet"** - "Entendidíssimo em Teologia, recebeu, do Vaticano, o título de conde. E ninguém o possui, hoje, tão merecidamente. Apesar da sua dicacidade, ninguém tem, neste país, caráter mais íntegro, coração mais puro, espírito mais reto, mais nobre, mais alto."

5.6.1) SÉRIE I, 6.B, p. 51 - **"O Jogo"** - Após se referir à "reencarnação das imagens", alusão ao Vaticano.

5.6.2) SÉRIE I, 7.B, p. 241 - **"O Conflito Entre o Vaticano e o Quirinal"** – "Esse ponto de vista [o amigo que azedou, como acontece com o vinho, que se transformou em vinagre] acaba de ser confirmado integralmente, pelo incidente político entre o Vaticano e o Quirinal, do qual os telegramas da Itália nos tem fornecido informações alarmantes.

Há mais de meio século o Papa e o governo italiano viviam como vizinhos dentro dos muros de Roma."

5.6.3) SÉRIE I, 9.A, p. 163 - **"A Morte do Dalai-Lama"** - "A morte do Dalai-Lama anteontem, em Lhasa, no Tibete, oferece oportunidade para algumas reflexões sobre o espírito irreverente do século. Nenhuma entidade política ou religiosa exerceu, talvez, no Oriente ou no Ocidente, tão imperiosa autoridade sobre os homens. Nenhum chefe, civil ou sacerdotal, se rodeou de tantas e tão seguras regalias para manter a sua intangibilidade. O Imperador da China, encerrado no seu palácio, e o Pontífice católico, murado no seu Vaticano, jamais se isolaram tanto dos seus súditos e dos seus fiéis, procurando no prestígio da distância, nas dificuldades da presença, os fundamentos do respeito."

5.6.4) SÉRIE II, 3, p. 265 - **"A Festa da Inteligência"** - Sobre a Ordem do Latrão, do Vaticano, ao lado de cinco outras condecorações.

5.6.5) SÉRIE II, 11, p. 42 - **"O Calvário e a Cruz"** - Sobre Gregório XVI palestrando com um dos seus cardeais em uma das janelas do Vaticano.

5.6.6) SÉRIE III, 2, p. 59 - Sobre a necessidade de agradar ao Vaticano para a obtenção do título de Conde do Papa. (*Sábado, 13 de setembro de 1930*).

5.6.7) SÉRIE IV, 2, p. 99 - **"A ordem do Mestre"** - Afirma ser uma organização admirável pela sua disciplina, mas altamente perniciosa pelos seus desvios da verdade.

5.6.8) SÉRIE IV, 3, p. 99 - **"Os Movimentos Nativistas"** - "Mais de duzentos milhões [de cruzados] seguiriam para as arcas do Vaticano, dados pelo monarca egoísta [D. João V, o Magnânimo], que desejava forçar as portas do céu com o ouro iníquo da terra."

5.6.9) SÉRIE IV, 7, p. 103 - **"Advertência fraterna"** - "Ante o carinho da solicitação, lembro-me dos amigos que iam à Europa, saboreando expectativas e novidades. (....) Se passavam pela Itália, tinham o cuidado de selecionar postais preciosos. Enviavam-nos aquarelas do Vaticano ou fotografias encantadoras onde figurassem os pombos de São Marcos."

5.7) O Globo - SÉRIE I, 4.A, pp. 115-118 - **"Um Barqueiro do Volga"** - "Eu descera há poucos momentos do bonde que me conduzia à cidade, quando vi, na tabuleta d'*O Globo*, um cartaz em grandes caracteres. Aproximei-me, com minha curiosidade de míope, e li: 'Faleceu, às 15 horas, em sua residência, o grande jornalista Euricles de Matos, diretor desta folha'. Permaneci imóvel por um instante, diante da tabuleta, que me pareceu ali uma lousa negra, assinalando um túmulo. Em seguida continuei o meu caminho como um homem que vem da guerra, onde acaba de deixar um companheiro morto. (....)

A imprensa é um país em que circulam moedas de ouro, de prata e de barro; mas nenhuma destas traz o cunho de que a emitiu. O que sei, porém, é que, nas três ou quatro vezes que, em sete anos, subi à redação d'*O Globo* para entregar um livro ou pedir-lhe a retificação de uma intriga provinciana, jamais desci sem profunda tristeza, após um encontro de alguns minutos. (....)

Ao descer as escadas ou o elevador d'*O Globo* eu vinha sempre pensativo. E acudiam-me à lembrança, não sei por que, aqueles formigueiros que se vêem à margem da Central, quando se viaja entre o Rio e São Paulo. O monte de terra à flor do solo, e sobe continuamente, da noite para o dia. Avoluma-se, impõe-se à vista. O inseto pequenino faz tudo aquilo e ninguém o vê. Trabalha na sombra e no mistério.

Pobre Euricles de Matos! Possuías asas, com certeza, para voar alto, à loura claridade do sol. E consumiste a vida toda como térmita, vendo subir do fundo da terra, isto é, do fundo da tua redação e da tua oficina, a torre do teu formigueiro!..."

5.7.1) SÉRIE I, 6.A, p. 64 - **"Lorenzone"** - "Ao entardecer, lá estava ele [Pedro Paulo Lorenzone], na Avenida Central, no trecho entre a rua do Ouvidor e a Sete de Setembro, do lado do 'Jornal do Comércio', menos movimentado que o outro. (....) A sua voz era discreta como o seu gesto:

'Noite'... 'Noite'... Terceira... Olha a 'Noite'... 'Globo'... Olha o 'Globo'... 'Diário da Noite'... 'Diário'...

E movia em torno de si mesmo, lentamente, sem levantar os pés do passeio."

5.7.2) SÉRIE I, 9.B, pp. 126-127 - **"Alimento de Poetas"** - "O poeta maranhense Sousandrade, republicano da velha guarda, que redigiu, em Nova York, *O Globo*, com José Carlos Rodrigues, recolheu-se, depois de 15 de novembro, à Companhia dos Livros, na sua quinta de São Luís, cercada de um muro enorme, que parecia de fortaleza. Sem recursos, começou a vender o muro, aos metros, para material de construções.

Filósofo e simples, não maldizia entretanto da vida.

— Como está o senhor? — saudavam-no os íntimos.

— Eu, menino?

E com um sorriso resignado:

— Comendo pedras!..."

5.7.3) SÉRIE III, 1, VOL. II, p. 284 - *"Segunda-feira, 11 de julho [de 1932]*:

Na manhã clara e azul, boa para viver, homens da mesma pátria atormentam o coração... Às 11 horas, ao entrar para o almoço, meu filho Henrique traz-me um exemplar matutino de 'O Globo', em que vêm confirmados os boatos de ontem."

5.7.4) SÉRIE IV, 12, pp. 49-50 - **"Explicação de amigo"** - "Em socorro do que asseveramos, basta recorrer às informações do nosso colega Eloy Pontes, quando escrevia as suas impressões em 'O Globo', de há bons trinta anos. Esse distinto crítico de nossa lavoura livresca, em páginas saborosas, que se transferiram do jornal para a sua primeira série de 'Obra Alheia', assegurou a nosso respeito: 'Lida uma das crônicas atuais do Sr............, estão lidas todas. Ele é monocórdio...'

Francamente, meu caro, o que produzimos hoje, através de um médium, é tão sem originalidade agora quanto antes. Carregando o carro enxundioso da vida física ou envergando o envoltório mais leve do plano espiritual, meu cérebro é a mesma lamparina de artesão, com que lavro a canivete a preciosa madeira do vernáculo, que tantos filigranam com o buril da inteligência, inflamado a fogo sagrado de inspiração."

5.8) País - SÉRIE I, 8.B, pp. 62-63 - **"João Laje"** - "De regresso ao Rio, aí por 1895, entrou Laje para a administração do *País*, que pertencia, então, ao Dr. Pedro Godinho. Em 1900 era, já, diretor-gerente. E com tal habilidade se houve, aproveitando a necessidade que Rodrigues Alves tinha dos seus serviços, que, em 1905, era o antigo 'caixa do batalhão' da *Bruxa* proprietário de todas as ações do *País*, que ficou, até hoje, nas suas mãos. (....)

Certa vez, venceu-se uma letra sua, de dez contos. Avisado de que, se a não fosse pagar até as três horas, o documento seria protestado, o diretor do *País* recorreu a vários amigos. Momentos depois, reunia os dez contos, justos, e saia, para pagar a letra. Na Avenida, viu, em uma vitrina, uma baixela de prata. Custava doze contos.

— Quer dez contos? — indagou João Laje, entrando.

— Onze!

— Não, senhor; dou dez!

E, desembolsando o dinheiro da letra, voltou para o jornal, coçando a cabeça."

5.8.1) SÉRIE IV, 3, pp. 218-221 - **"A Federação Espírita Brasileira"** - "A Federação Espírita Brasileira, fundada desde o Ano-Bom de 1884, por Elias da Silva, Manuel Fernandes Figueira, Pinheiro Guedes e outros companheiros do ideal espiritualista, no Rio de Janeiro, esperava, sob a proteção de Ismael, a época propícia para desempenhar a sua elevada tarefa, junto de todos os grupos do país, no sentido de federá-los, coordenando-lhes as atividades dentro das mais sadias expressões da doutrina. Bezerra de Menezes, desde 1887, iniciara uma série de trabalhos magistrais pelas colunas de 'O País', oferecendo a todos as mais belas e produtivas sementes do Cristianismo. A palavra de Max, pseudônimo que ele havia adotado, inundava de esperança e de fé o coração dos seus leitores, iniciando-se, desse modo, uma das mais prodigiosas sementes do Espiritismo no Brasil."

5.9) Curupaiti/Lomas Valentinas/Batalha de Itororó - SÉRIE I, 3.A, p. 69 - **"Confissões de um Homem que Não Nasceu"** - Trecho de carta, um documento de além-vida, na qual o missivista, "com a patente de capitão, como engenheiro a serviço do Exército Imperial", e que teria desencarnado a 11 de dezembro de 1868, na batalha de Itororó, expende considerações das mais sérias.

5.9.1) SÉRIE I, 9.B, p. 115 - **"A Mãe dos Bravos"** - "Dona Rosa Paulina da Fonseca, mãe de Deodoro, ao saber do rompimento com o Paraguai, fez seguir para o campo de batalha seis dos seus filhos e, pouco depois, o sétimo, ainda de menor idade. Três deles tombam mortos, em Curupaiti e Itororó. Dois outros, entre os quais Deodoro, são gravemente feridos. Ao ter notícia, porém, de que se preparava a paz com o inimigo - paz sem vitória -, não se conteve.

— Prefiro não ver mais os meus filhos! — declarou.

E com a sua alma varonil:

— Que fiquem antes todos sepultados no Paraguai, com a morte gloriosa no campo de batalha, do que enlameados por uma paz vergonhosa para a nossa Pátria!"

P. 15 - **"Caxias e a Sua Tropa"** - "O Duque de Caxias, quando em campanha, fazia questão de sofrer as mesmas agruras e correr os mesmos riscos que os seus soldados. Uma tarde, em Lomas Valentinas, estava ele completamente molhado, sob uma laranjeira, esperando o momento do ataque, quando um ordenança se aproximou, trazendo à mão, com cuidado, uma fumegante xícara de café.

— Aqui está — disse — que o Sr. Dr. Bonifácio de Abreu mandou para V. Exª., e ordenou-me que não deixasse cair um pingo no chão."

5.9.2) SÉRIE IV, 3, pp. 198-199 - **"A Guerra do Paraguai"** - "Os militares brasileiros ilustram o nome da sua terra em gloriosos feitos, que ficaram inesquecíveis. Mas, o país do Evangelho sempre foi infenso às glórias sanguinolentas. Estero, Belaco, Curupaiti, Lomas Valentinas, Tuiuti, Curuzu, Itororó, Riachuelo e tantos outros teatros de luta e de triunfo, em verdade, não passaram de etapas dolorosas de uma provação coletiva, que o povo brasileiro jamais poderá esquecer."

CAPÍTULO 6

ILUSTRES PERSONALIDADES DA HISTÓRIA DO BRASIL

6.1) Agostinho Petra de Bittencourt/Moreira de Azevedo - SÉRIE I, 9.B, pp. 97-98; 219-220 - **"Não Quero!"** - Episódios extraídos de *Mosaico Brasileiro*, pp. 52-53-54, de Moreira de Azevedo, sobre Petra, quando exercia o cargo de juiz aposentador no Rio de Janeiro.

P. 222-223 - Juiz de fora e, ao mesmo tempo, presidente do Senado da Câmara.

Pp. 231-232 - Juiz Petra de Bittencourt e o documento assinado pelo ministro, favorecendo um comerciante desonesto, a pedido de um fidalgo prestigioso.

6.1.1) SÉRIE I, 18, p. 13 - **"Prefácio"** - Referência a uma passagem do livro acima citado, do Dr. Moreira de Azevedo.

6.1.2) SÉRIE I, 15, p. 382 - "Conta Moreira de Azevedo que, tendo, certa vez, um rapazola apresentado ao Marquês de Maricá algumas objeções sobre as suas máximas, discordando de alguns confrontos entre a mocidade e a velhice, o moralista retrucara:

Não as aceito.

E com o seu bom senso de filósofo:

Não as aceito, porque o senhor não tem a minha idade e nada sabe a respeito dos velhos; eu julgo os moços, e com conhecimento de causa, porque já fui moço como o senhor."

6.1.3) SÉRIE IV, 3, pp. 138-139 - Apenas a parte inicial do episódio a respeito dos excessos da corte no Rio, no qual o austero e indignado juiz recebe, pela terceira vez, uma solicitação inadequada e inoportuna: "Moreira de Azevedo conta em suas páginas que Agostinho Petra Bittencourt era um dos juízes aposentadores ao tempo de D. João VI, quando lhe apareceu um fidalgo da corte, exigindo pela segunda vez uma residência confortável, apesar de já se encontrar muito bem instalado."

6.2) Coelho Netto - Cf. SÉRIE I, 3.A, p. 98; SÉRIE I, 3.B, pp. 10; 15; 17-22 e 137 (Veja-se Fagundes Macário/Macário Fagundes); SÉRIE I, 4.A, p. 99; SÉRIE I, 9.B, pp. 76; 115; 202 e 241-242; SÉRIE II, 1, pp. 337-339; SÉRIE III, 2, pp. 478-479; SÉRIE IV, 2, p. 7; SÉRIE IV, 9, pp. 181-185 (Cipriano Neto).

6.3) D. Pedro II - SÉRIE I, 9.B, pp. 68-69 - **"As Eleições"** – "Nas palestras com os seus ministros, costumava dizer D. Pedro II, em 1870: as eleições como elas se fazem no Brasil, são a origem de todos os nossos males políticos.

À margem de um opúsculo de Joaquim Nabuco, *O Erro do Imperador*, escrevia o monarca em 1886, confirmando essas idéias:

'Não é o vestido que tornará vestal a Messalina, porém, sim, a educação do povo e, portanto, a do governo. Parece-me que devo conhecer essa chaga, pois a observo, sem ser mero expectante, há quarenta e tantos anos.'"

6.3.1) Cf. SÉRIE IV, 3, pp. 148-149; 153; 157; 161-166; 191-197; 201-207 e 214.

6.4) Fabiano de Cristo - SÉRIE I, 9.B, pp. 209-210 - **"A Humildade de Frei Fabiano"** - "Religioso leigo do convento de Santo Antônio do Rio de Janeiro, Frei Fabiano de Cristo, que viveu no século XVIII, era de uma humildade comovedora. O povo tinha-o como santo.

Certa noite, muito tarde, um frade velho e irascível que se achava enfermo, pediu-lhe um caldo. Não querendo incomodar os serventes, Frei Fabiano foi em pessoa prepará-lo, e, de regresso, o frade, não achando o caldo do seu gosto, atirou com a xícara ao rosto do pobre leigo.

A face ferida e queimada, Frei Fabiano caiu-lhe aos pés.

— Perdoe-me, meu padre! — pede humildemente.

E de mãos postas:

— Eu vou preparar-lhe outro caldo!

O velho frade, tocado daquela humildade, saltou do leito e, chorando, caiu de joelhos, pedindo o seu perdão."

6.4.1) SÉRIE IV, 3, pp. 46-47 **"Os Missionários"** - "Anchieta veio depois, em 1553, com Duarte da Costa, e se transformou no desvelado apóstolo do Brasil. Designado para desenvolver, particularmente, os núcleos de civilização já existentes em Piratininga, aí se manteve no seu respeitável colégio, que todos os governos paulistas conservaram com veneração carinhosa, como tradição de sua cultura e de sua bondade. Alguns historiadores falam com severidade da energia vigorosa do apóstolo que, muitas vezes, foi obrigado a assumir atitudes corretivas no seio das tribos, que, entretanto, lhe mereciam as dedicações e os desvelos de um pai. Anchieta aliou, no mundo, à suprema ternura, grande energia realizadora; mas, aqueles que, na história oficial, lhe descobrem os gestos enérgicos não lhe notam a suavidade do coração e a profundeza dos sacrifícios, nem sabem que, depois, foi ainda ele a maior expressão de humildade no antigo convento de Santo Antônio do Rio de Janeiro, onde, com o hábito singelo de frade, adoçou ainda mais as suas concepções de autoridade. A edificadora humildade de um Fabiano de Cristo, aliada a um sentimento de renúncia total desse mesmo, constituía a última pedra que faltava na sua coroa de apóstolo da imortalidade."

6.5) Gonçalves Ledo - SÉRIE II, 6, 346-347 - **"O Patriota"** - "Era no ano de 1824, pouco depois do grito da Independência. A atitude de Pedro I, oscilando entre os brasileiros de nascimento e portugueses que pretendiam ficar no governo com ele, havia criado uma situação de alarme, de aflição, de inquietude, que teria de resolver-se mais tarde, com grave perigo para o Império nascente. Preparava-se, no forno de cada casa, o pão de sangue do Sete de Abril. Latente, o ódio ao antigo dominador fervia nos peitos nacionais, lançando a discórdia nas famílias, onde o filho, nascido em Minas, no Rio, ou em São Paulo, não estendia mais a mão ao pai, nascido no velho reino.

Entusiasmado pelo verbo de Antônio Carlos, que se batia pela formação de um governo puramente brasileiro, Luiz Boto da Silva, mancebo de vinte e dois anos, era um desses heróis obscuros que cimentaram com o seu sangue, pode-se dizer, os alicerces da nacionalidade. Partidário de Gonçalves Ledo, batera-se como um leão contra as guardas lusitanas, a serviço do Imperador.

Por duas vezes foi ferido com gravidade; uma à porta da Maçonaria, à rua do Conde, e outra na rua da Ajuda, quando guardava, como um cão, a casa de um dos chefes separatistas."

6.5.1) SÉRIE IV, 3, p. 156 - Cf. *Minas Gerais*.

6.6) Jorge de Avilez - SÉRIE I, 9.B, pp. 175-176 - **"Oliveira Álvares"** - "Não obstante a sua condição de português, Joaquim de Oliveira Álvares, que se havia distinguido nas campanhas do Sul, declarou-se abertamente a favor da emancipação do Brasil, colocando-se ao lado de José Clemente Pereira. Oficial respeitado e temido, estava de cama, com um ataque de gota, quando soube que, em conseqüência do 'Fico!' de Pedro I, as tropas portuguesas, fortes de dois mil homens, haviam tomado as armas, ocupando o morro do Castelo, de onde, sob o comando do General Avilez, intimaram o príncipe a partir imediatamente para o Reino.

Torcendo-se de dores, Oliveira Álvares ordenou:

— Levem-me para o Campo de Santana!

Conduzido para aí, mandou estender um tapete na relva, assumindo, deitado, o comando das tropas nacionais e dos paisanos que se haviam armado, e dando durante todo o dia, e toda a noite, as providências para resistir ao ataque do inimigo.

A notícia de que Oliveira Álvares se achava à frente do elemento brasileiro atemorizou Avilez, que atravessou a baía na manhã de 12 de janeiro, indo entrincheirar-se em Niterói."

6.6.1) SÉRIE IV, 3, pp. 153-155 - **"A Independência"** - "Aquele povo já possuía a consciência da sua maioridade e nunca mais suportaria o retrocesso à vida colonial, integrado que se achava no patrimônio das suas conquistas e das suas liberdades. Em face da realidade positiva, após alguns minutos de angustiosa expectativa, o povo carioca recebia, por intermédio de José Clemente Pereira, a promessa formal do príncipe de que ficaria no Brasil, contra todas as determinações das Cortes de Lisboa, para o bem da coletividade e para a felicidade geral da nação. Estava, assim, proclamada a Independência do Brasil, com a sua audaciosa desobediência às determinações da metrópole portuguesa.

Todo o Rio de Janeiro se enche de esperança e de alegria. Mas, as tropas fiéis a Lisboa resolvem normalizar a situação, ameaçando abrir luta com os brasileiros, a fim de se fazer cumprirem as ordens da Coroa. Jorge de Avilez, comandante da divisão, faz constar, imediatamente, os seus propósitos, e, a 11 de janeiro, as tropas portuguesas ocupam o Morro do Castelo, que ficava a cavaleiro da cidade. Ameaçado de bombardeio, o povo carioca reúne as multidões de milicianos, incorpora-os às tropas brasileiras e se posta contra o inimigo no Campo de Santana. O perigo iminente faz tremer o coração fraterno da cidade. Não fosse o auxílio do Alto, todos os propósitos de paz se teriam malogrado numa pavorosa maré de ruína e de sangue. Ismael acode ao apelo das mães desveladas e sofredoras e, com o seu coração angélico e santificado, penetra as fortificações de Avilez e lhe faz sentir o caráter odioso das suas ameaças à população. A verdade é que, sem um tiro, o chefe português obedeceu, com humildade, à intimação do Príncipe D. Pedro, capitulando a 13 de janeiro e retirando-se com as suas tropas para a outra margem da Guanabara, até que pudesse regressar com elas para Lisboa."

6.7) Araújo Lima - SÉRIE I, 9.B, p. 265 - **"Casa para Alugar"** - "Sessão de 12 de julho de 1873 da Câmara dos Deputados, no Império. Discute-se o projeto relativo à reforma da Guarda Nacional, apresentado pelo governo. Araújo Lima, na tribuna, ataca a passividade da Câmara, anulada pela vontade do ministério.

E exclama, no meio de sua oração:

— Votai, senhores, esta lei; pouco falta para se inscrever na frente deste edifício o dístico: Casa para alugar!"

6.7.1) SÉRIE III, 2, pp. 113-114 - *Quinta feira, 11 de dezembro [de 1930]:*

"Corro os olhos pelos jornais que a Revolução conservou e que eram, todos, revolucionários. E cada um deles contém, hoje, uma reclamação, um protesto, uma observação dirigida ao governo.

(...) Na Academia, hoje, ouço encômios e recebo parabéns pelos meus artigos diários, assinados, no 'O Jornal'.

O senhor tem dito ao governo verdades bem pesadas, em estilo leve... - diz-me Afonso Celso.

Você tem feito como os fabulistas: veste a verdade para apresentá-la aos príncipes... - observa João Ribeiro.

E Plínio Marques, Araújo Lima, e outros ex-deputados, que encontro na rua:

— Você tem nos vingado. Você tem dito tudo que se precisava dizer!

E eu vou continuando. Se não acabar na prisão, direi o resto."

6.7.2) SÉRIE IV, 3, pp. 148-149 - **"No Limiar da Independência"** - "Declara um dos parlamentares que D. Pedro deveria abandonar o Paço de São Cristóvão, onde respirava a peçonha da bajulação dos inimigos do regime, e voltar a Lisboa, a fim de aprimorar a sua educação em viagens pela Europa. As agitações se intensificam num crescendo espantoso. Alguns deputados brasileiros, como Araújo Lima e Antônio Carlos, agredidos pela população, se vêem coagidos a emigrar para a Inglaterra.

A caravana de Ismael desvela-se pelo cultivo das idéias liberais no coração da pátria e, através de processos indiretos, procura espalhar por todos os setores da terra do Cruzeiro as sementes da fraternidade e do amor."

Pp. 189-190 - **"A Regência e o Segundo Império"** - "Em 1836 funda-se o Partido Conservador, com a aliança dos liberais e dos restauradores, caminhando a nação para o parlamentarismo. Feijó, porém, não se resignou com as providências levadas a efeito. A seu ver, não era possível governar eficientemente, dentro de um regime que se lhe afigurava de excessiva liberdade. Renunciou nobremente ao cargo, chamando ao poder Araújo Lima, que era nesse tempo a autoridade suprema das forças oposicionistas.

Então, a imprensa brasileira já não contava com a palavra de concórdia e conciliação de Evaristo da Veiga, que, depois de cumprir sua tarefa no país do Cruzeiro, regressara à pátria universal, incorporando-se às hostes esclarecidas do Infinito."

6.8) Lopes Trovão/Serzedelo Corrêa - SÉRIE I, 3.A, pp. 96-97 - **"Mudaria a Cidade... Ou Mudei Eu?"** - "Quando, em 1912, eu cheguei ao Rio de Janeiro, senti uma tão profunda emoção como se tivesse descoberto o Paraíso Terrestre. A Avenida já estava aberta, mas ainda apresentava claros nas construções. Os velhos estabelecimentos tradicionais da rua do Ouvidor resistiam, ainda, à febre inovadora. Pelos passeios da *grande artéria* espalhavam-se mesas, em que tomavam lugar poetas e jornalistas: Bilac, Murat, Emílio, Paulo Barreto, Figueiredo Pimentel... (...) Postado a uma das mesas, o provinciano ia identificando os vultos políticos que desfilavam, vindos da Câmara ou do Senado, da Cadeia Velha ou do palácio do Conde dos Arcos, e que ele reconhecia pelas caricaturas que os semanários populares espalhavam pelo país inteiro. Eram Pinheiro Machado, Azeredo, Nilo Peçanha, Lauro Müller, Seabra. Rivadávia, Pires Ferreira, Rosa e Silva, Bulhões, Carlos Peixoto... Marchando lado a lado, unidos sempre, sobrecasaca e chapéu alto, parando a cada instante para discutir, passavam Lopes Trovão e Coelho Lisboa, acompanhados, às vezes, por Sampaio Ferraz."

6.8.1) SÉRIE I, 5.B, p. 236 - **"Os Cariocas e Seu Verão"** - "Não é preciso, aliás, ir muito longe, ou ter vindo de muito longe, para verificar essa alteração do indumento legislativo. Quem que tenha vivido no Rio há vinte anos, não viu, na Avenida Central, em pleno verão, Lopes Trovão e Coelho Lisboa, lado a lado, metidos nas suas sobrecasacas e no seu chapéu de pêlo? Quem assistiu, diariamente, à passagem de João Alfredo, pela rua do Ouvidor, rumo do Banco do Brasil, metido numa rabona que faria suar um esquimó na Groenlândia?"

6.8.2) SÉRIE III, 1, p.32 – "*Domingo, 8 de abril [de 1915]:*

É esquisita a impressão que me deixam os homens notáveis e velhos, figuras mais presas ao passado do que ao presente, como Lopes Trovão, Coelho Lisboa e Melo Morais Filho.

Quinta-feira, 14 de junho:

Parando casualmente na Avenida, assisto à passagem de Lopes Trovão. Não é mais o homem que vi há três meses. Parece que o Tempo, que se havia esquecido dele, lhe lançou de uma vez sobre a cabeça a carga de vinte anos olvidados. O corpo, ereto há três meses, caiu violentamente para diante, como quem procura a toda pressa um túmulo em que definitivamente descanse..."

P. 103 - Nos seus apontamentos de quarta-feira, 18 de janeiro de 1928, nos quais o Autor, depois de referir a Coelho Neto, Manuel Bonfim e a tantos outros, conclui sobre Alcindo Guanabara, Serzedelo Correia, a fundação do jornal "A Tribuna" e o livro sobre o Acre e a diferença de estilo entre prefácio e a aludida obra.

6.8.3) SÉRIE I, 9.B, pp. 30-31 - **"A Eleição Presidencial"** - "A imprensa, na sua quase unanimidade, reclamava diariamente a eleição presidencial, que Floriano ia adiando. Desejando pôr termo a essa situação, os ministros reuniram-se na secretaria da Viação, sendo todos acordes em forçar o ditador a essa medida. Incumbido de levantar a questão no despacho semanal, Simeão fê-lo com coragem. Floriano escutou-o e, ao cabo, voltando-se para Rodrigues Alves, indagou:

O senhor conselheiro pensa da mesma forma?

Perfeitamente.

Voltou-se para José Higino:

E o senhor?

Solidário com eles.

Era a vez de Serzedelo Correia. Floriano sabia-o na conjuração. Antes, porém, que este se manifestasse, precipitou:

A opinião aqui do meu camarada, eu já conheço.

Transfigurou-se:

Mas os senhores estão enganados.

E batendo com a Constituição em cima da mesa:

Enquanto esta vigorar, sou o presidente, e não faço a eleição."

6.8.4) SÉRIE IV, 3, pp. 213-214 - **"A República"** - "Todas as grandes cidades do país, com o Rio de Janeiro na vanguarda, se entregam à propaganda aberta das idéias republicanas. Os espíritos mais eminentes do país preparam o grande acontecimento. Entre os seus organizadores, preponderam os elementos positivistas, para que as novas instituições não pecassem pelos excessos da paixão sanguinolenta dos sectarismos religiosos, e, a 15 de novembro de 1889, com a bandeira do novo regime nas mãos de Benjamin Constant, Quintino Bocaiúva, Lopes Trovão, Serzedelo Corrêa, Rui Barbosa e toda uma plêiade de inteligências cultas e vigorosas, o Marechal Deodoro da Fonseca proclama, inopinadamente, no Rio de Janeiro, a República dos Estados Unidos do Brasil."

6.9) Manuel Beckman/Gomes Freire - SÉRIE I, 9.B, pp. 268-269 - **"Manuel Beckman"** - "Português embora, Manuel Beckman se havia identificado de tal maneira com os brasileiros, que amava o Brasil muito mais que a sua pátria de nascimento. Daí a sua atitude desassombrada, chefiando o movimento popular contra o capitão-mor, interino, Baltasar Fernandes e, principalmente, contra o estanco, que estava arruinando a Capitania do Maranhão. Vitoriosa a revolução, começava dentro de pouco tempo o desânimo entre os outros colaboradores, até que se restabeleceu o prestígio da metrópole, com a chegada de Gomes Freire a S. Luís.

Condenado à morte e posta a prêmio a sua cabeça, foi Beckman entregue a uma escolta de Gomes Freire por um seu afilhado e filho de criação, de nome Lázaro de Melo, a quem haviam prometido uma patente de capitão. Sereno e digno, subiu o chefe da revolta maranhense ao patíbulo, exclamando, do alto dele:

— Pelo povo do Maranhão, morro contente!"

6.9.1) SÉRIE IV, 3, pp. 99-100 - **"Os Movimentos Nativistas"** - "A esse tempo [de 1608 a 1617], no extremo norte convulsiona-se o Maranhão, sob os ímpetos revolucionários de Manuel Beckman, contra a Companhia de Comércio, que monopolizara os negócios da importação e exportação da capitania, e contra os jesuítas, cujo espírito de fraternidade se interpunha entre os colonizadores, e os índios, no sentido de se manterem estes últimos dentro da liberdade que lhes competia. Os amotinados prendem todos os elementos do governo e, organizando uma junta com elementos do clero, da nobreza e do povo, consideram extinto o monopólio e providenciam o imediato banimento dos protetores dos indígenas. Festas extraordinárias assinalam, no Maranhão, semelhantes feitos, inclusive *Te-Deum* na Catedral de São Luís. A notícia de tão singulares quão inesperados episódios provoca as apreensões da corte de Lisboa, que não desconhece as pretensões da França no tocante ao vale do Amazonas, nem ignora o ascendente moral dos franceses sobre os elementos indígenas. A expedição que deverá restaurar a lei na capitania não se faz esperar e a Gomes Freire de Andrada, estadista notável pelo seu talento militar e político, cabe a direção do movimento restaurador. As providências da contra-revolução no extremo Norte são adotadas sem dificuldade. Gomes Freire procede com magnanimidade para com os revoltosos, sem, contudo, poder agir com a mesma liberalidade para com Manuel Beckman, que foi preso e sentenciado à morte. Sua fortuna teve-a ele confiscada, mas o grande oficial que comandara a expedição, dentro das tradições da generosidade portuguesa, arrematou todos os bens do infeliz, em hasta pública, e os doou à viúva e aos órfãos do revolucionário."

6.10) Miguel de Frias - SÉRIE II, 8, pp. 108-109 - **"A Descoberta do Anastácio"** - "Recebido com intimidade carinhosa, Anastácio desarrumou a mala, aboletou-se em um quarto [da casa de Benedito Madeira da Mendes, escrevente num cartório do Rio] que lhe fora arranjado, e, dois dias depois, industriado pelo dono da casa, começou a sair só.

— Não tem que errar, meu tio, — dissera-lhe o escrevente. — O senhor sai de casa, dobra à direita, entra na rua Miguel de Frias e vai até o Mangue. Aí, atravessa a ponte, e vai tomar o bonde do outro lado. É facílimo!"

6.10.1) SÉRIE IV, 3, p. 172 - **"Fim do Primeiro Reinado"** - "Entre os revoltosos estão os seus melhores amigos. Os senhores da situação eram os mesmos a quem o imperador havia amparado na véspera. O próprio exército, que organizara com imenso desvelo, se voltava contra ele naquela noite memorável. D. Pedro, depois de ouvir à meia-noite as explicações do Major Miguel de Frias, que viera a palácio em busca da sua decisão quanto às exigências do povo, que lhe impunha o antigo ministério, mandou chamar o chefe da guarda do regimento de artilharia, aquartelado em São Cristóvão, e lhe ordenou, com serena nobreza, que se reunisse com os seus homens às tropas revoltadas, acrescentando generosamente: 'Não quero que ninguém se sacrifique por minha causa.'"

6.11) Osvaldo Cruz - SÉRIE I, 18, pp. 194-197 - **"Osvaldo Cruz"** - Discurso proferido a 26 de junho de 1913, de recepção a Osvaldo Cruz (1872-1917), grande bacteriologista, sucessor de Raimundo Correia (1860-1911), brilhante poeta, antigo diplomata, magistrado.

6.11.1) SÉRIE III, 1, p. 23 - *"Quinta-feira, 8 de março [de 1917]:*

À porta da casa Artur Napoleão, na Avenida, fala-se, em uma roda, da substituição de Osvaldo Cruz na Academia de Letras e na possível entrada do médico Aloísio de Castro. Bilac, que se acha no grupo, dá a sua opinião:

Não voto; a Academia já está cheia de médicos; agora, só admito um homeopata!"

P. 225 - Apenas a parte inicial do registro feito pelo Autor, no *Sábado, 16 de junho [de 1928]*: "Na sala do café, na Câmara, conversava-se sobre a febre amarela, que acaba de reaparecer no Rio de Janeiro. Vem à baila o nome de Osvaldo Cruz. O Deputado Adolfo Bergamini, que está no grupo, exclama:

Podia ter morrido milionário; e, no entanto, o filho, para poder estudar, teve de trabalhar nos jornais como simples revisor!"

6.11.2) SÉRIE IV, 3, p. 61 - Cf. *João de Bolés*.

6.12) Padre Antônio Vieira - SÉRIE I, 11.B, p. 86 - "*Domingo, 28 de outubro [de 1928]*:

Desperto cedo, com o céu cor de porcelana, e uma claridade suave envolvendo a cidade inteira. Uma brisa mansa, familiar, vem dar-me os bons-dias dentro de casa. De repente os sinos começam a estalar os bicos de bronze, como uma revoada de canários matinais; sinos que tocaram a rebate, miúdos, nervosos, aflitos, no tempo dos capitães-mores; sinos antigos, que cantaram, talvez, aos ouvidos de Vieira (....)

Salto em frente à modesta igreja de Santo Antônio, com seu rude teto de tábuas toscas, em que reboou, se me não enganam a memória e os historiadores, a palavra de um Antônio que era tão grande como o seu orago, que era de Lisboa como ele, mas que, em vez de Bulhões, era Vieira."

Pp. 112-113 - "Em viagem, o diretor da Estrada conta-me acharse grandemente disseminada em Coroatá a paixão do espiritismo. E adianta: um dos espíritos que mais apareciam era o do Padre Antônio Vieira; mas, ultimamente, desapareceu, avisando que se ia encarnar outra vez. É corrente, por isso, no Maranhão todo, que, dentro de dezoito anos, aparecerá no Estado um grande pregador. É o Padre Vieira que volta ao mundo."

6.12.1) SÉRIE I, 4.B, p. 44 - **"Antônio Torres"** - O Autor faz alusão às *Cartas* de Vieira e a dois ou três volumes de Castelo Branco.

6.12.2) SÉRIE III, 1, pp. 295; 307-308 - Confira o livro anteriormente citado.

6.12.3) SÉRIE III, 2, p. 195 - Referência ao "estalo" do Padre Antônio Vieira sentido pela esposa do Dr. Renato Kehl, "o homem que mais se tem batido pela eugenia".

6.12.4) SÉRIE IV, 3, pp. 86-87 - **"A Restauração de Portugal"** - "Toda uma ação espiritual se conjuga harmoniosamente, nessa época, e as falanges de Ismael e de Helil buscam, no silêncio e na obscuridade, o grande coração de Antônio Vieira, que se constituiu poderoso organismo mediúnico para as revelações de suas verdades.

Vieira toma posição ascendente na corte de D. João IV e, daí a algum tempo, contra a vontade do soberano, que desejava conservar a sua palavra de sabedoria e de amor junto do seu coração, o grande missionário embarca para o Brasil.

Sua voz saturada de suave magnetismo ilumina todas as consciências, esclarecendo todos os corações. Em momento de sagrada eloqüência, exclama ele: — No Evangelho de Jesus, ofereceu o demônio todos os seus reinos pela posse de uma alma; mas, no Maranhão, não é necessário ao demônio tanta bolsa para comprá-las todas. Basta acenar o diabo com um tijupar de pindoba e dois tapuias para que seja adorado com ambos os joelhos.

E não foram poucos os senhores que, tocados destas claridades divinas, cuja origem profunda estava nas lições de Ismael e de seus abnegados mensageiros, correram às suas propriedades, envergonhados do crime de manter escravos os seus irmãos, e devolveram para sempre, aos pobres cativos, a liberdade."

6.12.5) SÉRIE IV, 7, pp. 51-52 - **"Grande Além"** - "Do nascente orvalhado ao poente sombrio, o Sol brilha apenas algumas horas, em cada dia do ano. Do berço risonho à sepultura tenebrosa, a vida de homem fulgura apenas por limitado tempo, no curso da existência que é um dia da eternidade. Vieira faz alguns sermões e desaparece do cenário. Pasteur sofre pela Ciência e termina a missão que o trouxe."

6.13) Pedro Álvares Cabral - Cf. SÉRIE I, 3.A, pp. 82-87 ("A Agonia de Joffre") e 109-112 ("O Sonho da Formiga") e SÉRIE IV, 3, pp. 27-33 ("A 'Pátria do Evangelho'"); 35-40 ("Os Degredados"); e 49-55 ("Os Escravos").

6.14) Tiradentes - SÉRIE II, 4, p. 27 - **"Água do Mar"** - "A candidatura do Sr. Dr. Artur Bernardes à presidência da República pôs em extraordinária evidência, de novo, o Estado de Minas Gerais, e, em particular, os seus dignos habitantes. Pessoas versadas em história asseguram, mesmo, que, tirando o período da Inconfidência, os gloriosos dias em que se encontravam a espada de Tiradentes e a pena de Tomás Antônio Gonzaga, nunca os mineiros se sentiram tão alto no conceito nacional."

6.14.1) SÉRIE III, 1, pp. 212-213 - "*Quarta-feira, 30 de maio [de 1928]*:

A referência que Jaime Pogi fez, ontem, durante o nosso almoço, ao Capitão Fausto d'Elly, trouxe-me à lembrança um episódio [dos movimentos de quartel, em 1922 e 1924] que me foi contado, há uns três anos, por Miguel Melo, no palácio do Catete. (....)

No palácio do Catete, na sala em que funciona a Casa Militar do Presidente da República, existe, ornando a parede dos fundos, uma tela enorme, representando Tiradentes marchando para o suplício. Tem ele as mãos acorrentadas e traz na fisionomia de sonhador alguma coisa da doçura e da resignação do Cristo.

Oficial de gabinete do Ministro da Guerra e, depois, membro da Casa Militar do Presidente Bernardes, o Capitão d'Elly não se cansava de mirar o grande quadro. Até que, um dia, voltando-se para Miguel Melo, confessou:

Se eu, um dia, chegar a Ministro, o meu primeiro cuidado consistirá em mandar tirar cópias deste quadro e afixá-las em todos os quartéis do Brasil."

P. 244 - Apontamento feito no dia 11 de julho de 1918, quarta-feira, sobre sessão solene do Congresso, Senado e Câmara reunidos, no Palácio Tiradentes, para receber José Guggiari, presidente eleito do Paraguai, saudado pelo Senador Godofredo Viana, presidida por Rego Barros.

6.14.2) SÉRIE IV, 3, pp. 117-123 - **"A Inconfidência Mineira"** - "Iniciam-se os esboços da conspiração. Depois de algumas conversações em Vila Rica, das quais, entre muitos outros, participaram Inácio de Alvarenga, Joaquim José da Silva Xavier, Cláudio Manuel da Costa e Tomás Gonzaga, conversações em que foram adotadas as primeiras providências, a infiltração das idéias libertárias começou a fazer-se através de todos os elementos da capitania, no que ela possuía de mais representativo. José Joaquim da Maia é enviado à Europa para sondar o pensamento de Jéferson, embaixador da América do Norte em Paris, e angariar a simpatia dos brasileiros espalhados no Velho Mundo, para o movimento libertador. (....)

Idealizaram [os intelectuais mineiros] a república, organizaram seus símbolos, multiplicaram prosélitos das suas idéias de liberdade; porém, no momento psicológico da ação, os delatores, a cuja frente se encontrava a personalidade de Silvério dos Reis, português de Leiria, levaram todo o plano ao Visconde de Barbacena, então Governador de Minas Gerais. O governador age com prudência, a fim de sufocar a rebelião nas suas origens, e, expedindo informes, para que o Vice-Rei Luís de Vasconcelos efetuasse a prisão de Tiradentes no Rio de Janeiro, prende todos os elementos da conspiração em Vila Rica, depois de avisar secretamente aos seus amigos do peito, simpatizantes da conjuração, quanto à adoção de tais providências, para que não fossem igualmente implicados. (....) Os mais tristes quadros de fraqueza moral se patenteavam naqueles corações desiludidos e desamparados [dos inconfidentes que ouviram a leitura da peça condenatória, pelo Desembargador Francisco Alves da Rocha]; mas, no dia seguinte, a dura sentença era modificada.

D. Maria I havia comutado anteriormente as penas de morte em perpétuo degredo nas desoladas regiões africanas, com exceção do Tiradentes, que teria de morrer na forca, conservando-se o cadáver insepulto e esquartejado, para escarmento de quantos urdissem novas traições à coroa portuguesa.

O mártir da inconfidência, depois de haver apreciado, angustiadamente, a defecção dos companheiros, reveste-se de supremo heroísmo. Seu coração sente uma alegria sincera pela expiação cruel que somente a ele fora reservada, já que seus irmãos de ideal continuariam na posse do sagrado tesouro da vida. As falanges de Ismael lhe cercam a alma leal e forte, inundando-se de santas consolações.

Tiradentes entrega o espírito a Deus, nos suplícios da forca, a 21 de abril de 1792. Um arrepio de aflitiva ansiedade percorre a multidão, no instante em que o seu corpo balança, pendente das traves do cadafalso, no campo da Lampadosa.

Mas, nesse momento, Ismael recebia em seus braços carinhosos e fraternais a alma edificada do mártir.

Irmão querido - exclama ele -, resgatas hoje os delitos cruéis que cometeste quando te ocupavas do nefando mister de inquisidor, nos tempos passados. Redimiste o pretérito obscuro e criminoso, com as lágrimas do teu sacrifício em favor da Pátria do Evangelho de Jesus. Passarás a ser um símbolo para a posteridade, com o teu heroísmo resignado nos sofrimentos purificadores. Qual novo gênio surges, para espargir bênçãos sobre a terra do Cruzeiro, em todos os séculos do seu futuro. Regozija-te no Senhor pelo desfecho dos teus sonhos de liberdade, porque cada um será justiçado de acordo com as suas obras. Se o Brasil se aproxima da sua maioridade como nação, ao influxo do amor divino, será o próprio Portugal quem virá trazer, até ele, todos os elementos da sua emancipação política, sem o êxito incerto das revoluções feitas à custa do sangue fraterno, para multiplicar os órfãos e as viúvas na face sombria da Terra...

Um sulco luminoso desenhou-se nos espaços, à passagem das gloriosas entidades que vieram acompanhar o espírito iluminado do mártir, que não chegou a contemplar o hediondo espetáculo do esquartejamento.

Daí a alguns dias, a piedosa rainha portuguesa enlouquecia, ferida de morte na sua consciência pelos remorsos pungentes que a dilaceravam e, consoante as profecias de Ismael, daí a alguns anos era o próprio Portugal que vinha trazer, com D. João VI, a independência do Brasil, sem o êxito incerto das revoluções fratricidas, cujos resultados invariáveis são sempre a multiplicação dos sofrimentos das criaturas, dilaceradas pelas provações e pelas dores, entre as pesadas sombras da vida terrestre."

P. 133 - **"D. João VI no Brasil"** - A esses esclarecidos agrupamentos do mundo invisível [o exército de Ismael, ligado às falanges espirituais de Henrique de Sagres em Portugal], aliava-se agora a personalidade do Tiradentes, que se transformava em gênio inspirador de todos os brasileiros.

P. 149 - **"No Limiar da Independência"** – "É então que a personalidade espiritual daquele que fora o Tiradentes procura o mensageiro de Jesus [Ismael], solicitando-lhe o conselho esclarecido quanto à solução do problema da independência:

Anjo amigo - inquire ele -, não será agora o instante decisivo para nossa atuação? Por toda parte há uma exaltação patriótica nos ânimos. As possibilidades estão dispersas, mas poderíamos reunir todas as forças, para o fim de derrubar as últimas muralhas que se opõem à liberdade da Pátria do Evangelho.

Meu irmão, pondera Ismael sabiamente, o momento da emancipação brasileira não tardará no horizonte de nossa atividade; todavia, precisamos articular todos os movimentos dentro da ordem construtiva, a fim de que não se percam as finalidades do nosso trabalho."

Pp. 157-158 - **"A Independência"** – "Terminando a sua alocução pontilhada de grande sabedoria, o mensageiro de Jesus sentenciou: A Independência do Brasil, meus irmãos, já se encontra definitivamente proclamada. Desde 1808, ninguém lhe podia negar ou retirar essa liberdade. A emancipação da Pátria do Evangelho consolidou-se, porém, com os fatos verificados nestes últimos dias e, para não quebrarmos a força dos costumes, escolheremos agora uma data que assinale aos pósteros essa liberdade indestrutível.

Dirigindo-se ao Tiradentes, que se encontrava presente, rematou: O nosso irmão, martirizado há alguns anos pela grande causa, acompanhará D. Pedro em seu regresso ao Rio e, ainda na terra generosa de São Paulo, auxiliará o seu coração no grito supremo da liberdade. Uniremos assim, mais uma vez, as duas grandes oficinas do progresso da pátria, para que sejam as registradoras do inesquecível acontecimento nos fastos da história. O grito da emancipação partiu das montanhas e deverá encontrar aqui o seu eco realizador. Agora, todos nós que aqui nos reunimos, no sagrado Colégio de Piratininga, elevemos a Deus o nosso coração em prece, pelo bem do Brasil."

CAPÍTULO 7
GRANDES VULTOS DA HISTÓRIA UNIVERSAL

7.1) Allan Kardec - Solicitamos ao dileto leitor consultar os artigos "Espiritismo nas Obras Completas de Humberto de Campos", seção **Literatura & Espiritismo**, às pp. 88-122 do *Anuário Espírita 1976;* "Humberto de Campos, Chico Xavier e Agrippino Grieco", em *Chico Xavier - 60 Anos de Mediunidade* (São Paulo, FEESP, 1ª Edição, Dezembro/1987, pp. 17-22 da 2ª Edição, Outubro/1991); e "Chico Xavier - Monumental Bibliografia Mediúnica", em *A Reencarnação* (Porto Alegre, Nº 405 - Ano LIX - Maio/93, pp. 26-29), antes de quaisquer considerações.

7.1.1) SÉRIE I, 14, pp. 411-413 – **"Religiões Comparadas"** - Citando o Sr. Carlos Imbassahy, linhas antes: "O cristianismo dividiu-se em duas partes: o católico romano foi a primeira, com o salão ornado de imagens, executando-se o canto litúrgico, em língua latina. Nós, que presidimos todas as sessões, demos a palavra em latim ao prelado, que, ao recebê-la, benzeu-se. O protestantismo foi a segunda, lendo-se nas paredes letreiros evangélicos. Havia duas grandes Bíblias sobre a mesa, ornadas de flores, e a música foi executada pelo coro da Igreja Evangélica Fluminense, sob a regência do respectivo pastor. Seguiu-se a este o islamismo, com o crescente dos maometanos e as sentenças do Alcorão em árabe e português afixadas nas paredes. Recitou-se a prece do Alcorão, e cantou-se música árabe. Da vez do positivismo ornou-se o salão com o retrato de Augusto Comte e máximas da Religião da Humanidade, tocando-se músicas usadas no Apostolado Positivista do Rio de Janeiro. O espiritismo, que não constitui uma religião propriamente dita, teve o retrato de Kardec e as máximas do codificador enfeitando a sala."

7.1.2) SÉRIE I, 7.A, pp. 83-87 - **"Elogio da Loucura"** - "Terá ele [o professor Juliano Moreira, autor do *Espiritismo e Loucura*], contudo, razão em condenar tão sumariamente o espiritismo? 'Eu não tenho notícia de que a Ciência tenha, jamais, secado uma lágrima vinda do coração', disse Francis Charmes, da Academia Francesa, no dia em que sucedia a Berthelot. E o espiritismo, dizem, tem secado lágrimas.

Tem feito ele muitos malucos, é certo. Mas a loucura não será uma das formas incompreensíveis da felicidade e, porventura, a mais perfeita? Erasmo não teria razão?

'Tous les hommes sont fous e, malgré tours leurs soins,

Ne diffèrent entre eux que du plus ou du moins.' (Boileau)"

7.1.3) SÉRIE II, 6, p. 273 - **"O Retardatário"** - "Uma particularidade que Allan Kardec e William Crookes não esclareceram é se o espírito, ao desencarnar, leva para a outra vida as qualidades e os defeitos que apresentava neste mundo. Não seria, talvez, difícil de apurar se o indivíduo indolente ou mentiroso nesta vida o era na eternidade, conservando, mesmo após o abandono da matéria, os vícios e as virtudes que praticava na terra.

Qualquer que seja a solução dada a essa consulta, ela resolverá, de modo seguro, o problema da imortalidade. Se o homem preguiçoso o é nesta vida e na outra, é, então, porque a preguiça não está na carne, mas na alma. E se acontecer o contrário, isso provará que o espírito não leva deste degredo senão a essência inalterável de que é feito, desprezando aqui mesmo, como quem limpa os pés antes de entrar em casa, os seus vícios, os seus erros, os seus defeitos humanos."

Após a desencarnação, Humberto de Campos tinha, naturalmente, preocupação máxima de se referir à Doutrina Espírita; todavia, tomamos a liberdade de sugerir a consulta às pp. 176, 183 e 218 de SÉRIE IV, 3; 7-11 de SÉRIE IV, 4; 192-195 de SÉRIE IV, 7; 87-91 e 133-137 de SÉRIE IV, 14; e 78-81 de SÉRIE IV, 15.

7.2) Augusto Comte - SÉRIE I, 1, p. 194 - **"Os novos hebreus (A Propósito das Últimas Guerras)"**

"Sentinelas da Tribo — Hilel e Cristo,

Platão e Comte, que me vindes a esmo,

Respondei-me: — em verdade, existe mesmo

Uma terra de frutos, depois disto?"

7.2.1) SÉRIE I, 14, pp. 181-182 - **"Junqueira Freire"** - "Eu tenho de mim para mim que Augusto Comte foi um dos benfeitores da humanidade instituindo a doutrina positivista. Esta pode ser falsa nos seus fundamentos, mas veio exercer, no mundo moderno, uma função de incalculável benemerência. Antes dele, o homem que perdia o seu Deus, perdia tudo. (....) O mérito da obra de Comte está na criação de um abrigo para esses órfãos da fé religiosa, de um asilo oficial para os espíritos desamparados. Ao perder a sua crença primitiva, o homem não tem mais a sensação de que é uma criatura maldita, lançada à margem da vida para ser levado na enxurrada da morte. O positivismo criou uma ilha no oceano para reunião desses náufragos, e um rancho de pedra para os beduínos perdidos na vastidão desse deserto.

Pp. 204-205 – **"Política e Religião"** – "A geração militar aninhada sob as asas de Benjamim Constant foi alimentada espiritualmente, como se sabe, com o milho filosófico de Augusto Comte. (....) Livre daquela influência, pode o Sr. Mário Clementino verificar, e proclamar, que Augusto Comte não fora portador de verdades eternas, e que a República não era, senão em determinadas circunstâncias, a mais perfeita, ou a menos imperfeita forma de governo."

Pp. 412-413 - Cf. *Allan Kardec*.

Pp. 422 – **"Religiões Comparadas"** – "Augusto Comte encontrou a fórmula que teve seu momento de eficiência. No catolicismo e no budismo, a felicidade depende da capacidade de renúncia. (....)

A negação e a dúvida o [Littré] obsedavam. Augusto Comte arrancou-o de uma e de outra por um dogmatismo que suprimia toda a metafísica."

7.2.2) SÉRIE I, 11.A, pp. 161-163 - **"De Cazuza Porto a Augusto Comte"** - "— O melhor, porém, é não morrer... Eu tenho nove anos... Posso viver ainda cinqüenta... Quem sabe daqui até lá não se venha a descobrir um meio de ficar eternamente neste mundo?

Era essa esperança que às vezes ainda me animava, quando Comte, e Haeckel, que divulgava Darwin, me consolaram. O Inferno não existia. (....) Mas, que existisse, mesmo, o Inferno: não seria um consolo ir encontrar nele Comte, Darwin, Haeckel e Luís Büchner?

Essas reflexões me confortavam. E era mergulhado nelas que, alta noite, às vezes já pela madrugada, com os olhos cansados de ler à claridade melancólica do lampião de querosene, e o espírito cada vez mais ávido de conhecimentos, abria a porta, e saía para a noite estrelada. À minha esquerda, o rio, afogado na sombra, rolava para o oceano distante. (....) Não havia Inferno! Não havia Céu! E eu, não temendo o Céu nem o

Inferno, era, na minha humildade e na minha miséria, tão poderoso como um deus, porque podia compreender, aqui de baixo, os mistérios da Vida e da amplidão!" Cf. pp. 221-223.

7.2.3) SÉRIE IV, 2, PP. 119-120 - **"A Casa de Ismael"** - "Se Augusto Comte afirmou que os vivos são sempre e cada vez mais governados pelos mortos, nas intuições do seu positivismo nada mais fez que refletir a mais sadia de todas as verdades."

7.3) Bailly - SÉRIE I, 16.B, pp. 34 35 - **"Lenine"** - "Os apóstolos da Revolução Francesa foram vistos pelas sociedades conservadoras do século como um bando de despeitados famintos. Robespierre, Danton, Marat, Vergniaud, Bailly, Manuel, Chalier, Bonchamp, Desaix, Mirabeau, Henriot, Houchard, jacobinos e montanheses, girondinos e comunistas são vistos de longe como traidores, como celerados, como ladrões, como um bando de feras, enfim, que se tivesse atirado sobre o cadáver da França. E, no entanto, quanto heroísmo naqueles homens! quanta abnegação naqueles mártires!..."

7.3.1) SÉRIE IV, 12, p. 96 - **"Kardec e Napoleão"** - "No deslumbrante espetáculo da Espiritualidade Superior, com a refulgência de suas almas, achavam-se Sócrates, Platão, Aristóteles, Apolônio de Tiana, Orígenes, Hipócrates, Agostinho, Fénelon, Giordano Bruno, Tomás de Aquino, S. Luís de França, Vicente de Paulo, Joana D'Arc, Teresa d'Ávila, Catarina de Siena, Bossuet, Spinoza, Erasmo, Mílton, Cristóvão Colombo, Gutenberg, Galileu, Pascal, Swedenborg e Dante Alighieri para mencionar apenas alguns heróis e paladinos da renovação terrestre e, em plano menos brilhante, encontravam-se, no recinto maravilhoso, trabalhadores de ordem inferior, incluindo muitos dos ilustres guilhotinados da Revolução, quais Luís XVI, Maria Antonieta, Robespierre, Danton, Madame Roland, André Chenier, Bailly, Camile Desmoulins, e grandes vultos como Voltaire e Rousseau."

7.4) César (Alexandre/Napoleão) - Cf. SÉRIE I, 15, pp. 59 e 227; SÉRIE I, 2.A, pp. 54; 60-61; 119-120; SÉRIE I, 8.A, p. 54; SÉRIE I, 6.B, pp. 38; 100; 198; e 249; SÉRIE IV, 3, pp. 211-212; SÉRIE IV, 5, p. 152; SÉRIE IV, 7, pp. 75; 77; 92; 159-162 e 222; SÉRIE IV, 8, p. 10; SÉRIE IV, 9, p. 69; SÉRIE IV, 12, pp. 98-100; SÉRIE IV, 132, p. 146.

7.5) Diocleciano - SÉRIE I, 2.B, pp. 25-26 - **"Diocleciano"** - "Entre as grandes figuras da decadência romana que sempre me despertaram simpatia, e que nem sempre receberam, através dos séculos, as bênçãos da História, está, desde a infância da minha cultura, o suave misantropo de Salona. E é a sua imagem, com os seus atos, que me vem ao pensamento neste instante, quando rolam, caminho de São Paulo, os despojos humanos do Conselheiro Rodrigues Alves.

O que se atravessa no Brasil neste momento é um minuto, apenas, do império do Ocidente. E o ex-presidente da República foi bem, até um certo ponto da vida, um irmão de Diocleciano. Como a deste, a sua travessia pela Terra foi fecunda em exemplos, em discrição e em dignidade. Os seus primeiros anos de governo, como os primeiros do sócio imperial de Maximiano, constituíram um espetáculo de atividade, de progresso, de grandeza verdadeiramente incomum. Saneou-se a cidade; cortaram-se ruas; ampliaram-se estradas; levantaram-se edifícios; construíram-se portos; dilataram-se fronteiras; abriram-se, enfim, novos horizontes aos destinos da nacionalidade. E quando se acreditava que isso bastaria à glória do espírito que tudo empreendera e executara, surgiram diante de Diocleciano os fios de uma cadeia de sangue, procurando comprometer com os atos de uma tutoria precária os esplendores definitivos daquele crepúsculo!

Diocleciano, após um reinado modelar, em que a sua sombra encheu o império, não pôde resistir, na decadência dos anos, à influência da intimidade. Um dia, porém, acordou desse colapso da vontade, comparou a tristeza do presente com as maravilhas do passado, e, num gesto magnífico, atirou o manto a Constâncio Cloro, e foi viver, e morrer, entre as plantas do seu jardim...

O que faltou à glória do morto de ontem foi a majestade deste último gesto. O Brasil saberá lavar, entretanto, com as suas lágrimas de saudade pelo sucessor de Numeriano, os ressentimentos que por acaso lhe tenha deixado, sem o querer, o sogro de Galero."

7.5.1) SÉRIE I, 6.B, pp. 244-245 - **"A Volta do Campo"** - "A Argentina faz, é verdade, grandes negócios com o trigo; mas os seus consumidores principais são os países sul-americanos, que ainda não produzem esse artigo. A sua força econômica está, porém, na pecuária, que será o privilégio, dentro de alguns decênios, dos povos que dispõem, como o nosso, de imenso território.

A agricultura é, todavia, de todas as ocupações do homem, a mais natural e agradável. Ela adoça o espírito e aperfeiçoa o coração. O contato com as criações diretas e vivas da terra dá-nos uma sensação profunda de repouso, enchendo-nos a alma de suave apaziguamento. 'A filosofia e a agricultura são os dois refúgios honrosos em que, se nós ainda somos enganados, não o somos pelos homens' - dizia o Príncipe de Ligne. E Jean-Jacques, após uma hora de confabulação com a Natureza: 'A agricultura é a primeira ocupação do homem; é a mais honesta, a mais útil e, conseqüentemente, a mais nobre que se possa exercer'. Isso explica, talvez, a alegria sábia e sincera com que Diocleciano preferia o cuidado do seu jardim e das suas alfaces, em Salona, a todas as honras e esplendores do seu Império."

7.5.2) SÉRIE IV, 3, p. 61 - **"A Civilização Brasileira"** - "A cidade [Rio de Janeiro] fica sob a proteção espiritual de Sebastião, o grande filho de Narbonne, martirizado pela sua fé cristã ao tempo de Diocleciano, em 288 da nossa era. Estácio de Sá reúne-se às falanges invisíveis, encarregadas de cooperar no progresso daqueles sítios. Sob as vistas amorosas do desvelado patrono da cidade, desdobra-se em dedicação a favor do seu progresso entre os núcleos florescentes. Muitas vezes voltou Estácio a se corporificar na Pátria do Evangelho, para viver na paisagem predileta dos seus olhos. Sua personalidade aí adquiriu elementos de ciência e de virtude e, ainda há poucos anos, podia ser encontrada na figura do grande benemérito do Rio de Janeiro, que foi Osvaldo Cruz."

7.6) Filipe II/João de Bolés/Voltaire - SÉRIE I, 14, pp. 81-82 - **"A Inquisição no Brasil"** - "Caindo, porém, Portugal sob o domínio espanhol, triunfou, aí, a Inquisição. A maré de sangue e fogo que alagava a parte Leste da península atravessou o Guadiana, inundando os novos domínios de Filipe II. Nomeado vice-rei de Portugal, o Arquiduque Alberto, da Áustria, neto de Carlos V, consegue de Roma o cargo de inquisidor-geral e permissão implícita para agir, também, nas possessões ultramarinas do seu vice-reinado e, conseguintemente, no Brasil. (....)

Essas suposições [de que no Brasil, pelo menos uma vez, como tribunal e instrumento imediato de punição] desapareceram, porém, com a descoberta do processo respectivo, pelo qual se vê que a suposta vítima, o famigerado Jean le Cointe, senhor de Boulés - o João de Bolés da memória popular -, ainda viveu alguns anos na Índia, desmentindo, assim, a palavra dos velhos historiadores."

Pp. 178-179 - **"Junqueira Freire"** - "No tempo de Filipe II, conta Ricardo Palma, em *Mis Últimas Tradiciones Peruanas*, havia na Espanha 400.000 frades e maior número, ainda, de clérigos. (....) No cerco de Barcelona pelos franceses e ingleses em 1714, era tal o número de eclesiásticos, que, segundo informa Voltaire em *Le Siècle de Louis*

XVI, morreram, de armas na mão, mais de quinhentos deles. (....) E na mesma página [do livro *A América Latina*, do Sr. Manuel Bonfim], confirmando, ou melhor, completando o que se encontra em Ricardo Palma, sobre a Espanha: 'Por um censo feito sob Filipe II, eram 312.000 padres, 200.000 clérigos de ordens menores, e 400.000 frades'. Em população de 10 milhões de criaturas, cerca de um milhão de homens vestiam batina ou burel."

7.6.1) SÉRIE I, 4.A, p. 68 - **"Grandes de Espanha"** - "General de Carlos V e de Filipe II, Fernando Álvarez de Toledo, duque d'Alba, era mais um lobo que um homem. Sob o peso da sua mão calçada de ferro desapareciam cidades e províncias. Dezoito mil e oitocentos soldados da liberdade tombaram nos Países-Baixos, executados por ordem sua."

Em "Utopia", tradução de Theodore de Bamville, referência ao rei Filipe II, de Espanha, em traje de corte e ornado com o seu chapéu de plumas.

7.6.2) SÉRIE I, 7.B, pp. 39-40 - **"Uma Aristocracia Republicana"** - "Entre os atos do Governo Provisório que merecem reprovação pública e aprovação particular está a exoneração de escrivães e tabeliães, ou, mais vulgarmente, a expropriação dos cartórios. (....) O açúcar, como se diz na anedota corrente, é o mesmo; as formigas é que mudaram.

Eu não sei, entretanto, de mais profunda lição de humildade do que essa, ministrada pela Revolução aos colegas do pai de Voltaire. Porque, na verdade, não havia princípio menos republicano, menos democrático, do que aquele que instituía, com a nomeação de escrivães e tabeliães, em plena República, o regime das pensões e dos benesses reais. Sob esse ponto de vista, nós vivíamos, e vivemos, ainda, em pleno reinado de Luís XIV.

P. 194 - **"O Caso do Vigário de Santo Eustáquio"** - "Conta Voltaire que, tendo Jean de Launay, teólogo normando do século XVII, iniciado uma série de estudos em que demonstrava a origem fabulosa de alguns santos, cuja eliminação do hagiológio católico pleiteava com vivacidade, passou o cura da igreja de Santo Eustáquio, em Paris, a cercá-lo de amabilidades e cortesias, que escandalizavam o clero. Perguntado, um dia, sobre os motivos daquela subserviência a um inimigo da sua fé, o vigário confessou, em voz baixa:

Eu lhe faço todas essas reverências com medo que ele me tire o meu Santo Eustáquio...

É essa a situação dos gramáticos ante o risco da simplificação da ortografia."

P. 243 - Cf. *Avenida Central.*

7.6.3) SÉRIE IV, 3, p. 54 - Cf. *Espanha.*

Pp. 60-64 - **"A Civilização Brasileira"** - "Nas esferas do infinito, Ismael e suas abnegadas falanges choram sobre tão lamentáveis acontecimentos, quais o suplício imposto a João de Bolés pelos elementos de mais confiança dos maiorais da espiritualidade. (....)

Mas os devotados obreiros do Além não descansam em sua faina de abnegação e renúncia e, ainda agora, em 1932, quando um distinto jornalista da atualidade rasgava a bandeira nacional na capital paulista, em seu famoso discurso sem palavras, José de Anchieta, de quem João de Bolés é agora dedicado colaborador, e vários outros gênios espirituais da terra brasileira se reuniam no Colégio de Piratininga, implorando a Jesus derramasse o doce bálsamo da sua humildade sobre o orgulho ferido dos valorosos piratininganos, e Ismael estende o seu lábaro de perdão e de concórdia sobre os movimentos fratricidas e reúne de novo os irmãos dos dois grandes Estados centrais do país, para a realização da sua obra em prol do Evangelho."

7.6.4) SÉRIE IV, 8, p. 48 - **"Esclarecimento"** - "O homem poderá rir com Voltaire, estudar com Darwin, filosofar com Spinoza, conquistar com Napoleão, teorizar com Einstein, ou mesmo fazer teologia com São Tomás; entretanto, para viver a existência digna, há que alimentar-se intimamente de princípios santificantes, tanto quanto entretém o corpo à custa de pão. Quem dispõe do divino combustível para uso próprio, recorre inconscientemente às reservas alheias, porquanto não existe idealismo superior que não tenha nascido da atividade espiritual e, sem ele, o conceito de civilização redunda em grossa mentira."

7.7) Hindenburg(o) - SÉRIE I, 7.A, pp. 252-253 - **"Joaquim Nabuco e o Rio Grande"** - "Quando a desordem política empolga um país ameaçando destruí-lo, e as suas classes armadas se encontram unidas e disciplinadas, esse não está perdido, porque não foi atingido ainda na sua estrutura. Por isso mesmo, quando se dá um abalo social, a preocupação máxima dos chefes militares consiste na manutenção do espírito de solidariedade entre os seus comandados, a fim de que reste, sempre, um ponto de apoio para a reconstituição nacional. Ao ser proclamada a República em 1889, nem todo o Exército, nem toda a Marinha, eram republicanos. É conhecida a frase de Deodoro, registrada por Ernesto Sena, a um propagandista que foi procurá-lo no Itamarati e que se dizia adversário da Monarquia desde 1875:

— Pois eu, meu caro senhor — respondeu-lhe o Generalíssimo —, não dato de tão longe. Eu sou republicano de 15 de novembro, e meu irmão Hermes do dia 17!

E nem por isso a República deixou de fazer o seu caminho, apoiada e defendida por aqueles que a não tinham feito, mas que sabiam amá-la tanto ou mais do que os que a haviam proclamado. Que seria de Hindenburgo se tivesse nascido no Brasil? Na Alemanha ele tem sido, entretanto, o escudo do novo regime, a segurança da ordem, a garantia da união nacional, no momento em que todas as paixões republicanas se entrechocam, arrastando o país para o abismo da guerra civil."

7.7.1) SÉRIE II, 3, p. 228 - **"O 'Bravo dos Bravos'"** - "O tenente [Felisberto, que regressara do front] sorriu, modesto, mas reclamado pelos colegas, começou a narrar singelamente os seus feitos.

— O que eu fiz — começou — qualquer de vocês o faria, estando no meu lugar. Fui eu, efetivamente, quem defendeu o forte de Vaux, durante três dias, com pouco mais de duzentos homens. O rompimento da linha de Hindenburgo foi, também, obra minha, que obteve, como é sabido, os resultados mais felizes."

7.7.2) SÉRIE IV, 4, pp. 103-106 - **"Ludendorff"** - Cf. *Germânia*. "Com Hindenburg, havia sido a coluna inexpugnável dos exércitos das potências centrais na Grande Guerra. Do seu pulso de ferro haviam emanado quase todos os coeficientes de força, em Liège e Tannenberg. (....)

Na época do armistício, Hindenburg contava mais de setenta anos de idade, Foch tinha aproximadamente sessenta e oito. Era assim que o exército alemão esperava ainda e sempre a inspiração daquele homem extraordinário. (....)

Ao seu lado, estava o grande amigo de todas as lutas.

Hindenburg, porém, já não era mais o soldado cheio de audácia e de aprumo. Seu corpo se achava destituído de todas as insígnias e de todos os uniformes e no seu olhar andava uma onda de tristeza e de humildade, saturada de indefinível ternura.

— Eric — falou brandamente — não tardarás também a transpor os portões da Eternidade... Guarda em teu espírito a esperança no Céu e no Deus de misericórdia, que é a vida de todas as coisas... Abandona todas as tuas preocupações de grandeza e de imperialismo, porque diante da morte desaparecem todos os nossos patrimônios de posse e de domínio material! Renova as tuas concepções da vida, para penetrares o templo da Imortalidade, abandonando o mundo com um pensamento fraterno para todas as criaturas..."

7.8) Lúculo - SÉRIE I, 2.B, p. 177 - **"O Ouro de Mitridates"** - "Quando os romanos conheceram o ouro, dando-lhe o valor de elemento intermediário nas transações, a avareza nasceu, neles, furiosa, tremenda, insopitável. *Nec paulatim exarsit rabie quadram* - diz Plínio - *non jam avaritia, sed fames auri.* Não foi aos poetas, porém, ou, mesmo, aos historiadores latinos, que coube o destino de perpetuar num símbolo o castigo dessa fome de ouro: imortalizou-a, antes deles, um bárbaro, na glória da liberdade, com o horror da sua indignação.

Encurralado no seu império do Ponto, ora por Pompeu, ora por Lúculo, ora pelas legiões infatigáveis de Sila, vagava pelas florestas e montanhas, sozinho, Mitridates, o maior inimigo da grandeza romana. Mastigando pelos montes as ervas venenosas; subjugando com os braços de ferro o tigre das selvas, o urso dos vales, o lobo dos outeiros; apanhando com a mão espalmada as serpentes mais terríveis para lhes provar a peçonha - percorria o monarca selvagem, fera entre as feras, réptil entre os répteis, a vastidão misteriosa dos seus domínios."

7.8.1) SÉRIE II, 3, p. 328 - **"Mme. London Bank"** - "Contam as crônicas do Império Romano que Mitridates, o famoso rei do Ponto, que enfrentou as hostes de Sila, de Pompeu e de Lúculo, apanhou, um dia, de surpresa, um general inimigo, e, para matar-lhe a fome de riquezas, fez-lhe derramar pela garganta uma panela de ouro derretido."

7.8.2) SÉRIE III, 1, PP. 84-86 - *"Domingo, 1º de janeiro [de 1928]:*

"É a terceira vez que inicio um diário íntimo, o registro fiel e cotidiano da minha vida e, em parte, da vida alheia. A primeira tentativa nesse sentido foi em janeiro de 1915. A segunda, em 1917. (....)

Homem de, mais ou menos, sessenta anos, é o Sr. Washington Luís, fisicamente uma figura imponente, a mais imponente, talvez, que já passou pela Presidência, depois de Deodoro. Alto, compleição robusta, patenteia nos gestos provocantes e desenvoltos o indivíduo que se consagra à ginástica e aos exercícios violentos. Cabelos brancos, principalmente na região temporal, cavanhaque tão agressivo como o topete. Ilumina-lhe o rosto, permanentemente, um sorriso, que não é, contudo, nem da modéstia, nem da bondade, mas o do gladiador invencido que anda à cata de inimigos para derrotar. De assombrosa resistência, ama os prazeres da mesa, como Lúculo, e os do leito, como César. Apaixonado pelas viagens terrestres, faz excursões quase diárias de automóvel, algumas centenas de quilômetros, e não se fatiga. É, em suma, fisicamente, um espartano feito monarca em Síbaris."

7.8.3) SÉRIE III, 2, p. 9 - No apontamento de domingo, 12 de janeiro de 1930, depois de afirmar que os jornais noticiaram, "em artigos especiais, a morte do ex-Deputado Pereira Teixeira, que foi o último sibarita republicano", mostra-o "em banquetes de Lúculo".

7.8.4) SÉRIE IV, 12, p. 25 - **"Tragédia no Circo"**

"Um grito horrível nasceu da assembléia:

Cristãos às feras! cristãos às feras!

Asserenado o vozerio, tornou o chefe do conselho:

Isso não constitui novidade! E há circunstâncias desfavoráveis. Os leões recém-chegados da África estão preguiçosos...

Sorriu com malícia e chasqueou: — Claro que surpreenderam, nos últimos dias, tentações e viandas que o próprio Lúculo jamais encontrou no conforto de sua casa..." Cf. *Viena*.

7.9) Madame de Staël - SÉRIE I, 14, pp. 197-198 - **"Junqueira Freire"** - Transcreve longo trecho do autor de *Junqueira Freire: Sua Vida, Sua Época, Sua Obra*, no qual há dezenas de nomes citados, dentre os quais o de Madame de Staël, considerando que "esse espírito de minúcia, esse desejo de tudo elucidar, que afeia um pouco a obra admirável do Sr. Homero Pires", representa "um luxo de citações que vai, como se vê, além da necessidade e que ultrapassa, não raro, a linha de fronteiras do gosto".

7.9.1) SÉRIE I, 15, p. 127 - **"Alba de Melo"** - "Os homens têm, todavia, o seu domínio assegurado [nas páginas dos jornais]. O adversário que os ameaça traz em si mesmo, na sua inconstância e na leviandade, o germe da própria derrota. 'Les femmes n'ayant ni profondeur dans leurs aperçus, ni suite dans leurs idées, ne peuvent avoir de génie' — reconhecia, já, embora com amargura, Mme. de Staël, que foi, porventura, a maior figura literária do seu sexo."

7.9.2) SÉRIE IV, 7, pp. 38-39 - **"Conquista e liberdade"** - "Quase todas as criaturas guardam ciosamente as disposições da avareza. Seja entre as possibilidades do dinheiro ou da inteligência, do favor público ou da autoridade, a tendência de amontoar caracteriza a maioria dos homens. O tirano congrega fâmulos e turiferários, como os magnatas monopolizam os grandes negócios materiais. Os pregadores, quase sempre, estimam ouvintes, não pela qualidade, mas pelo número. Os escritores, em geral, sentem-se desvanecidos com as gentilezas da multidão. Não importa se o simpatizante de suas obras é algum êmulo de José do Telhado. Sabem apenas que a lista de seus leitores relaciona mais um. Madame de Staël reunia admiradores para a sua inteligência. Ninon de Lenclos arrebanhava adoradores para a sua beleza.

Minúsculos sóis revestidos de lama, quase todos os Espíritos encarnados exigem satélites para a sua órbita. Quanto maior a corte de pessoas, situações, problemas e coisas, maior importância atribuem a si mesmos. No entanto, em vista da exatidão da Contabilidade Divina, os conquistadores humanos convertem-se, aos poucos, em escravos das próprias conquistas. Exigem as grandes naus para singrarem o mar da vida, mas Deus, à medida que lhes satisfaz os caprichos, decuplica-lhes as obrigações e tormentos."

7.10) Nero - SÉRIE I, 5.A, pp. 263-264 - **"A Árvore de São João"** - "Esta é, pela sua ida e pela sua morte, a árvore verdadeiramente cristã. Enfeites não tem senão aqueles que a Natureza lhe deu; as suas folhas, as suas flores, os seus frutos. Não se reparte, no sacrifício: dá-se toda, e inteira. Não é artificial, nem morta: entrega-se viva, palpitante, sangrando seiva e resina, como os mártires dos primeiros séculos, sob Nero e Domiciano. Não fica de um ano para outro, guardada nos porões, sofrendo, coberta de poeira e de aranhas, o suplício inenarrável do olvido: morre numa apoteose, dissolve-se num sudário de fogo, desmanchada em estrelas. Não tem a Eternidade, que é longa e triste. Mas tem a Glória, que é rápida, e nasce e morre, com o seu tormento.

É a ti, por isso, que eu amo, ó árvore de São João, companheira fulgurante da minha infância, saudade luminosa da minha velhice! Como tu, eu me queimo e me extingo. Amortalhado no meu sonho chamejante, eu sinto que ele me consome e devora. Mas prefiro o martírio magnífico, a morte num incêndio em que as pétalas ondeantes das labaredas ressoam entre as abelhas de púrpura das fagulhas, à inércia na sombra, envolvo pelo silêncio dos mortos!

Glória, portanto, a ti, e à tua árvore, João, santo bárbaro e trovejante, jejuador bravio do Deserto! Multipliquem-se em tua honra, em todo o Brasil caboclo, na véspera da tua festa, as fogueiras consagratórias! E que as árvores, pavilhão dessas fogueiras, ardam com estrépito, lançando para o alto os insetos de fogo das centelhas, e que estas, voando para além das nuvens, encham em teu louvor, de novos astros, a misteriosa imensidão do Céu..."

7.10.1) SÉRIE II, 8, pp. 102-104 - **"A Rã e o Sabiá"** - "A noite começava a apagar, ao longe, com o seu manto escuro e pesado, a fogueira que o sol acendera nas nuvens do ocidente, quando o sabiá, que, de um galho baixo - minúsculo Nero de penas -, acompanhara, cantando, o incêndio daquela Roma intangível, percebeu que o chamavam:

— Psiu!... psiu!... Ó amigo!... Era você que estava cantando?

O sabiá virou o bico na direção do solo, e viu quem falava. Era a rã, o batráquio inchado e inofensivo, que, a gorja palpitante, parecia aguardar a resposta.

— Era eu mesmo; por quê? — respondeu a ave, desconfiada.

A rã fez um arzinho de riso galhofeiro, e informou:

— Não é por nada. É que eu ouvi dizer que você era a garganta mais afinada, mais harmoniosa de toda a floresta. Mas estou vendo que me não disseram a verdade.

— Não é, acaso, da mesma opinião?

— Absolutamente. Eu própria, sabe? Eu própria canto melhor.

— Você — fez o sabiá, achando graça. — Você?

— Não ria, não — tornou a rã; — eu canto melhor do que você. E se quiser, apostemos!

— Está fechada. Vamos escolher dez juízes, dez bichos insuspeitos, que terão de dar o veredicto.

Durante dois dias trabalhou aquele pequeno mundo na escolha dos dez membros do Conselho de Sentença. E, ao começo do terceiro, era anunciada a composição do júri, do qual faziam parte o canário, a graúna, o gaturamo, o japim, a pipira, o coleiro, o corrupião, o sapo e a tartaruga.

— Excelente!... pensou o sabiá, contente, ao verificar que a maior parte dos jurados era de aves canoras, que poderiam compreender, perfeitamente, a sua superioridade sobre o competidor.

À hora da prova, o sabiá empoleirou-se em um galho verde, que o vento balouçava, e começou a cantar. Cantou as matas natais, cantou o crepúsculo, cantou a saudade imensa, e profunda, da Natureza agonizante. Ao terminar, a rã coaxou monotonamente umas duas ou três vezes, e deu por findo o seu esforço. E quando se passou à apuração, o papagaio, que presidia à sessão, leu o resultado:

— A favor da rã, oito votos; e a favor do sabiá, dois.

E, logo: saiu vitoriosa a rã, por oito votos contra dois!

Todos baixaram a cabeça, constrangidos. À saída, conversava-se sobre o fato, ou, antes, sobre o escândalo, quando o sapo declarou, solene, as mãos na cava do colete:

— Eu, por mim, votei no sabiá!

— Eu também! — confessou a tartaruga, enxugando o rosto com o lenço.

Todas as aves canoras haviam votado na rã.

* * *

Essa fábula, que veio, parece, embora com outros bichos, no *Punch*, de Londres, contava-a Alberto de Oliveira a um grupo de rapazes que amam os livros, quando o professor Rocha Pombo, que não ouve bem, se aproximou, e pediu:

— Como é, Alberto?

E a mão na concha da orelha, para escutar melhor:

— Como é essa história, que você estava contando, sobre a candidatura dos poetas à Academia de Letras?"

7.10.2) SÉRIE IV, 4, pp. 27-29 - **"D. Pedro II"** - "Penetrando ambos sob as colunas grandiosas que suportam a larga varanda, dizia o autor da encíclica *Rerum Novarum* [Cardeal Pacelli] para o seu vacilante companheiro:

'Outrora, neste local, erguiam-se o Templo de Apolo, o Templo da Boa Deusa, o Palácio de Nero e outras expressões de loucura e de crueldade que condenamos, até hoje, nas doutrinas do paganismo. Os tesouros de Constantino e de Helena modificaram a fisionomia do santuário aqui erguido, quando o sangue e as lágrimas dos mártires semeavam as flores de Jesus Cristo sobre a face escura da Terra!... Em lugar da humildade cristã, levantaram-se no Vaticano as magnificências de ouro e de pedrarias...'"

7.10.3) SÉRIE IV, 7, pp. 50-51 - **"Grande Além"** - "Testas coroadas deixam o trono e o cetro aos aventureiros; filósofos e sábios costumam legar tesouros aos estúpidos; legisladores e estadistas entregam suas obras aos caprichos populares; os amantes afastam-se do objeto de sua adoração, atirando-se à grande experiência. Não valem as lágrimas da dor, nem os argumentos da Ciência. Não prevalecem as invocações do sangue ou da condição. Partem os algozes e as vítimas, os bons e os maus. Sócrates, condenado à cicuta, apenas antecede os seus juízes. Dario e Alexandre, fulgurantes de armaduras, põem-se a caminho, seguidos de todos os vassalos. Nero determina o flagelo dos circos, aciona a maquinaria do martírio e da destruição, fazendo igualmente a grande viagem, através de terríveis circunstâncias."

7.10.4) SÉRIE IV, 9, p. 69 - **"No correio fraterno"** - "Os romanos viviam em torno dos oráculos e dos feiticeiros, consultando as vozes daqueles que haviam atravessado o leito escuro do rio da morte.

Nero, Calígula e Cômodo eram obsidiados célebres, perseguidos por fantasmas.

Marco Aurélio sente-se inspirado por entidades superiores, legando suas reflexões à posteridade."

7.11) Sesóstris - SÉRIE I, 3.A, pp. 257-261 - "A Prece de Sesóstris (A propósito da cessação da guerra civil em São Paulo)". Cf. Tebas.

7.11.1) SÉRIE III, 1, pp. 51-52 - "*Quarta-feira, 2 de maio [de 1915]*:

A paternidade é a única força capaz, na terra, de vencer o egoísmo. Se Sesóstris, para escapar de um incêndio, fez uma ponte com o corpo dos seus próprios filhos, estes, ou não eram na realidade seus filhos, ou não haviam nascido da mulher a quem amava. Até há pouco, eu, como Mecenas a Horácio, dizia, de mim para mim, que a vida era preferível a tudo. Que morressem todos: pais, mulher, parentes, amigos, e que eu ficasse por último. A moléstia de minha filha obrigou-me, porém, a um novo exame de consciência, e eu vi, então, como estou modificado: que os homens todos pereçam, que eu próprio pereça, contando que se salvem meus filhos!"

P. 305 - Anotação do dia 5 de novembro de 1928: "O caboclo tem razão. Se o rio leva, todos os anos, as casas da margem, afugentando os moradores, para que fazer outro gênero de moradia, que não a casinhola de pindoba, que o Itapecuiru arrasa em uma hora mas o sertanejo levanta em um dia?" - com a seguinte nota de rodapé: "A vida das populações ribeirinhas do Maranhão evoca, integralmente, a dos egípcios do tempo de Sesóstris (Vide Maspero: Au temps de Ramsès et de Assourbanipal, pág. 2 e seg.)."

7.11.2) SÉRIE IV, 9, pp. 225-227 - **"Na glória do Natal"** - Belíssimo capítulo, que deveria ser transcrito na íntegra, no qual o Espírito de Irmão X cita, entre outros, os nomes de vultos famosos do passado, países e velhas cidades de grande valor histórico: Nabopolassar; Nabucodonosor; Dario; Alexandre; Príamo, Odoacro; Nínive; Jerusalém; Persépolis; Atenas; Esparta; Assíria; Judéia; Fenícia; Grécia:

"Senhor - rei divino projetado às sombras da manjedoura -, diante do teu berço de palha recordo-me de todos os conquistadores que te antecederam na Terra.

Em rápida digressão, vejo Sesóstris, em seu carro triunfal, pisando escravos e vencidos, em nome do Egito sábio, e Cambises, o rei dos persas, ocupando o vale do Nilo, antes poderoso e dominador.

Recordo as lutas sanguinolentas dos assírios disputando a hegemonia do seu império dividido, e infeliz."

7.12) Sócrates/Platão/Kant/Schopenhauer - Cf. SÉRIE I, 2.A, pp. 217-227 (**"Sinite Parvulos..."**); SÉRIE I, 3.A, pp. 9-15 (**"Duas Libélulas"**); 17-24 (**"A Ilusão de Filócrito"**); 125-131 (**"A Sabedoria de Anaxágoras"**); SÉRIE I, 13, pp. 118-119 - **"Joaquim Nabuco"** - "Da outra tortura, de sentir-se antigo entre os moços, livraram-no igualmente os fados generosos. Antes de o mundo o isolar, isolou-se ele, aos poucos, por si mesmo, com a surdez que se ia tornando mais profunda à medida que ele caminhava para o túmulo. A vida fora-lhe a montanha maravilhosa em cujo sopé rugiam os ventos e se levantavam todas as vozes da grande tormenta. À proporção, porém, que lhe fazia a ascensão, tudo em torno se ia aquietando, serenando, pacificando, a ponto de ele ter, lá no alto, a impressão de achar-se solitário no universo. Nessas alturas, passou a escutar-se a si mesmo, o ritmo do seu pensamento, a vibração das suas artérias, as pancadas do seu coração. À semelhança de Beethoven surdo, embebedado pelas harmonias que lhe tumultuavam na alma, e que não tinham eco nos ouvidos fechados para o tropel sonoro do mundo, ele ia mergulhando aos poucos, sem o sentir, nas ondas harmoniosas da Eternidade. Quando fechou os olhos já era companheiro de Sócrates, de Jesus e de Platão na República dos Espíritos Perfeitos."

7.12.1) SÉRIE I, 4.A, pp. 217-218 - **"Em Favor de Israel"** - "O mundo inteiro levanta-se, neste momento, em favor de Israel, ameaçado na Alemanha pelo anti-semitismo de Hitler. Procedente da Áustria, de uma região em que o ódio ao judeu sobrevive latente, o chefe racista despertou, de novo, na alma alemã, um sentimento que se achava morto há mais de meio século. E, por toda parte, há um grito de indignação e de horror. Que destino tiveram, na verdade, as conquistas mais nobres da Civilização, no domínio espiritual? Em que metal foram fundidos os elos da fraternidade humana, que tão cedo se partiram?

Quando, em 1880, se verificou, em Colônia e Berlim, a última agitação contra os semitas no antigo império, Eça de Queirós, em crônica da Inglaterra para o Brasil, teve palavras de espanto ante essa reminiscência da barbaria medieval. 'Que diremos do movimento na Alemanha? - exclama ele. Que em 1880, na sábia e tolerante Alemanha, depois de Hegel, de Kant e de Schopenhauer, com os professores Strauss e Hartmann, vivos e trabalhando, se recomece uma campanha contra o judeu, o matador de Jesus, como se o imperador Maximiliano estivesse ainda, do seu acampamento de Pádua, decretando a destruição da lei Rabínica - é fato para se ficar de boca aberta todo um longo verão.' E, se causava pasmo escândalo semelhante espetáculo depois de Hegel, de Kant, e de Schopenhauer, que reflexões pode despertar a sua repetição no tempo de Einstein e Thomas Mann, quando as letras e a ciência alemãs disputam o principado do mundo?"

7.12.2) SÉRIE I, 11.B, pp. 234-235 - Tão-somente a parte final do amargo registro, profético, por sinal, feito a 1º de agosto de 1931, sábado, sobre a intervenção cirúrgica para a qual deveria "entregar a minha cabeça, para ser aberta como uma abóbora ou perfurada e sondada como o solo em que se busca o petróleo": "Essas reflexões temperadas por Schopenhauer preparam-me para morrer com sabedoria. Deitar-me-ei na mesa de operação como quem se deita num leito macio, para um sono largo e feliz.

Se o sonho for bom, para que despertar?"

7.12.3) SÉRIE IV, 2, pp. 165-171 - **"Sócrates"** - Belíssimo, este capítulo deve ser lido com carinho por quantos nos interessamos pelo estudo do estilo de Humberto de Campos.

7.12.4) SÉRIE IV, 7, pp. 26-37 - **"Em Ação de Graças"** - "O fogo cruzado da crítica estabelece a conceituação apressada. Os canhões da grande imprensa assestam contra doutrinadores e médiuns, que lhes suportam os disparos.

É a tempestade, porém, que seleciona e purifica. E essa tormenta, em nossa terra, é provocada por homens curiosos e cultos, alegres e gozadores. Quase todos eles, no fundo, são como Alcibíades, o discípulo amado de Sócrates, que era naturalmente generoso, filho admirável da fortuna e da inteligência, mas que estimava o exibicionismo e chamava para si a atenção popular, a qualquer preço, ainda mesmo cortando a cauda do cão que merecia o louvor de Atenas.

No que se refere às minhas atividades humildes de comentarista desencarnado, estou satisfeito com as irrequietas interrogações dos nossos patrícios, embora não possa, nem deva responder a elas."

Pp. 50-51 - Cf. *Nero*.

P. 170 - **"Aos espiritistas"** - "É natural que o desalento asfixie as almas. Os expositores da Ciência não se recordam da lei de renovação incessante e não atentam sequer para a humilde lagarta, que se converte em borboleta. Os estudiosos da Filosofia estimam a dança macabra das hipóteses, acima do passo firme no conhecimento positivo, alimentando velhas tricas, desde os antecessores de Sócrates, e, muitas vezes, após devorarem todos os livros e terminarem todas as observações possíveis, acabam duvidando se eles próprios existem. Os padres mecanizam as obrigações do culto externo e são estranhos a qualquer investigação transcendente, olvidando que Jesus regressou ao túmulo para esclarecer os discípulos e confortá-los. E se eles, que são os técnicos do serviço religioso, esquecem a Ressurreição do Mestre, que apreço poderiam dar à volta de pobres diabos, como nós outros, que tornamos da noite da morte, tentando acordar os amigos que não se acautelam ante a grande viagem do Além?"

7.12.5) SÉRIE IV, 8, p. 163 - **"Com Lealdade Fraterna"** - "Em meu curso primário, conheci um menino irrequieto, colega leviano e inconstante, que consumia inutilmente longas horas da professora, levantando dúvidas quanto à existência da Terra do Fogo, porque nunca lhe vira os contornos e não aceitava os apontamentos da Geografia. Não podemos, no entanto, considerar a sua inteligência no rudimentarismo da infância. Você lê algumas línguas diversas entre si e compreende-as com elevado índice de cultura intelectual, cita Haeckel, Schopenhauer e Le Bon. Ora, sabemos todos que a razão, em pesquisa, não se acomoda à redoma do beró.

Procure, pois, o seu clima real.

Estude e medite."

7.12.6) SÉRIE IV, 9, pp. 69-70 - **"No correio fraterno"** - "Na Grécia, os gênios da Filosofia e da Ciência formulam perguntas aos mortos, no recinto dos santuários.

Tales ensina que o mundo é povoado por anjos e demônios.

Sócrates era acompanhado, de perto, por um Espírito-guia, a ditar-lhe conselhos pertinentes missão que lhe cabia desempenhar.

Na Pérsia, o zoroastrismo acende a crença na lei de retribuição, depois do sepulcro, sob a liderança de Ormuzd e Arimã, os doadores do bem e do mal.

Em todos os círculos da cultura antiga e moderna, sentimos o sulco marcante da espiritualidade na evolução terrestre."

7.12.7) SÉRIE IV, 12, p. 96 - Cf. *Bailly*.

7.12.8) SÉRIE IV, 14, p. 49 - **"A imprensa"** - "— Não permita que o pessimismo lhe faça da cabeça uma bola de fel. Lembre-se de que a imprensa dos homens não é a imprensa dos anjos. E onde existirão homens na Terra sem o sinal da luta pelo aperfeiçoamento incessante? Que obra elevada no planeta crescerá sem o assédio das criaturas ignorantes e inferiores? Onde os doentes graves a se curarem sem o desvelo dos sãos? Quantos heróis caíram ontem, ao pé dos carrascos, para que o homem de hoje possa pensar sem maiores impedimentos? Fora dos escândalos da imprensa, Sócrates padeceu a acusação de Anitos e seus companheiros, sem furtar-se à cicuta, e, ainda sem eles, o próprio Cristo encontrou a incompreensão de Judas e se viu constrangido à morte na cruz..."

P. 49 - **"A maravilha de sempre"** - "Por ela [certa maravilha de sempre, o LIVRO], comungam entre si as civilizações de todos os tempos, no que possuem de mais valioso e mais os ensinamentos dos séculos mortos e permite-nos ouvir ainda as palavras dos pensadores egípcios e hindus à distância de milênios... Faz chegar até nós a idéia viva de Sócrates, os conceitos de Platão, os versos de Virgílio, a filosofia de Sêneca, os poemas de Dante, as elucubrações de Tomás de Aquino, a obra de Shakespeare e as conclusões de Newton..."

7.13) Virgílio - Série I, 15, p. 31 - **"Menotti del Picchia"** - "Que são a *Odisséia* e a *Eneida* senão moedas de ouro com o mesmo padrão? Que são as narrativas de Herôdoto, principalmente nos quatro primeiros livros, senão criações ingênuas do povo, prestigiadas pelo historiador, impregnado dos prejuízos de um tempo em que se confundia o verdadeiro com o fabuloso? Que são as informações de Marco Pólo e Fernão Mendes Pinto, senão a repetição, estilo pequeno, das deliciosas mentiras de Homero, de Herôdoto, de Virgílio e de Plínio, o Antigo, entre os quais os dois primeiros podiam ser cognominados, perfeitamente, o avô e o pai da Mentira?"

Pp. 45-46 - **"Jônatas Serrano"** - Após citar a seguinte frase do autor em análise - "Há, porém, pontos em que todos estão de acordo, as obras-primas de Homero, Demóstenes, Fídias, Virgílio, Dante, Shakespeare, Miguel Ângelo, Leonardo da Vinci, Rafael, Bossuet, Beethoven impõem-se à admiração universal" -, afirma: "E essa proposição não é rigorosamente verdadeira. É sabido, por exemplo, que Tolstoi não suportava nem Homero, nem Virgílio, nem Miguel Ângelo, nem Shakespeare, nem Wagner, nem Milton, nem Sófocles, nem Eurípides, nem Aristófanes. (....) Tourguenev não compreendia Taine, e Flaubert votava ódio a Voltaire. E Flaubert, Tourguenev e Tolstoi, principalmente este, assinalam correntes do pensamento universal."

P. 128 - **"Alba de Melo"** — "Manejando o diálogo com admirável presteza e facilidade, e dotada de qualidades de observação incomuns, bastar-lhe-iam, talvez, um pouco de esforço e de disciplina, a disposição enérgica de contrariar aquele *varium et mutabile semper femina*, de Virgílio, para que nos desse um belo e curioso romance de costumes. O seu estilo é claro, flexível, gracioso, e foge, sempre, à banalidade."

7.13.1) SÉRIE IV, 5, pp. 12-13 - **"Boa Nova"** - "Apesar de tudo, seu nome [de Caio Júnio César Otávio] foi dado ao século ilustre que o vira nascer. Seus numerosos anos de governo se assinalaram por inolvidáveis iniciativas. A alma coletiva do Império nunca sentira tamanha impressão de estabilidade e de alegria. A paisagem gloriosa de Roma jamais reunira tão grande número de inteligências. É nessa época que surgem Virgílio, Horácio, Ovídio, Salústio, Tito Lívio e Mecenas, como favoritos dos deuses."

7.13.2) SÉRIE IV, 14, p. 49 - **"A maravilha de sempre"** - Cf. *Sócrates, Platão, Schopenhauer.*

7.14) Voronoff - SÉRIE I, 14, p. 380 - **"Os Reveladores da Amazônia"** - "Precursor ignorado de Voronoff, havia Hartmann chegado, de experiência em experiência, a resultados assombrosos, tendentes, todos, a contrariar a teoria darwiniana da fixação das espécies."

7.14.1) SÉRIE II, 6, pp. 291-294 - **"O Castigo de Fausto"** - Narrando a atividade do dr. Voronoff, em seu consultório, atendendo a pacientes idosos, tendo por epígrafe palavras do "prof. Bertarelli, no *Correio da Manhã*, de ontem."

7.14.2) SÉRIE II, 11, p. 244 - **"Exigência justa"** - O ilustre fisiologista, dr. Voronoff, atende, em seu consultório de Paris, um capitalista sul-americano.

7.14.3) SÉRIE III, 2, p. 404 - Registro comentando os momentos finais de Medeiros e Albuquerque e sobre Coelho Neto, enfermo, citando Steinach e Voronoff, de 21 de fevereiro de 1933, quinta-feira.

7.14.4) SÉRIE IV, 8, p. 161-163 - **"Com Lealdade Fraterna"** - "Meu amigo: alega você a impossibilidade de aceitar-nos a sobrevivência, por não atestarem seus olhos a nossa presença espiritual. E acentua que não pode copiar Santo Agostinho na repentina modificação. É provável que você se julgue superior ao discípulo de Santo Ambrósio, mas pode crer que a sua dúvida é leviana e infantil. (....)

Se você é sincero, não perca a oportunidade de melhorar os conhecimentos acerca da vida nova que o espera. Não se esqueça, meu *amigo*, de que apesar do esforço de todos os Voronoffs do mundo e não obstante a milagrosa penicilina do nosso estimado Professor Fleming, o livro de ponte dos cemitérios continua assinado regularmente..."

CAPÍTULO 8

NOMES DE PERSONAGENS

8.1) Albertina - SÉRIE I, 15, pp. 396-397 - **"Horácio Cartier"** - "As quatorze narrativas que o volume contém correspondem a quatorze bonecas desmontadas e a quatorze situações particulares, íntimas, do mesmo boneco. Albertina é um desses fantoches de seda, criação da indústria moderna, no mundo das bonecas vivas. Jantam juntos. E ele, enamorado, fala-lhe da extensão da sua felicidade. (....)

Albertina é, porém, vaidosa e fútil."

8.1.1) SÉRIE II, 1, pp. 103-104 - **"O 'Tango-Lo-Mango'"** - D. Albertina Viana. Cf. *Diários*.

8.1.2) SÉRIE II, 7, pp. 246-248 - **"Distração"** – Citação da personagem Albertina Braga, viúva de um antigo diplomata sul-americano.

8.1.3) SÉRIE IV, 6, p. 163 - **"A Solução Caridosa"** - Diálogo entre Joaquim Finisterra e sua esposa Dona Mariana: "Este mês o dinheiro não chegou para satisfazer às necessidades mais prementes. Preciso de mais novecentos cruzeiros.

Não tenho — explicava o marido sacrificado.

Lança novo empréstimo. Devo pagar antes de domingo os vestidos de Helena e Albertina."

8.2) Alice SÉRIE I, 2.B, pp. 203-204 - **"O Jabuti e o Veado"** - Discorre sobre este conto popular, um dos mais correntes no interior do Brasil. Há, neste capítulo, alusões ao fio de Ariadne, ao labirinto de Creta e ao preço de um vestido:

"No automóvel, logo, madame lançou o fio:

Vamos à casa de Alice?

O marido segurou-se à ponta e seguiu, mentalmente, a marcha da ideação revelada por esse convite. (....)

A que horas chegaremos lá?

Lá, onde?

À casa de Alice.

O marido sorriu, acalmando-se."

8.2.1) SÉRIE II, 1, p. 146 - **"A Tolerância das Mães"** - "— Toma o teu leque, Alice!"

Pp. 227-229 - Depois de afirmar que "a religião é, mesmo, o único freio que se pode pôr às leviandades do nosso tempo", diálogo interessante entre Julieta e Alice [Álvares].

Pp. 297-298 - **"Boitatá"** - Diálogo entre D. Alice e o Conselheiro. Cf. *Uberaba*.

8.2.2) SÉRIE IV, 13, p. 107 - **"No dia das tarefas"** - Busca de Dona Alice para suprimir as suas enxaquecas, ao Espírito de Irmão Celestino, através da médium Dona Silene, viúva, desde muito jovem, que se consagrara ao amparo dos semelhantes e granjeara em Celestino, por sua vez, um amigo fiel.

8.3) Fagundes/Macário Fagundes - SÉRIE II, 3, p. 253 - **"O Prêmio"** - "À noite, à hora de recolher, tomou o carinho do lar, quando se pôs a pensar, de si para si: 'Sim, senhor! Nunca pensei, "seu" Fagundes, nunca pensei que você tivesse tamanha força de vontade!'"

8.3.1) SÉRIE II, 8, pp. 242-244 - **"A Dorminhoca"** - "O Sr. Macário Fagundes não é um homem desconfiado. Aquele caso, narrado por ele próprio, dá idéia de seu temperamento calmo, e, sobretudo, da confiança absoluta, perfeita, incondicional, que lhe merece a mulher."

8.3.2) SÉRIE II, 11, 101-102 - **"O traidor"** - O velho capitalista Fagundes tomando aposentos numa casa de família.

PP. 225-226 - **"Parada perigosa"** - Fagundes, jogador profissional.

8.3.3) SÉRIE IV, 6, pp. 19-23 - **"O Irmão Severiano"** - Severiano Fagundes, um dos melhores doutrinadores do Espiritismo, numa das grandes capitais brasileiras.

8.3.4) SÉRIE IV, 9, pp. 198-203 - **"A resposta de Enéias"** - Ponto de vista da senhora Fagundes sobre a modificação de comportamento do médium Palhares.

8.3.5) SÉRIE IV, 11, pp. 39-42 - **"Macário Fagundes"** - "Quando o Espírito de Macário Fagundes bateu à porta da Esfera Superior, sobraçava à altura do peito elegante volume da Bíblia.

A Bíblia resumira-lhe na Terra as preocupações e os objetivos.

Estudara religiões. Simpatizara com todas. Contudo, refugiara-se na Bíblia, dela fazendo argumento de última instância. (....)

— Sem dúvida — atalhou o amigo espiritual —, a fé constitui o alicerce de todo trabalho, tanto quanto o plano é o início de qualquer construção. O apóstolo Paulo deve ser atenciosamente ouvido, mas não podemos esquecer a palavra do Divino Mestre, no versículo 34, do capítulo 13, no Evangelho de João: 'Amai-vos uns aos outros como vos amei'. Não ignoramos que Jesus nos amou em plena renunciação de si mesmo para melhor servir.

— É... é... de fato...

E Fagundes indagou:

— E agora? se me dediquei completamente à fé, que fazer agora?

— É preciso voltar à Terra e nascer de novo para fazer o bem que ensinamos. O próprio Cristo não teve outro programa, perante Deus, e Paulo de Tarso, que exaltou a fé, não viveu outras diretrizes diante do Cristo... Crer, sim, mas fazer também. Fazer muito e sempre o melhor...

Macário resmungou, chorou, lastimou-se, reclamou; contudo, não teve outro remédio senão aceitar a verdade e nascer de novo."

8.3.6) SÉRIE IV, 12, PP. 125-127 - **"No aprendizado comum"** - "Sob a inspiração de vários amigos espirituais, eminente assembléia de investigadores da sobrevivência do homem congregava-se em extenso gabinete para serviços de materialização. (....)

Abre-se a porta e, em plena via pública, alguns mensageiros espirituais da caridade conduzem, até aquele punhado de príncipes da inteligência, dois homens andrajosos e famintos, suicidas potenciais, vencidos pela enfermidade negra, implorando-lhes socorro, mas ninguém, nem mesmo um só deles, se volta para os dois rebotalhos humanos, que se arrastam sem rumo.

Boquiaberto pelo que via, o Fagundes, companheiro recém-chegado ao nosso círculo, dirigiu-se a mim, perguntando:

— Meu amigo, para que se reúne esta gente, provando a sobrevivência espiritual, com tanta idéia luminosa na cabeça e tanto gelo no coração?

Convencido quanto à transparência do assunto, e sem tempo para compridas divagações, pude apenas considerar:

— Fagundes, a rigor, não lhe posso responder. Lembro-me somente de que, em certa ocasião, a serviço de um jornal, acompanhei reduzida assembléia de magnatas da economia e da indústria, carregados de assistentes e de livros de cheques. Discutiram, por noites consecutivas, sobre a libra esterlina e sobre o dólar, com o mesmo furor com que examinavam o franco e o peso argentino, estudando processos de multiplicar as riquezas que lhes abarrotavam os cofres. Surpreendi-me ao reparar tanta ciência da vida e tanto senso de direção dos negócios que lhes diziam respeito; contudo, decorridos alguns anos, vim a saber que todos os componentes do grupo morreram de fome, castigados por úlceras cancerosas no duodeno e no estômago.

Fagundes fitou-me de estranha maneira, enquanto me despedia, mas, até hoje, não sei se ele percebeu o que eu desejava dizer."

8.4) Felisberto - SÉRIE II, 3, pp. 226-229 - **"O 'Bravo dos Bravos'"**. Cf. *Hindenburg(o)*.

8.4.1) SÉRIE II, 7, pp. 16-17 - **"O Filho do Comendador"** - Deste conto, dos mais dramáticos pela ignorância do personagem principal, apenas o primeiro parágrafo: "Foi um contentamento para o comendador Felisberto a notícia, que a esposa lhe dera, de que lhe ia oferecer, em breve, um pequeno herdeiro do seu nome, e sobretudo, da sua fortuna."

8.4.2) SÉRIE II, 8, pp. 351-354 - **"A Última Surpresa"** - Deste capítulo, não menos dramático que o anteriormente citado, transcrevamos o fecho da história do tenente Felisberto, funcionário do Ministério da Marinha: "Fora, na Avenida, o céu continuava todo azul e ouro, cobrindo a cidade feliz."

8.4.3) SÉRIE IV, 6, pp. 133-138 - **"Quando Felisberto Voltou"** - "Desde muito tempo, Felisberto Maldonado fizera-se espiritista de convicção profunda, quanto a raciocínios; não pudera, porém, compreender a extensão dos deveres que a Doutrina lhe trazia, quanto a sentimentos. (....)

A esposa devotada era médium falante e, criatura maravilhosamente equilibrada, sabia dividir as obrigações mediúnicas e familiares, demonstrando raro senso nas atribuições que Deus lhe conferira. Dona Silvana conhecia o lugar de cada pessoa e de cada coisa na vida, e colocava os deveres de mãe acima de todas as situações terrestres. (....)

Observando os benfeitores espirituais que Dona Silvana chorava baixinho, retiraram-no [o marido desencarnado] imediatamente e, ante perplexidade geral, o Mentor do círculo tomou a palavra e explicou paternalmente:

Não vos admireis ante a dolorosa observação desta noite. Nosso Maldonado vem atravessando a prova justa de quantos se esqueceram de preservar a reflexão e a prudência, que são igualmente dons sublimes, subordinados ao ministério da vista espiritual. (....) Felisberto resistiu aos nossos apelos e desdenhou dos amigos vigilantes e dedicados. Gastou o tempo e fixou a experiência nas zonas sombrias. É natural que surja à tona da vida eterna empunhando faróis. Passando longos anos no fundo do lago, sempre calculando, definindo, medindo e pesando a lama, não poderia esquivar-se à furna sem a lama. É por isso que ainda não recobrou a visão perfeita. Munido dos velhos óculos de lodo, vê espinhos onde há dedos, garras em vez de mãos, e sombras onde há bênçãos de luz e sol.

A viúva bondosa enxugava o pranto copioso, até que o respeitável amigo sentenciou afetuosamente:

Não chore, minha irmã. Lembre-se de que a perturbação agrava os males e de que a serenidade os resolve. E, imprimindo singular acento às palavras, afirmou ao despedir-se:

Sobretudo, que ninguém esqueça a lição preciosa de hoje. Quando Jesus revelou aos discípulos que a candeia do corpo são os olhos, destacava a importância do nosso desenvolvimento espiritual, pelo modo de ver. Quem se detenha exclusivamente no mal, apaga a lâmpada e foge à colaboração com a vida; mas, quem vive pelo bem, embora se aproxime do mal, consegue transformá-lo em coisa útil, porque encontrará possibilidades divinas em toda parte, cooperando com o Cristo para a luz eterna.

Em seguida à última observação, fez-se a prece de encerramento.

Os companheiros tinham os olhos molhados e, ao contrário do que se verificava em ocasiões idênticas, ninguém se aventurou a comentários. Cada qual tomou o seu caminho em profundo silêncio, há algumas centenas de milhares de anos, livres de todas estas dificuldades que hoje nos preocupam. Enquanto, porém, não é convidada uma missão de abelhas ou de formigas para pôr ordem em nossos negócios, resolvendo o problema do consumo e da produção, seria conveniente que o Sr. Ministro do Trabalho examinasse esse caso da concorrência das mulheres aos homens nas fábricas, de modo que elas não abandonem misteres que estes não podem exercer."

8.4.4) SÉRIE I, 7.B, pp. 225-231 - **"País a Organizar"** - Referido-se ao ilustre uberabense Sr. Fidélis Reis, "um médico estudioso e hábil, preciso nos seus diagnósticos": "Persistindo nesse pensamento benemérito e patriótico, reuniu agora o ex-deputado por Minas Gerais, sob o título *País a Organizar*, todos os seus discursos, artigos, entrevistas e conferências sobre o assunto, formando com eles um volume bem feito e sólido que dedica, cheio de habitual confiança, ao Sr. Getúlio Vargas, chefe do Governo Provisório. — Por que lhe não caber? — pergunta, dirigindo-se ao Presidente; — por que lhe não caber, no Governo

Revolucionário, a que preside, a glória da criação da nossa Universidade do Trabalho, ou Universidade Técnica, no Rio de Janeiro, encarregando-se, por exemplo, da sua organização, um homem da estatura e da capacidade de Omer Buyse? Assim também nas capitais dos Estados, além da fundação de escolas profissionais de artes e ofícios, industriais, agrícolas e comerciais, escolas técnicas de todos os tipos, em todas as cidades do Brasil? É esse, na sua opinião, o melhor meio de combater o comunismo. Posto em prática o seu projeto, acha ele que os horizontes do país se tornarão mais claros, e mais suave o caminho, que, pelos seus cálculos, vai dar a Canaã. (....)

Tire pois, o Sr. Fidélis Reis, do seu livro, uma edição para governos. Ou, então, para não perder tempo, diga-lhes, simplesmente: — Senhores, fazei trabalhar o povo, usando de sabedoria e benignidade!"

8.4.5) SÉRIE I, 11.B, p. 95 e SÉRIE III, 1, PP. 299-300 - *"Sábado, 3 de novembro [de 1928]*:

Visito, sozinho, a igreja do Carmo, de que me restava uma idéia suntuosa. Entro. Decepção. O altar-mor é apenas um tabique modesto, espetado de velas, separando em dois o grande corpo da nave. Chão de tijolo. Duas mulheres idosas, possivelmente por promessa, varrem o templo, envoltas em nuvens de poeira, que as fazem tossir, ao mesmo tempo que a nave estronda, multiplicando-lhes o barulho da tosse. A poeira é o incenso do deus Trabalho."

8.4.6) SÉRIE IV, 6, pp. 139-145 - **"O Valor do Trabalho"** - "Ninguém contestava os nobres sentimentos de Cecília Montalvão; entretanto, era de todos sabida sua aversão ao trabalho. No fundo, excelente criatura cheia de conceitos filosóficos, por indicar ao próximo os melhores caminhos." Cf. *Espanha*.

8.4.7) SÉRIE IV, 8, p. 129 - **"Lembrando a Parábola"** - "Aproximou-se o segundo e depositou-lhe nas mãos quatro 'talentos', informando:

— Senhor, recebe teus haveres multiplicados. Elevando a Inteligência obtive o Trabalho e, submetendo o Poder à tua vontade sábia, atraí o Progresso. A tua expectativa de instrução e ajuda no meu setor de atividade foi atendida.

O Pai louvou-lhe a conduta e falou, contente:

— Já que revelaste lealdade no 'pouco', ser-te-á conferido o 'muito' das grandes tarefas."

8.4.8) SÉRIE IV, 13, pp. 27-28 - **"Estudo na parábola"**

"O primeiro avançou e disse:

— Senhor, cometi muitos disparates e não consegui realizar-te a vontade, que determina o bem para todos os teus súditos, mas, com os cinco talentos que me puseste nas mãos, comecei a cultivar, pelo menos, com pequeninos resultados, outros cinco, que são o Trabalho, o Progresso, a Amizade, a Esperança e a Gratidão, em alguns dos companheiros que ficaram no mundo... Perdoa-me, ó Divino Amigo, se não pude fazer mais!...

O Senhor respondeu tranqüilo:

— Bem está, servo fiel, pois não erraste por intenção... Volta ao campo terrestre e reinicia a obra interrompida, renascendo sob o amparo das afeições que ajuntaste."

8.5) Veridiano - SÉRIE II, 2, pp. 82-83 - **"Virgens Mortas"** - Atuação do poeta Filemon de Morais, na recepção do casal Veridiano do Vale.

8.5.1) SÉRIE II, 6, pp. 42-44 - **"O Revoltado"** - História do comendador Antônio Veridiano da Rocha, sócio da firma Rocha & Guedes.

8.5.2) SÉRIE II, 10, pp. 319-321 - **"Caça aos Pombos"** - Sobre Veridiano de Amorim, que possuía uma charqueada na margem brasileira do Quaraim, no Rio Grande, legalista intransigente, amigo de Borges de Medeiros e de Flores da Cunha, que desencarnou, heroicamente, ao lado dos seus quarenta e dois companheiros, na coxilha de Santana, cercado por uma força revoltosa oito vezes mais forte, com a qual travou uma luta sangrenta de doze minutos.

8.5.3) SÉRIE IV, 11, pp. 160-161 - **"O mancebo rico"** - "O poderoso dirigente dos fariseus, contudo, ao ouvir essas palavras, recordou subitamente as enormes riquezas que possuía e retirou-se muito triste... Veridiano, um amigo que nos partilhava os estudos, indagou, logo que o relator deu a narrativa por terminada:

— Não será essa a história do mancebo rico, mencionada no Evangelho?

Simão esboçou largo sorriso e informou:

— Sem mais, nem menos...

E, assinalando-nos a surpresa, concluiu, sem que nos fosse possível aduzir, depois, qualquer comentário:

— A fusão dos agrupamentos religiosos no mundo é assunto muito velho. É aconselhada com ardor, aqui e ali; entretanto, quando se fala em esvaziar a bolsa, em favor dos necessitados, para que o amor puro garanta a construção do Reino de Deus, nas forças do espírito, quase todos os patronos da apregoada união se afastam muito tristes..."

CAPÍTULO 9
NOMES COMUNS

9.1) Boi - SÉRIE I, 1.A, pp. 133-137 - **"O Leão, o Homem e o Boi"** - "Um dia - faz muito tempo - os bichos se reuniram para depor o Leão, que era, já, nessa época, o Rei dos Animais. Forte, soberbo, majestoso, o Leão despertava uma inveja surda em todos os seus súditos, os quais já haviam promovido contra ele numerosas conspirações. O Rei dos Animais possuía, porém, a sua Polícia Secreta, e acabava sempre descobrindo o plano dos conspiradores, que eram condenados à morte. (....)

— Apoiado! Muito bem!

O Cavalo continuou:

— Mas é preciso que, para que não fiquemos sem governo, combinemos quem será o Rei, com a morte do Leão. Não preciso dizer que o novo monarca deve ser um bicho forte e respeitável.

— O Boi! O Boi está bem — aparteou o Elefante.

— Apoiado! Viva o Boi, nosso Rei! — aplaudiram os bichos.

O Cavalo tornou:

— Amanhã, nós todos abandonaremos a floresta, deixando nela unicamente o Boi, para tomar conta do poder assim que o Leão cair morto. Como, porém, é indispensável que o Homem o reconheça, para não o matar, nós o coroaremos desde já, e diremos ao Homem que mate todos os animais que encontrar, poupando apenas o que, além do Leão, estiver coroado.

— Onde arranjaremos a coroa para o Boi? — indaga o Lobo.

— A coroa definitiva do Boi deve ser a juba do Leão — opinou o Cavalo. — Enquanto, porém, não nos apossamos dela para coroar o nosso novo Rei, poremos no Boi uma coroa de capim.

— Muito bem — aplaudiu o Macaco. — É pobre, mas é honrada. Entre os homens os poetas são coroados com folhas de árvores. O Boi deve ser coroado com capim!

Resolvido isso, foram os bichos domésticos convidar o Homem para matar o Leão. O Homem aceitou a proposta, e eles abandonaram a floresta, deixando ali apenas o Boi, que não sabia de tudo, mas estava com a coroa de capim pendurada no chifre.

— Não mate o nosso futuro Rei! — haviam os bichos recomendado ao Homem.

— Qual é ele?

— É um bicho que está com uma coroa de capim na cabeça.

No dia seguinte, o Homem saiu para matar o Leão. Sozinho na floresta, o Boi esperou os acontecimentos... O Boi é, porém, um dos maiores filósofos da animalidade. Assim que se viu isolado, pôs-se a ruminar os pensamentos. Valeria a pena ser o Rei dos Animais? Para quê? Para ser invejado, caluniado, e guerreado na sombra, como o estava sendo o Leão? Não seria melhor permanecer o que sempre fora, isto é, ser simples súdito, em vez de Rei?

— Não! Não quero! — mugiu.

E sacudindo a cabeça, lançou ao chão a coroa de capim, e comeu-a.

À tarde, chegou o Homem. Vendo um bicho enorme sem coroa nenhuma, atirou, e matou-o. Era o Boi. Ao escutar o tiro, o Leão fugiu, escondendo-se do Homem.

Quando, à noite, os bichos regressaram para a floresta, encontraram o Boi estendido, morto, e o Leão vitorioso, à espera deles, para a vingança.

Foi assim que o Leão consolidou a sua situação como Rei dos Animais, e que o Homem adquiriu o hábito, que ainda hoje tem, de matar o Boi."

9.1.1) SÉRIE I, 9.A, pp. 25-29 - **"Meu Boi Morreu!..."** - Neste capítulo, no qual o Autor estuda, em detalhes, um dos costumes e tradições do país, o *Bumba-meu-boi*, ou o *Boi-bumbá*, alertando para o perigo que corre o caboclo que se deixa cobrir com o pano apropriado, transcrevamos o primeiro parágrafo: "Terminaram, enfim, os festejos populares de junho, que trouxeram à capital da República milhares de turistas dos Estados, romeiros da Saudade e da Tradição. No tempo em que Roma estendia os seus tentáculos imperiais sobre o mundo, arrastava para a Itália o ouro e a prata dos povos vencidos, como a parte válida desses mesmos povos, escravizados pelo vencedor. No cativeiro, conservavam, porém, os vencidos, a religião e os costumes da pátria subjugada, a qual, todavia, sob o domínio dos generais e dos governadores romanos, ia perdendo as suas características nacionais, para tomar as dos invasores. De modo que, para conhecer o hábito e deuses da velha Germânia e da velha Armênia, tinham, às vezes, germanos e armênios, de ir a Roma. A metrópole imperial tornou-se, mesmo, mais intransigente na defesa da civilização grega do que os próprios gregos. E foi esse o fenômeno que determinou, em grande parte, a revolta de Juvenal."

9.1.2) SÉRIE IV, 8, p. 109 - **"O Homem e o Boi"** - Para que possamos nos convencer de que o velho Conselheiro XX continua vivo no Irmão X, transcrevamos os quatro parágrafos iniciais e os cinco finais: "Um anjo de longínquo sistema, interessado em conhecer os variados aspectos e graus da razão na Inteligência Universal, pousou num campo terrestre e, surpreso ante a paisagem, aí encontrou um homem e um boi. Admirou as flores silvestres, fixou os horizontes coloridos de sol e rubilou-se com a passagem do vento brando, rendendo graças ao Supremo Senhor. Como não dispunha, todavia, de mais larga parcela de tempo, passou à observação direta dos seres que povoavam o solo, aferindo o progresso do entendimento no orbe que visitava.

Examinou as pupilas do homem e descobriu a inquietação da maldade. Sondou os olhos do boi e encontrou calma e paz.

Usando o critério que lhe era peculiar, concluiu de si para consigo que o boi era superior ao homem. Consolidou a impressão quando, para experimentar, pediu mentalmente aos dois trabalhassem em silêncio. O animal respondeu com perfeição, movimentando-se, humilde, mas o companheiro bípede gritou, espetacularmente, proferindo nomes feios que fariam corar uma pedra.

Um tanto alarmado, o anjo recomendou paciência. (....)

Pensou [o forasteiro dos céus mais altos], pensou e aduziu:

Jamais encontrei um planeta onde a razão estivesse tão degradada.

Despediu-se do colega, preparou o afastamento definitivo sem mais delonga e concluiu:

Apresentarei relatório diferente.

Mas ainda não se sabe se o anjo foi pedir medidas ao Trono Eterno para que os bois levantem as patas dianteiras, de modo a copiarem o passo de um herói humano, ou se foi rogar providências aos Poderes Celestiais a fim de que os homens desçam as mãos e andem de quatro, à maneira dos bois..."

9.2) Borboletas - SÉRIE I, 1, p. 14 - Soneto I - **"Lendo-te"**:

"'As roseiras aqui já estão florindo...'
Mandas dizer... 'As híspidas e pretas
Rochas da estrada já se estão cobrindo
De musgo verde... Há muitas borboletas...'" [Primeiro quarteto]

P. 64 - **"Condor"**:

"Asa ao vento, a bater no firmamento aberto,
Quanta vez, negro e só, viste, espantado, o louro
Bando de astros faiscar no intérmino Deserto
Como constelações de borboletas de ouro!" [Segundo quarteto]

P. 78 - **"A borboleta"**:

"Vendo o céu limpo e calmo, e o Sol brilhando
No alto azulado, trêfega e vadia,
Vê-lo de perto, lépida, bailando,
Quis uma flava borboleta, um dia.

E abrindo as asas trêmulas e alando
O corpo frágil dentre a ramaria
Rociada, as moitas e os rosais deixando,
— Qual uma leve pétala erradia, —

Na onda do vento que a arrebata e anima,
Rodopiando, festiva e tonta, pelas
Vagas de ouro, e a embalar-se Altura acima,

— Ei-la em busca do Sol, de asas expertas,
Julgando o louro apagador de estrelas
Uma rosa de pétalas abertas!" [Soneto I)

P. 199 - **"No jardim de Ptolomeu"** [com a seguinte epígrafe de V. Hugo, retirada de *Abîme:* L'Homme - Terre, je suis ton roi./La Terre - Tu n'est que ma vermine...]:

"'Tudo que lá em cima se alimenta
— Verme vil, borboleta, ou fruto, ou cacho —
Leva a razão de ser aqui de baixo,
Só na linfa de Deus se dessedenta.'" [Nona estrofe.]

9.2.1) SÉRIE II, 4, pp. 96-98 - **"As Borboletas"** - Belo conto, que poderia ser transcrito, não fora a nossa intenção de que o próprio leitor possa se abeberar na fonte.

P. 315 - **"O Solfejo"** - "Curioso por índole e por miopia, pus-me, logo, a examinar a jovem passageira. Era uma boneca humana de uns dezessete ou dezoito anos, morena como um jambo e leve como uma borboleta, a qual trazia sobre os joelhos uma grande pasta de música.

— Que horas são, mamãe? — indagou, de repente, a criaturinha.

— Duas, em ponto.

E grave:

— Vais chegar atrasada ao Instituto."

9.2.2) SÉRIE IV, 10, pp. 99-101 - **"No reino das borboletas"** - "À beira de um charco, formosa borboleta, fulgurando ao crepúsculo, pousou sobre um ninho de larvas e falou para as pequeninas lagartas, atônitas:

— Não temais! sou eu... uma vossa irmã de raça!... Venho para comunicar-vos esperança... Nem sempre permanecereis coladas à erva do pântano! Tende calma, fortaleza, paciência!... Esforçai-vos por não sucumbir aos golpes da ventania que, de quando em quando, varre a paisagem. Esperai! Depois do sono que vos aguarda, acordareis com asas de puro arminho, refletindo o esplendor solar... Então, não mais vos arrastareis, presas ao solo úmido e triste. Adquirireis preciosa visão da vida! Subireis muito alto e vosso alimento será o néctar das flores... Viajareis deslumbradas, contemplando o mundo, sob novo prisma!... Observareis o sapo que nos persegue, castigado pela serpente que o destrói, e vereis a serpente que fascina o sapo, fustigada pelas armas do homem!...

Enquanto a mensageira se entregava a ligeira pausa de repouso, ouviam-se exclamações admirativas:

— Ah! não posso crer no que vejo!

— Que misteriosa e bela criatura!...

— Será uma fada milagrosa?

— Nada possui de comum conosco...

Irradiando o suave aroma do jardim em que se demorara, a linda visitante sorriu e continuou:

— Não vos confieis à incredulidade! Não sou uma fada celeste! Minhas asas são parte integrante da nova forma que a Natureza vos reserva. Ontem, vivia convosco; amanhã, vivereis comigo! Equilibrar-vos-eis no imenso espaço, desferindo vôos sublimes à plena luz! Libertadas do chavascal, elevar-vos-eis, felizes! Conhecereis a beleza das copas floridas e o saboroso licor das pétalas perfumadas, a delícia da altura e a largueza do firmamento!...

Logo após, lançando carinhoso olhar à família alvoroçada, distendeu o corpo colorido e, volitando, graciosa, desapareceu.

Nisso chega ao ninho a lagarta mais velha do grupo, que andava ausente, e, ouvindo as entusiásticas referências das companheiras mais jovens, ordenou, irritada:

— Calem-se e escutem! Tudo isso é insensatez... Mentiras, divagações... Fujamos aos sonhos e aos desvarios. Nunca teremos asas. Ninguém deve filosofar... Somos lagartas, nada mais que lagartas. Sejamos práticas, no imediatismo da própria vida. Esqueçam-se de pretensos seres alados que não existem. Desçam do delírio da imaginação para as realidades do ventre! Abandonaremos este lugar, amanhã. Encontrei a horta que procurávamos... Será nossa propriedade. Nossa fortuna está no pé de couve que passaremos a habitar. Devorar-lhe-emos todas as folhas... Precisamos simplesmente comer, porque, depois, será o sono, a morte e o nada... nada mais...

Calaram-se as larvas, desencantadas.

Caiu a noite e, em meio a sombra, a lagarta-chefe adormeceu, sem despertar no outro dia. Estava ela completamente imóvel.

As irmãs, preocupadas, observavam curiosas o fenômeno e puseram-se na expectativa.

Findo algum tempo, com infinito assombro, repararam que a orgulhosa e descrente orientadora se metamorfoseara numa veludosa falena, voejante e leve...

Anotando a lição breve e simples, creio que há muitos pontos de contato entre o reino dos homens e o reino das borboletas."

9.3) Bordéis - SÉRIE I, 6.A, p. 178 - **"Pontes Visgueiro"** - Sobre os bordéis, a propósito do episódio narrado pelo distinto criminalista, Sr. Evaristo de Morais, ocorrido com José Cândido de Pontes Visgueiro, nascido em Maceió, em 1811: "...fez, na Regência e no Segundo Império, carreira notável e rápida, na política e na magistratura. Deputado provincial, a princípio, e geral, em uma das legislaturas mais agitadas e em que se mediam algumas das figuras mais soberbas do nosso parlamento em todo o século, distinguiu-se não só pela vivacidade da palavra como pela dignidade e pela coragem das atitudes. Era ardente e leal, generoso e desassombrado. Voltando à toga, distribuiu a justiça, ininterruptamente, com independência e compostura, recebendo louvores, sempre, não somente das autoridades provinciais e do povo, como dos ministros no Rio de Janeiro. Tendo uma filha natural, que lhe nascera de uns amores dos tempos de estudante, reconheceu-a, deu-lhe a mais apurada educação, e casou-a com um dos juízes de melhor nome na magistratura do Maranhão." E recordava o que lhe dizia a genitora sobre o ato insano daquele que fora condenado à prisão por assassinar uma adolescente: "Pontes Visgueiro terá, mesmo, fugido para a Europa? Quando eu tinha seis anos, minha mãe me amedrontava com o monstro que trazia esse nome. E lembro-me bem da história que ela me contou, e que era toda entremeada de versos. Maria da Conceição não era, porém, na sua narrativa, a criatura vil de que falam os autos.

— Era uma bonita moça, afilhada dele... — acrescentava."

9.3.1) SÉRIE IV, 2, pp. 31-38 - **"Na mansão dos mortos"** - Transcrevamos um trecho relativamente longo, a fim de que possamos constatar o que se passa, com freqüência, nas sessões de Desobsessão, a par de fruirmos seriíssima lição, no estilo inconfundível de nosso apreciado escritor: "Era crepúsculo. E, naquela tarde de agosto, as nuvens estavam enrubescidas em meio do fumo das queimadas, parecendo uma espumarada de sangue. (....) Eu esperava. (....) Os coveiros abandonaram a tarefa sinistra e eu vi um vulto de mulher esgueirando-se entre as lápides enegrecidas. Parou junto daquela cova fresca. Não se tratava de nenhuma alma encarnada. Aquela mulher pertencia também ao reino das sombras. Observei-a de longe. Todavia, gritos estentóricos ecoaram aos meus ouvidos.

— A. F., exclamou o espectro, chegou o momento da minha vingança!... Ninguém poderá advogar a tua causa. Nem Deus, nem o

Demônio poderão interceder pela tua sorte, como não puderam cicatrizar no mundo as feridas que abriste em meu coração. Todas as nossas testemunhas, agora, são mudas. Os anjos aqui são de pedra e as capelas de mármore, cheias de cruzes caladas, são estojos de carne apodrecida. Lembras-te de mim? Sou R.S., que infelicitaste com a tua infâmia!

Já não és aquele moreno insinuante que surripiou os haveres de meus pais, destruindo-lhes a vida e atirando-me no meretrício abominável. A fortuna que te deu um nome foi edificada no pedestal do crime.

Recordas-te das promessas mentirosas que me fizeste? Envergonhada, abandonei a terra que me vira nascer, para ganhar o pão no mais horrendo comércio. Corri mundo sem esquecer a tua perversidade e sem conseguir afogar o meu infortúnio na taça dos prazeres.

Entretanto, o mundo foi teu. Réu de um crime nefando, foste sacerdote da Justiça; eu, a vítima desconhecida, fui obrigada a sufocar minha fraqueza nas sentinas sociais, onde os homens pagam o tributo das suas misérias. Tiveste a sociedade; eu, os bordéis. O triunfo e a consideração. Meu lar foi o hospital donde se escapou o último gemido do meu peito.

Meus braços, que haviam nascido para acariciar os anjos de Deus, como dois galhos de árvore cheios de passarinhos, foram por ti transformados em tentáculos de perdição. Eu poderia ter possuído um lar, onde as crianças abençoassem os meus carinhos e onde um companheiro laborioso se reconfortasse com o beijo da minha afeição. Venho condenar-te, oh! desalmado assassino, em nome da Justiça Eterna que nos rege, acima dos homens. Há mais de um lustro, espero-te nesta solidão indevassável, onde não poderás comprar a consciência dos juízes... Viveste com o teu conforto, enquanto eu penava com a minha miséria, mas o inferno agora será de nós dois!...

O coronel fez uma pausa, enquanto eu meditava naquela história."

9.4) Carne - SÉRIE I, 1, p. 43 - "Anjo satânico" [Soneto VI]

"Que paixão esquisita! Amor que é chama
E é Luz, e é Sonho e é Carne, e é Prece, e é tudo!
Ânsia piedosa de eremita que ama
Com desejos de fauno ardente e rudo!" (Primeiro quarteto)

P. 157 - **"Padre Francisco Pinto"** - Apenas a epígrafe: "O Padre Francisco Pinto - que, acompanhado pelo Padre Luís Figueira, foi o primeiro catequista da Ibipiaba —, tentado pela Carne, queimou com uma candeia de azeite as suas carnes pecadoras. MORAIS - *História da Companhia de Jesus na Extinta Província do Maranhão e Pará*."

9.4.1) SÉRIE II, 4, pp. 362-364 - **"A Carne"** - "Afirmava um moralista inglês que as sepulturas, com raras exceções, são cavadas, na terra, com uma faca e um garfo. A moléstia, manifeste-se ela na cabeça, no pé, no coração, nos rins, no fígado, tem, em noventa e oito casos sobre cem, a sua origem no estômago. As enfermidades, quase todas, mesmo as mais extravagantes, são finalmente, na opinião dele, efeitos de alimentação.

Essa teoria é, hoje, universal. A carne, o peixe, o pão, os legumes, o leite, os ovos, os alimentos mais inocentes, são motivo, atualmente, para os males mais esquisitos. E daí as dietas rigorosas, os jejuns forçados, as imposições feitas pelos médicos aos seus clientes, nos casos de hepatite, de arteriosclerose, de albuminúria, de diabetes, de tabes e, mesmo, de tuberculose.

Entre os clínicos mais exigentes da cidade está, como se sabe, o ilustre sr. dr. Silva Melo, cuja ciência vem constituindo, ultimamente, um dos orgulhos mais legítimos da alta sociedade carioca. Formado nos moldes mais rígidos da moderna ciência alemã, o notável médico brasileiro assenta todos os seus diagnósticos, pode-se dizer, sobre o fundo de um prato.

— Dize-me o que comes, e dir-te-ei a moléstia que tens!

Assim diz ele, e a prova de que o seu lema tem fundamento é o número de curas assombrosas que assinalam, hoje, a sua brilhante carreira de médico."

9.4.2) SÉRIE IV, 2, pp. 66-70 - **"Falando a Piratininga"** - "Tive ensejo de afirmar aí no mundo que, se algum dia conseguisse liquidar todo o meu débito para a terra maranhense e o Senhor decidisse mergulhar meu espírito no Letes da carne, eu desejaria ser paulista ou baiano.

São Paulo e Bahia foram os dois braços fortes que me ampararam na provação. Minha dívida para com ambos é sagrada e irresgatável. Era do seio afetuoso da Bahia, terra mãe do Brasil, que me chegavam os brados de incitamento para a luta; e dos celeiros fartos e generosos de São Paulo vinha a maior parte do meu pão.

Em seu território vivem os meus melhores amigos e do santuário do seu afeto subiram para Deus, em favor do escritor humilde e enfermo, as preces mais comovedoras e mais sinceras, as quais não lhe iluminaram apenas as estradas pedregosas da Vida, mas constituíram igualmente uma lâmpada suave no seu caminho da Morte.

Ignoro quando o Senhor resolverá o retorno do meu espírito aos tormentos da Terra, mas quero, antes de meditar nos calabouços da carne, falar do reconhecimento do meu coração. (....)

E agora, longe das perturbações a que nos submete a carne, infligindo-nos a mais amargosa das escravidões, posso apreciar melhormente as suas afirmações de grandeza. Tenho nítida visão dos seus valorosos feitos, da enérgica projeção dos ideais da sua gente intrépida, cuja atividade se desdobra no ambiente da confraternização de todas as raças, fundindo-se no seu seio os mais enobrecedores sentimentos da fraternidade humana.

São Paulo de hoje é a bússola dos que hão de estudar amanhã a etnologia brasileira."

9.4.3) SÉRIE IV, 8, p. 33 - **"No Reino da Terra"** - "Em meio de nossas conversações referentes às grandes personalidades do mundo, o ancião generoso tomou a palavra e contou, pausadamente:

— Dizem que após as vitórias de Constantino, quando os cristãos se sentiram mais tranqüilos, em virtude dos cálculos políticos do imperador, o Diabo, certo dia, tomou as aparências do Mestre e, com maneiras sacrílegas, aproximou-se da multidão reverente e boquiaberta.

Um dos principais do povo, assumindo ares de liderança, acercou-se de Satanás e perguntou:

— Senhor, como saberemos quais são os maiores no Reino da Terra?

De olhar coruscante, embora a máscara apostólica em que se dissimulava, o Rei das Trevas parecia esperar a interrogação. Lançou um gesto largo à guisa de bênção e falou, untuoso:

— Em verdade vos digo que os maiores no Reino da Carne serão aqueles que souberem usar a mentira com as mais belas cores."

P. 92 - **"Carta Despretensiosa"** - "Você, homem de carne e osso, declara-se imutável e assevera que não passo de sombra a voltar do país da morte.

Como poderá um fantasma consolar um homem seguro de si, a ponto de julgar-se intangível? Decididamente, você tem toda a razão."

9.5) Carta - Das dezenas de respostas de Humberto de Campos a cartas de leitores, ao longo de toda a sua vasta produção terrena, veremos apenas algumas nos seguintes livros:

SÉRIE I, 5.A, pp. 5-9 - **"Resposta a Uma Carta"** - "Minha senhora. Recebi a sua carta, ou antes, o grito da sua mocidade aflita e revoltada, dirigido a um homem que considera, embora sem fundamento, um mestre na ciência da vida. (....)

O seu caso é comum, na sua complexidade. Abandonada pelo marido, conseguiu a sentença do desquite, a única permitida pela nossa legislação, em circunstâncias semelhantes. Tem, agora, trinta anos, e vive honestamente em companhia dos seus filhos pequenos. E pergunta-me:

— Mas devo eu sacrificar a minha mocidade martirizando-me na solidão quando sinto em mim, tão viva ainda, a sede do amor? (....)

Recomendar-lhe a castidade quando as suas amigas se degradam, em ligações clandestinas, nos braços dos amantes, seria temeridade e hipocrisia. A senhora faria, dentro em pouco, o que elas fazem. Sobre a ignomínia da culpa, a ignomínia da mentira. Daí, a audácia do meu conselho. Se puder resistir à sua carne, aos seus nervos rebeldes, aos seus sentidos alarmados, resista. Será heróico, e sublime. A tranqüilidade da sua velhice constituirá o prêmio dessa renúncia na mocidade. Se, porém, não encontrar na própria alma energias para vencer o corpo, eleja um marido, mesmo fora da lei. Faça-o, entretanto, publicamente. Nada de subterfúgios, de mistérios, de clandestinidade. Funde, com ele, o novo lar. A noção de responsabilidade assumida em público fá-los-á, a um e a outro, cautelosos na escolha, assegurando-lhes, assim, a honestidade e a duração da ventura. Amores escondidos são amores transitórios. Amante que foge é amante substituído. E quando a mulher adota esse regime, o amor perde o seu nome. Chama-se prostituição.

O meu conselho é, como vê, prudente e humano. A senhora é livre, e quer ser feliz. Faltam-lhe as grandes forças interiores, as poderosas energias mentais, que neutralizam os gritos da carne e dos nervos, e elevam a mulher acima do seu sexo, purificada da animalidade comum. Evite, todavia, em qualquer circunstância, o homem que não quiser, em público, assumir os encargos do seu destino. A casa de família em que se entra escondido deixa de ser um lar para ser um prostíbulo. E a mulher que se vai encontrar secretamente com um homem perde o seu título de dama para tomar o de meretriz. Aquele que não fizer um sacrifício igual ao seu, abandonando tudo, deve ser tomado, simplesmente, como um sedutor covarde, semelhante aos rufiões que exploram mulheres na sombra, desfrutando vantagens e fugindo às responsabilidades. Repila, em suma, o amante. E aceite o esposo. Legal ou não.

Para doença tão grave, era este, minha senhora, o remédio menos venenoso que havia na minha farmácia."

SÉRIE I, 14, p. 212 - **"Política e Religião"** - "Uma nação assim constituída é, na realidade, ingovernável com um estatuto feito para povos de alta cultura, como é a Carta de 24 de fevereiro. O que ela reclama é um governo enérgico, armado de vigorosa autoridade, servido de meios legais amplos e severos, que lhe permitam a defesa da ordem sob a constante vigilância da lei. E, nisso, o Sr. Marcos Felício, e eu, estamos de acordo com o grande Dario, o qual, segundo informa Herôdoto, afirmava, já, com o seu conhecimento dos povos de baixa cultura, que o melhor governo é o governo de um só, quando este é homem de bem."

SÉRIE II, 2, pp. 123-124 - **"O Homem das Cartas"** - Capítulo em que a palavra "carta" significa diploma universitário.

SÉRIE IV, 2, pp. 20-25 - **"Carta aos que ficaram"** - Transmitida a 28 de março de 1935, o trecho seguinte está inteiramente de acordo com o que se encontra nos dois volumes da SÉRIE III, 1, 2, especialmente no último, que só veio à luz em 1954, vinte anos após a desencarnação do escritor:

"Triunfava da morte e, como Ájax, recolhi as últimas esperanças no rochedo da minha dor, desafiando o tridente dos deuses.

Minha excessiva vigilância trouxe-me a insônia, que arruinou a tranqüilidade dos meus últimos dias. Perseguido pela surdez, já meus olhos se apagavam como as derradeiras luzes de um navio soçobrando em mar encapelado, no silêncio da noite. Sombra, movendo-se dentro das sombras, não me acovardei diante do abismo. Sem esmorecimentos, atirei-me ao combate, não para repelir mouros na costa, mas para erguer muito alto o coração, retalhado nas pedras do caminho, como um livro de experiências para os que vinham depois dos meus passos, ou como a réstia luminosa que os faroleiros desabotoam na superfície das águas, prevenindo os incautos do perigo das sirtes traiçoeiras do oceano."

Pp. 123-129 - **"Carta a Maria Lacerda de Moura",** datada de 24 de julho de 1936: "A sua percepção pode reconhecer a vigorosa andaimaria do edifício do porvir, pois não está longe o dia em que os homens se cansarão de lutar uns com os outros, espalhando a miséria e o extermínio. Os lobos famintos da civilização armamentista ficarão sob os escombros fumegantes de suas grandezas, e a alma cristã cantará a glória dos pacíficos e dos bem-aventurados.

Você, Maria Lacerda, tem muito que fazer.

Decuplique as suas energias e as suas esperanças.

A sua palavra é a da rainha de Halicarnasso.

Reúna com o seu esforço todos os guerreiros inativos e vamos lutar."

Pp. 149-155 - **"Carta aberta ao Sr. Prefeito do Rio de Janeiro"**, datada de 18 de dezembro de 1936. Cf. *Distrito Federal*.

Pp. 178-184 - "**A maior mensagem"**, de 17 de abril de 1937. Da mais alta importância, do ponto de vista autobiográfico, este passo: "De minha parte, porém, já não quero fazer passar os olhos curiosos dos meus leitores sob o Arco de Esopo, movimentando as minhas criações do Tonel de Diógenes. Agora, mais que nunca, reconheço que cada qual compreende como pode, aí no mundo, e não me animo a provocar o riso despreocupado dos meus semelhantes, desejando somente levar-lhes o coração para as questões nobres e úteis da Vida."

Pp. 223-228 - **"Carta a minha Mãe"**, sem data, autêntica obra-prima, que enriquece trechos das suas *Memórias* e das *Memórias Inacabadas*: "Hoje, mamãe, eu não te escrevo daquele gabinete cheio de livros sábios, onde o teu filho, pobre e enfermo, via passar os espectros dos enigmas humanos, junto da lâmpada que, aos poucos, lhe devorava os olhos, no silêncio da noite.

A mão que me serve de porta-caneta é a mão cansada de um homem paupérrimo, que trabalhou o dia inteiro buscando o pão amargo e cotidiano dos que lutam e sofrem. A minha secretária é uma tripeça tosca à guisa de mesa e as paredes que me rodeiam são nuas e tristes, como aquelas da nossa casa desconfortável em Pedra do Sal. O telhado sem forro deixa passar a ventania lamentosa da noite e deste remanso humilde, onde a pobreza se esconde exausta e desalentada, eu te escrevo sem insônias e sem fadigas, para contar-te que ainda estou vivendo para amar e querer a mais nobre das mães."

SÉRIE IV, 4, pp. 69-75 - **"A Agrippino Grieco"**, com transcrições de notas da imprensa da época, que se estendem da p. 75 à 81, sobre o memorável encontro do médium Francisco Cândido Xavier com o autor de *Sol dos Mortos*, na sede da União Espírita Mineira, em Belo Horizonte, Minas Gerais, em 30 de julho de 1939, veiculando os depoimentos deste, num dos quais chega a afirmar, categórico: "É Humberto puro!", naturalmente aturdido por ter rubricado as vinte folhas de papel, nas quais Chico Xavier grafou as palavras inconfundíveis do escritor desencarnado, "com uma celeridade vertiginosa, deixando correr o lápis com uma agilidade que não teria o mais desenvolto dos rasistas de cartório".

Pp. 87-95 - Duas - **"Carta a Gastão Penalva"**, em resposta à **"Carta de Gastão Penalva"** (pp. 82-86), transcrita do *Jornal do Brasil*, de 4 de outubro de 1939, recebida pelo médium Xavier, dois dias depois: "Sim, meu irmão, eu recebi a tua palavra dolorida e cariciosa, evocando os dias escuros da Terra, sentindo nos olhos redivivos o rocio das lágrimas benfeitoras.

A Tua lembrança é uma ave de melancolia, trazendo-me ao coração a suave mensagem de um afeto que não se confundiu nas esperanças mortas."

SÉRIE IV, 7, pp. 18-21 - **"Carta aberta"** - "Meu amigo - soube que vocês esperaram, em Sebastianópolis, um escritor já morto, com grande estardalhaço jornalístico. (....)

Os fenômenos não saciam a sede espiritual e a sensação não substitui o trabalho necessário ao desenvolvimento. Convençam-se de que nenhum de nós confundirá as leis eternas. Nem a exigência de vocês e nem a nossa afetividade poderão perturbar a ordem estabelecida. Todas as realizações legítimas pedem preparo e serviço, e você já pensou nas graves conseqüências do fato que pleiteavam, apaixonadamente? Que seria dos vivos, atolados até o pescoço nos interesses mesquinhos do imediatismo terrestre, se os mortos andassem agora materializados, publicamente, exigindo-lhes a renovação instantânea que só o trabalho, o tempo e a experiência podem fornecer?"

SÉRIE IV, 8, pp. 90-92 - **"Carta Despretensiosa".** Cf. *Carne*.

SÉRIE IV, 9, pp. 13-16 - **"A carta do mundo"** - "Não se trata de plataforma verbalista e, sim, de transformação substancial.

Jesus encontrou os discípulos, um por um.

O indivíduo é coluna sagrada no templo do Cristianismo.

— Negue cada qual a si mesmo — disse-nos o Mestre —, tome a sua cruz e siga-me.

Eis porque o Evangelho é a Carta do Mundo que glorificará a paz na Terra, depois de impressa no Coração do Homem."

Pp. 68-71 - **"No correio fraterno"** - Cf. *Nero* e *Sócrates*.

SÉRIE IV, 11, pp. 167-170 - **"Carta singular"** - "Diante do irmão Licínio Mendonça, jazia a carta que ele assinara, em se comunicando com a genitora:

'Querida Mãe: peço à senhora me abençoe.

Regressando da festa do seu lindo aniversário, depois de muito meditar, resolvi escrever-lhe.

Setenta e oito anos, hein mamãe? Graças a Deus, temos a senhora conosco, firme como o jequitibá que vovó plantou à frente do moinho. (....)

Muito carinho e um beijo na testa com todo o coração do seu filho. LICÍNIO'

Esta era a carta que ele acabara de escrever à mãezinha, quando a morte o surpreendeu numa crise de angina, sem que nos fosse possível auxiliá-lo a reacomodar-se no corpo irrecuperável.

Com tantos planos de serviço e com tantos recursos, Licínio, que soubera traçar considerações tão oportunas sobre a aplicação de finança e tempo, largara o veículo físico, na condição de espírita, sem que as instituições espíritas lhe conhecessem a existência. E, no dia seguinte, quando a veneranda senhora Mendonça chegou de automóvel para os funerais, encanecida mas empertigada, deu-nos a impressão de que ainda teria muito tempo na Terra, para viver forte e rija."

SÉRIE IV, 12, pp. 48-50 - "**Explicação de amigo"** - Cf. *Mitologia* e *O Globo*.

Pp. 69-72 - "**Nota explicativa"** - "Meu amigo, você estranha, sensibilizado, que certo 'morto' inteligente haja olvidado o compromisso de identificar-se, em mensagem pessoal, a determinado companheiro 'vivo'. Refere-se ao contrato de dois escritores respeitáveis que os interesses afetivos entrelaçaram, profundamente, através de tertúlias literárias."

Pp. 83-85 - **"Respondendo"** - "Meu caro M...

Indagando como interpretam os Espíritos o problema da guerra atômica, em síntese você pergunta como apreciamos nós, os desencarnados que tanto nos agarramos ao Evangelho de Jesus, a evolução da técnica científica no plano dos homens, e, sem pestanejar, devo dizer-lhe que o progresso da inteligência, na Terra de hoje, é realmente enorme. (....)

É por isso que nós, os Espíritos desencarnados, conscientes dos próprios débitos e das próprias fraquezas, nos apegamos com tanto ardor ao Cristo vivo, o doador da imortalidade vitoriosa, porque, para nós, antes de tudo, importa melhorar o coração e aprender a viver."

Pp. 90-92 - **"Carta estimulante"** - "Diz você, meu amigo, que, depois de haver assistido a alguns trabalhos interessantes de materialização, passou a registar estranhas modificações no modo de ver.

Assinalou diversas entidades momentaneamente corporificadas, à frente dos olhos, e, pela surpreendente claridade que irradiavam, compreendeu a beleza da vida a que a morte nos conduz. (....)

Esforce-se para que seu nome seja louvado e abençoado pelos que compram e vendem, pelos que administram e obedecem, convencido de que, se não devemos esquecer a contemplação das estrelas, não encontraremos o caminho de acesso a elas se não acendermos alguma lamparina no chão."

Pp. 114-116 - **"Anotação simples"** - "Entrevistado, através da televisão, você, meu amigo, jornalista distinto, afirmou que os escritores e poetas desencarnados estão transformando o Brasil numa **grande necrópole**. E acrescentou, irônico: por que não se consagram os Espíritos a outras atividades artísticas? Por que razão não vem Da Vinci pintar alguma tela que lhe marque a glória inconfundível, como prova da sobrevivência? Por que não se faz ouvido o gênio musical de Chopin nas sessões espíritas, atestando a continuidade da vida, além-túmulo? Entretanto, somente nós, os pobres escrevinhadores da vida carnal, em sua opinião, tornamos à arena física, padecendo pruridos de publicidade, famintos de evidência... (....)

E que você encontre uma criatura consciente e caridosa que o ajude mediunicamente, na piedosa empresa, são nossos votos sinceros, porque, sem dúvida alguma, ao nosso porto de surpresa e refazimento o barco de sua vida, hoje ou amanhã, chegará também."

Pp. 121-124 - **"Carta de um morto"** - "Pede-me você notícias do cemitério nas comemorações de Finados. E como tenho em mãos a carta de um amigo, hoje na Espiritualidade, endereçada a outro amigo que ainda se encontra na Terra, acerca do assunto, dou-lhe a conhecer, com permissão dele, a missiva que transcrevo, sem qualquer referência a nomes, para deixar-lhe a beleza livre das notas pessoais. (....)

Peça a Jesus, desse modo, para que você não venha para cá, num dia dois de Novembro. Qualquer outra data pode ser útil e valiosa, desde que se desagarre daí, naturalmente, sem qualquer insulto à Lei. Rogue também ao Senhor que, se possível, possa você viajar ao nosso encontro, num dia nublado e chuvoso, porque, em se tratando de sua paz, quanto mais reduzido o séquito no enterro será melhor.

E porque o documento não relaciona outros informes, por minha vez termino também aqui, sem qualquer comentário."

Pp. 128-130 - **"Mensagem breve"** - "Realmente você tem razão quando afirma que o mundo parece modificado e que precisamos imenso desassombro para viver dentro dele. (....)

Cresce a loucura em todas as direções.

O hospício é a última fronteira dos enfermos do espírito, de vez que se agitam eles em todos os setores de nosso tempo, à maneira de consciências que, impelidas ao auto-exame, tentam fugir de si mesmas, humilhadas e estarrecidas.

Em razão disso, creia que o melhor caminho para não cair nas mãos dos psiquiatras é o ajustamento real de nossa personalidade aos princípios cristãos que abraçamos, porque o problema é da alma e não da carne.

Não precisaremos discutir.

A hora atual da Terra é inegavelmente dolorosa, mas a tempestade de hoje passará, como as de ontem.

Refugiemo-nos em Cristo.

O Senhor é a nossa fortaleza.

Se tivermos bastante coragem de viver o Cristianismo em sua feição pura, na condição de solitários carregadores de nossa cruz, poderemos encarar valorosamente a crise e dizer-lhe num sorriso confiante: 'Vamos ver quem pode mais'."

Pp. 131-133 - **"Explicando"** - "Não, meu amigo. Quando me desvencilhei do corpo físico, há quase vinte anos, o título de 'espírita' não me classificava as convicções. (....)

Quanto a mim, rendo graças a Deus, por achar-me na condição de pecador arrependido, esmurrando o próprio peito e clamando - 'mea culpa, mea culpa...'

Nosso orientador real é o Cristo, Nosso Senhor.

Sem ele, sem a nossa aplicação aos seus ensinos e exemplos, respiraremos sempre na antiga cegueira que nos arroja aos despenhadeiros do infortúnio.

Procuremo-lo, pois, e ajudemo nos uns aos outros, e você, que com tanta generosidade se interessa pela minha renovação, não se esqueça das oito letras de luz que brilham sobre o seu nome. Ser 'espírita' é continuar com Jesus o apostolado da redenção. E que você prossiga com o Mestre, amando e servindo, no constante incentivo ao bem, é tudo de mais nobre que lhe posso desejar."

SÉRIE IV, 13, pp. 17-22 - **"Depoimento"** - "Aqui vai, meu amigo, a entrevista rápida que você solicitou ao velho jornalista desencarnado com uma suicida comum. Sabe você, quanto eu, que não existem casos absolutamente iguais. Cada um de nós é um mundo por si. Para nosso esclarecimento, porém, devo dizer-lhe que se trata de jovem senhora que, há precisamente catorze anos, largou o corpo físico, por deliberação própria, ingerindo formicida. (....)

Aqui, meu caro, termina o curioso depoimento em que figurei na posição de seu secretário.

Sinceramente, não sei por que você deseja semelhante entrevista com tanto empenho. Se é para curar doentia ansiedade em pessoa querida, inclinada a matar-se, é possível que você alcance o objetivo almejado. Quem sabe? O amor tem força para convencer e instruir. Mas se você supõe que esta mensagem pode servir de instrumento para alguma transformação na sociedade terrena, sobre os alicerces da verdade espiritual, não estou muito certo quanto ao êxito do tentame. Digo isso, porque, se estivesse aí, no meu corpo de carne, entre o frango assado e o café quente, e se alguém me trouxesse a ler a presente documentação, sem dúvida que eu julgaria tratar-se de uma história da carochinha."

Pp. 93-95 - **"Lição numa carta"** - "Ao lado de João Firpo, desencarnado ao impacto do fogo que lhe devorara a casa velha, numa noite de expiação e de assombro, estava a carta, datada por ele quatro dias antes, endereçada a um irmão e que o morto evidentemente deitaria ao correio, na primeira oportunidade. Enquanto bombeiros improvisados lhe retiravam o corpo inerte e benfeitores da Vida Maior lhe amparavam o Espírito liberto em doloroso trauma, copiei a curiosa missiva que revoava nas cinzas da tragédia, a fim de transmiti-la, com objetivos de estudo e meditação, aos companheiros do mundo."

E transcreve, na íntegra, o valioso documento, concluindo: "Esta era a carta que o rico desencarnado tinha escrito e aguardava ensejo para mandar.

O Plano Espiritual lhe havia dado, cinco dias antes, um aviso urgente para a felicidade dele próprio. João, no entanto, exigia prazo a fim de atender. Acontece, porém, que a provação não conseguira esperar.

Um incêndio de grandes proporções no madeiramento da pequena moradia lavrara, noite alta, obrigando-o a largar o corpo sufocado sem remissão.

O dinheiro a que se referira, com tanto carinho, decerto jazeria ali, inteiramente queimado, porque metal não havia.

De interessante nos escombros, apenas a carta que nos pareceu um recado precioso, lançado pelo livro da vida, sobre um monte de pó."

SÉRIE IV, 14, pp. 127-132 - **"Elucidando".** Cf. *Madalena/Maria de Magdala.*

SÉRIE IV, 15, pp. 107-112 - **"Explicações"** - Cf. SÉRIE IV, 12, pp. 131-133.

9.6) Futebol - SÉRIE I, 11.B, p. 208 - "Eu ia provido dessas informações todas quando amanheceu o dia 29 de outubro de 1931, e o *Astúrias* atracou ao cais da cidade platina. Mas repetiu-se aí o caso do criado do Cardeal, a que se refere a anedota: chovia torrencialmente, não se via o Cerrito, nem o rio, nem a cidade, e os jornalistas que foram a bordo só desejavam saber uma coisa, consubstanciada nesta pergunta: O Brasil entra ou não entra para a Confederação Sul-Americana de Desportos? Toma ou não toma parte no Campeonato Sul-Americano de Futebol?"

9.6.1) SÉRIE II, 1, pp. 129-130 - **"Anúncios e Preconícios"** - Colocando na boca do então presidente do Flamengo, o sr. Carlos Castelo Branco, palavras em diálogo com o personagem principal, ao final da história: "Um velho amigo meu, cujo neto mais velho já conquistou onze medalhas nos campos de futebol, convidou-me ontem para ir às arquibancadas do Flamengo, a fim de assistir ao jogo entre o clube local e o S. Cristóvão. Fui, e lá, tive ocasião de observar um tipo interessantíssimo, o qual devia ser estudado pelos médicos que analisam as fraquezas humanas."

9.6.2) SÉRIE II, 2, pp. 206-208 - **"Futebol"** - "A mania, a idéia absorvente, é, hoje, o futebol. Tudo se reduz, atualmente, a *shot*, a *team*, a *goal,* a *match*, a uma nomenclatura inglesa de efeitos rebarbativos, que constitui, entretanto, uma delícia para os iniciados. Ainda há três dias tive a oportunidade de verificar a influência do futebol, mesmo nos assuntos que mais lhe são opostos.

Era à noite, por ocasião de um incêndio à rua Sete de Setembro. Na Avenida, próximo do local do sinistro, o povo amontoava-se olhando o espetáculo apavorante, quando o Corpo de Bombeiros chegou, buzinando e tilintando. Em um momento, foram estendidas, na rua, seis linhas de mangueiras, atacando o fogo. E foi nesse instante, no mais grave e impressionante da tragédia, que eu ouvi ao meu lado, onde se achavam diversos grupos de moças, esta observação imprevista:

— Olha, mana, bom agouro!

— Em quê? — indagou a outra.

E a primeira, radiante, apontando as chamas e os bombeiros:

— Botafogo, l; Mangueira, 6!

Era, realmente, o cúmulo!"

9.6.3) SÉRIE II, 11, pp. 186-187 - **"5 x 1"** - Novas referências ao futebol.

9.6.4) SÉRIE IV, 15, p. 43 - **"Apreciando os satélites"** - "Indaga você como apreciam os espíritos desencarnados a proeza da ciência humana enviando ao espaço os primeiros satélites artificiais e só nos cabe responder-lhe que nós, os estudiosos, desenfaixados da teia física, achamo-nos ao lado da iniciativa, assim como larga torcida de futebol, aguardando o êxito do nosso time terrestre."

9.7) Treva(s) - SÉRIE I, 11.B, pp. 14-15 - ***"Caminho da Serra"*** - "No dia seguinte, às dez horas, estávamos, de novo, em Massapê. (....)

E às quatro e meia, quando a sombra da serra imensa já se projetava pelo sertão, partimos.

Essa viagem, feita há um quarto de século, aparece-me, quando a evoco, entre as brumas de um sonho. Não havia luar e nós marchávamos pela planície queimada no meio de uma claridade misteriosa, que vinha das estrelas e que parecia uma névoa timidamente iluminada. De um lado e outro, nos arbustos secos, milhares de insetos zuniam seguidamente, dando a impressão de que era a própria noite que zunia, friccionando uns contra os outros os fios invisíveis do seu vestido metálico. Esses rumores do Deserto são, porém, daqueles que tornam o silêncio mais profundo ainda. São o chiar da espuma negra do oceano da Treva, no qual a sonda de um grito pode mergulhar sem que consiga, jamais, lhe medir a profundidade..."

9.7.1) SÉRIE I, 13, pp. 82-83 - **"Coelho Neto"** - Os três últimos parágrafos, nos quais o Autor estuda *Treva*, a que ele voltará a se referir às pp. 39; 56; 137 e 174 do SÉRIE III, 1: "O bárbaro fixador desse mundo de espantos que é *Treva* não será considerado, provavelmente, pelos historiadores de amanhã, um perfeito romancista de costumes, como Aluísio de Azevedo, ou um miniaturista das covardias humanas, como Machado de Assis; mas, em compensação, terá deixado uma obra cerebral que assombrará a posteridade. Irregular embora, como todas as criações da Natureza, essa montanha de ouro e mármore poderá satisfazer, ela só, a fome de riquezas verbais e imaginosas de várias gerações. Homens virão de outras terras trabalhar nesta mina, à medida que, pela difusão do nosso idioma, se for ampliando a notícia dela.

O Sr. Coelho Neto não é, em verdade, apenas um escritor; é uma literatura. O estilista maneiroso, alinhador de períodos elegantes, é, não raro, fruto da paciência, do estudo, da tenacidade; o espírito criador, que tira do caos um mundo, esse não se o inventa, nem se imita. Decalca-se um estilo; uma imaginação, jamais. A matéria-prima para esta, fornece-a Deus.

Este João Batista espalha no Deserto, onde o não compreendem nem ouvem, uma centelha do fogo divino. Respeitem-no, pois, os que não quiserem admirá-lo."

9.7.2) SÉRIE IV, 6, p. 217 - **"O Doutrinador Rigorista"** - Ligeiro trecho de Macário Barroso, o pregador espiritista, rigorista e implacável: "Observai o abismo sob vossos pés! Trevas por todos os lados..."

9.7.3) SÉRIE IV, 8, p. 33 - **"No Reino da Terra"** - Cf. *Carne*.

P. 68 - **"Remédio Contra as Tentações"** - Pela boca de Simão Pedro, já velhinho: "Extasiava-se [certo homem de Gaza] diante das árvores e das fontes, perante o lar e o céu, louvando o Criador em cânticos interiores de reconhecimento. Tão maravilhosamente fiel se tornara ao Poder Celestial, que as Forças Divinas permitiram ao Espírito das Trevas aproximar-se dele, qual aconteceu, um dia, a Job, na segurança de sua casa em Hus.

O Rei do Mal acercou-se do crente perfeito e passou a batalhar com ele, tentando enegrecer-lhe o coração."

9.7.4) SÉRIE IV, 9, p. 200 - **"A resposta de Enéias"** - "Dona Amália, depois de comentar as desilusões sofridas com os vizinhos, afirmando-se perseguida de Espíritos das trevas, começa a tagarelice da noite." Cf. *Fagundes*.

9.7.5) SÉRIE IV, 10, p. 92 - **"A última tentação"** - "Ansioso, o Espírito das Trevas aguardava-lhe a pronúncia, mas o Cordeiro de Deus, fixando os olhos no céu inflamado de luz, rogou em tom inesquecível:

— Perdoa-lhes, Pai! Eles não sabem o que fazem!...

O Príncipe das Sombras retirou-se apressado.

Nesse instante, porém, ao invés de deter-se na contemplação de Jerusalém dominada de impiedade e loucura, o Senhor notou que o firmamento rasgara-se, de alto a baixo, e viu que os anjos iam e vinham, tecendo de estrelas e flores o caminho que o conduziria ao Trono Celeste.

Uma paz indefinível e soberana estampara-se-lhe no semblante.

O Mestre vencera a última tentação e seguiria, agora, radiante e vitorioso, para a claridade sublime da ressurreição eterna."

9.7.6) SÉRIE IV, 11, pp. 177-181 - **"Decisão nas trevas"** - Reunião no plano espiritual inferior, de que participam o organizador de obsessões; um observador das trevas; um obsessor exaltado; um obsessor violento; um malfeitor recruta; um obsessor confusionista; um malfeitor antigo; um obsessor fabricante de dúvidas; milhares de malfeitores e obsessores, e um vampirizador experiente, do qual transcrevemos o trecho seguinte, com vistas a que todos nós, espíritas-cristãos, venhamos a nos lembrar sempre do "orai e vigiai": "Em suma, há religiões que possuem santos de pedra ou gesso, mas nós, com a hipnose na base da ação, acabaremos improvisando neles santos de carne e osso por fora, conquanto prossigam na condição de homens e mulheres por dentro...

Creio que, desse modo, enquanto estiverem preocupados em preservar a postura e a máscara dos santos, não disporão de tempo algum para os interesses do espírito..."

9.7.7) SÉRIE IV, 12, pp. 9-10 - **"Lição nas trevas"** - "No vale das trevas, delirava a legião de Espíritos infelizes.

Rixas, obscenidades, doestos, baldões.

Planejavam-se assaltos, maquinavam-se crimes.

O Espírito Benfeitor penetrou a caverna, apaziguando e abençoando... (....)

Estabelecido o silêncio, o Espírito Benfeitor, encorajado pelo que ouvia, indagou com humildade:

— Meu irmão, nada fiz senão cumprir o dever que a fraternidade me impunha; entretanto, se te mostras tão generoso para comigo, em tuas manifestações de reconhecimento e de amor que reconheço não merecer, por que te entregas, assim, à obsessão e à delinqüência?!...

O interpelado pareceu sensibilizar-se, meneou tristemente a cabeça e explicou:

— Em verdade, és bom e amparaste a minha vida, mas não me ensinaste a viver!...

Espíritas, irmãos! Cultivemos a divulgação da Doutrina Renovadora que nos esclarece e reúne! Com o pão do corpo, estendamos a luz da alma que nos habilite a aprender e compreender, raciocinar e servir."

Pp. 64-65 - **"Veneno livre"** - Depois de narrar uma lenda, alerta-nos para o perigo do uso abusivo do álcool, o qual "intoxicando temporariamente o corpo espiritual, arroja a mente humana em primitivos estados vibratórios, detendo-a, de maneira anormal, na condição de qualquer bicho", afirmando linhas antes: "Consta do folclore israelita, numa história popular, fartamente anotada em vários países por diversos autores, que Noé, o patriarca, depois do grande dilúvio, rematava aprestos para lançar à terra ainda molhada a primeira vinha, quando lhe apareceu o Espírito das Trevas, perguntando, insolente:

— Que desejas levantar, agora?

— Uma vinha — respondeu o ancião, sereno."

9.8) Trigo - SÉRIE I, 3.B, pp. 17-18 - **"O Aniversário de Coelho Neto"** - "No dia de hoje, 21 de fevereiro de 1934, Henrique Coelho Neto, o maior escritor que o Brasil possui nesta hora, completa setenta anos de idade. Pelo bico da sua pena saiu um mundo para o mundo. Mais de cem volumes de crônicas, de romances, de conferências, de contos, de dramas, de comédias, de ensinamentos cívicos, de discursos políticos e literários, foram lançados por ele à fome intelectual de dois povos, em menos de meio século. E eis que, chegado ao termo da sétima década, o assombroso trabalhador se detém e estende os olhos cansados pela vastidão do caminho percorrido.

Que vê ele, entretanto, no vasto campo que lavrou, e a que lançou, com ambas as mãos, o trigo de ouro do pensamento? Durante cinqüenta anos sangrou ele os dedos trabalhando sem repouso. Conta-se de São Sérgio que, tendo corrido em torno dos muros de Antioquia levando nos pés coturnos pontilhados de pregos, das gotas do seu sangue nasceram, por onde passou, punhados de rosas vermelhas, que formaram um imenso canteiro ardente, circundando a cidade. Repetissem os deuses pagãos com os sacerdotes da Beleza o que fez o Deus dos cristãos com o seu mártir, e que roseiral seria o caminho perlustrado por este insigne operário do sonho e da pena! Que espetáculo aos olhos dos incréus! Que revelação, ao espírito dos seus perseguidores! Porque, ninguém, mais vivamente do que ele, se consagrou, na sua pátria, ao culto das letras, nem utilizou o alfabeto mais intensamente, para oferecer aos homens as maravilhas do seu mundo interior. E para quê? Para viver pobre; para chegar pobre à velhice, e, com certeza, para morrer pobre, e lutando pela subsistência, pois que as aves de Deus já não descem do céu para levar a Elias, nos eremitérios, o seu diário pedaço de pão!

Eu tenho por esse peregrino do Sonho que vai iniciar, hoje, a marcha para a estação dos oitenta anos, a mais comovida das admirações. Prezo-o, como a nenhum outro homem de pensamento no Brasil. Amo-o, como a nenhum outro companheiro na minha vida. E o tumulto destas palavras exprime, talvez, como entram, na sua enunciação, o coração e o cérebro, e como aparecem, no altar, o escritor e o homem, para receberem esta homenagem que devo, há mais de trinta anos, ao meu amigo e ao meu mestre."

9.8.1) SÉRIE I, 4.B, p. 48 - **"Antônio Torres"** - "Eu vi certa vez, em um livro de gravuras, uma, que me vem agora à lembrança. Era um lavrador, que levava ao moinho o seu trigo. Pusera ao ombro o saco, de boca para baixo. À medida que marchava, o trigo se ia derramando e assinalando, com uma via-láctea, o caminho percorrido. Pássaros pousavam, entretanto, e comiam o trigo. E desapareciam, inteiramente, os vestígios da sua passagem.

Foi assim a vida de Antônio Torres. Escreveu muito, dispersou muito. Deixou rolar pela terra o seu trigo dourado. E os pássaros, que comeram as sementes, não cantarão sequer, jamais, nos braços da cruz que assinala, hoje, em país longínquo e frio, a sepultura do lavrador..." Cf. *Vieira (Padre Antônio)*.

9.8.2) SÉRIE I, 10, p. 323 - **"Na Escada de Sete Degraus"** - "Nascido o primeiro pensamento mau, filho do primeiro mau conselho e do primeiro mau exemplo, outros surgiram, para formação da galeria. Cada vício gera, sempre, outro pior. Lançada a semente de um num coração sem defesa, a espécie logo se multiplica, à semelhança desses vegetais solitários que, pouco a pouco, tomam o terreno, e se transformam em bosque uniforme e impenetrável. Meu coração e meu espírito eram terra fértil e abandonada. A Vida podia cultivar, neles, a roseira ou o cardo, a cicuta, que dá o veneno, ou o trigo, que dá o pão.

O segundo pensamento criminoso que me veio foi o do furto. Não sei como meti a mão pela primeira vez, às escondidas, na gaveta da casa comercial de E. Veras & Filhos. Principiei. Trabalhavam no estabelecimento, por esse tempo, quatro pessoas: tio Emídio, chefe da casa; seus filhos e sócios, Joaquim e Canuto; e eu."

9.8.3) SÉRIE I, 15, p. 46 - **"Jônatas Serrano"** - "Esse estudo do Sr. Jônatas Serrano não pode, todavia, constituir o padrão da sua cultura e, ainda menos, o da consistência das suas convicções. Trata-se mais de uma conferência, com todos os defeitos indispensáveis a esse gênero literário, do que de uma tese grave, definindo uma opinião pessoal. É um ramalhete, que perfuma, e não um punhado de trigo, que alimenta." Cf. *Virgílio* e *Voltaire*.

Pp. 249-250 - **"Viriato Correia"** - "Para formar um perfeito escritor de ficção, fazem-se mister dois elementos substanciais: imaginação e arte. Da importância do primeiro, falava, no último domingo, nesta folha, na sua correspondência semanal de Lisboa, o Sr. Júlio Dantas: 'A crise literária do momento, crise que se manifesta, sem exceção, em todas as literaturas, oferece vários aspectos; e um deles, talvez o mais interessante, tão interessante que de certo modo a explica e justifica, é a crise de imaginação.' E concluía, com tristeza: 'A imaginação está em crise.' É, entretanto, desse trigo sagrado que dispõe, nestes tempos de fome universal, o Sr. Viriato Correia. O que lhe falta é arte, ou melhor, uma compreensão mais elegante da arte. Estilo simples não é estilo negligente, ou falta de estilo."

9.8.4) SÉRIE IV, 5, pp. 184-185 - **"Os quinhentos da Galiléia"** - Palavras do Cristo, depois do Calvário, verificadas as suas primeiras manifestações, no cenáculo singelo de Jerusalém, dirigidas aos seus amigos sinceros:

"(....) Não participareis do venenoso banquete das posses materiais, sofrereis a perseguição e o terror, tereis o coração coberto de cicatrizes e de ultrajes. A chaga é o vosso sinal, a coroa de espinhos o vosso símbolo, a cruz o recurso ditoso da redenção. Vossa voz será a do deserto, provocando, muitas vezes, o escárnio e a negação da parte dos que dominam na carne perecível.

'Mas, no desenrolar das batalhas incruentas do coração, quando todos os horizontes estiverem abafados pelas sombras da crueldade, dar-vos-ei da minha paz, que representa a água viva. Na existência ou na morte do corpo, estareis unidos ao meu Reino. O mundo vos cobrirá de golpes terríveis e destruidores, mas, de cada uma das vossas feridas, retirarei o trigo luminoso para os celeiros infinitos da graça, destinados ao sustento das mais ínfimas criaturas!... Até que o meu Reino se estabeleça na Terra, não conhecereis o amor no mundo; eu, no entanto, encherei a vossa solidão com a minha assistência incessante. (....) Quando tombardes, sob as arremetidas dos homens ainda pobres e infelizes, eu vos levantarei no silêncio do caminho, com as minhas mãos dedicadas ao vosso bem. Sereis a união onde houver separatividade, sacrifício, onde existir o falso gozo, claridade onde campearem as trevas, porto amigo, edificado na rocha da fé viva, onde pairarem as sombras da desorientação. Sereis meu refúgio nas igrejas mais estranhas da Terra, minha esperança entre as loucuras humanas, minha verdade onde se perturbar a ciência incompleta do mundo!... Amados, eis que também vos envio como ovelhas aos caminhos obscuros e ásperos. Entretanto, nada temais! Sede fiéis ao meu coração, como vos sou fiel, e o bom ânimo representará a vossa estrela! Ide ao mundo, onde teremos de vencer o mal! Aperfeiçoemos a nossa escola milenária, para que aí seja interpretada e posta em prática a lei de amor do nosso Pai, em obediência feliz à sua vontade augusta!'

Sagrada emoção senhoreara-se das almas em êxtase de ventura. Foi então que observaram o Mestre, rodeado de luz, como a elevar-se ao céu, em demanda de sua gloriosa esfera do Infinito."

9.8.5) SÉRIE IV, 7, p. 36 - **"Em Ação de Graças"** - "Junto do trigo dos espiritistas sinceros, cresceu o joio dos espiritófobos intransigentes."

9.8.6) SÉRIE IV, 12, p. 7 - **"Dedicatória"**, datada de Uberaba, 18 de Abril de 1966. Resumindo belo apólogo de Rabindranath Tagore (1861-1941), refere-se a um grão e a um grânulo de trigo.

Pp. 13-14 - **"A petição de Jesus"** - Descrição da casa de Jeremias, o curtidor, visitada por Pedro, a pedido de Jesus, com vistas a socorrer-lhe Sara, a filha enferma: (....) "De entrada, dei com ele bebericando vinho num paiol, a cuja porta bati, na esperança de obter informações para demandar o recinto doméstico. Não parecia um patriarca e sim um gozador desavergonhado. Sentava-se na palha de trigo e, de momento a momento, colava os lábios ao gargalo de pesada botelha, desferindo gargalhadas, ao pé de serva bonita e jovem, que se refestelava no chão, positivamente embriagada."

Pp. 119-120 - **"O grande ceifador"** - "O apontamento judicioso ficou no ar, e, como ninguém respondesse, Jesus espraiou o olhar no horizonte longínquo, como quem apelava para o futuro, e ditou a parábola do joio e do trigo, que consta do capítulo treze das anotações de Mateus:

'O reino dos céus é semelhante ao homem que semeia a boa semente em seu campo; mas, ao dormir, eis que veio o inimigo e semeou joio no meio do trigo, retirando-se após. Quando a erva cresceu e frutificou, apareceu também o joio. E os servos desse pai de família, indo ter com ele, disseram-lhe:

— Senhor, não semeaste no campo a boa semente? Por que a intromissão do joio?

E ele lhes disse:

— Um adversário é quem fez isso.

E os servos acentuaram:

— Queres, pois, que o arranquemos?

Respondeu-lhes, porém, o senhor:

— Isso não, para que não aconteça extirpemos o joio, sacrificando o trigo. Deixemo-los crescer juntos até à ceifa. Nessa ocasião, direi aos trabalhadores:

— Colhei primeiramente o joio para que seja queimado e ajuntai o trigo no meu celeiro.

Calou-se o Cristo, pensativo...

Todavia, Simão, insatisfeito, volveu a perguntar:

— Mas... Senhor, Senhor!... em nosso caso, quem colherá a verdade, separando-a da mentira?

O Mestre sorriu de novo e respondeu:

— Pedro, o tempo é o grande ceifador... Esperemos por ele, cumprindo o dever que nos compete... A vida e a justiça pertencem ao Pai e o Pai decidirá quanto aos assuntos da vida e da justiça...

E porque ninguém lhe opusesse embargo à lição, calou-se o Mestre para demandar, em seguida, outros ensinos...'

Silenciou o velho Jonathan e, a nosso turno, com material suficiente para estudo, separamo-nos todos para concluir e meditar."

9.8.7) SÉRIE IV, 13, p. 34 - **"Questão moderna"** - "Os quatro mensageiros da Esfera Superior, antes da vinda à Terra em missão educadora e reconfortativa, ouviram claramente as palavras do sábio orientador que os dirigia:

— Filhos, guardareis em tudo e com todos a nobreza de nossos princípios.

Onde estiverdes, habilitai-vos a falar com segurança e a estender mãos limpas, a fim de ajudar.

Defendei a simplicidade e a pureza da doutrina renovadora de que sois emissários. Não a maculeis com inovações que se lhe façam incompatíveis com a essência de luz! Não mistureis o joio com o trigo, nem a mentira com a verdade...

Em todas as circunstâncias, recordai que sois enviados a servir!..."

CAPÍTULO 10

TERMOS EM GERAL, IDÉIAS PERSONIFICADAS, SERES MORAIS E OBRAS DA LITERATURA UNIVERSAL

10.1) Bom Senso - SÉRIE I, 11.A, pp. 191-199 - **"Iniciação Sentimental"** - "Com o desabrochar do espírito, dos dezessete para os dezoito anos, era natural que me desabrochasse, também, o coração. A sede de amor é como a que nos aflige a garganta. Quando se tem sede, qualquer água serve.

Eu senti, sempre, necessidade imperiosa de amar

apaixonadamente. Hoje, vencido o cabo Tormentoso dos quarenta e cinco anos, meu coração dorme, cansado. Mas, como ele sofreu, coitado!, e sempre inutilmente!... Da encosta íngreme da montanha gelada, posso estender, enfim, os olhos pela planície, onde ainda descubro sinais dos meus passos nos carvões ardentes do caminho..."

E após se referir à sua chegada a Parnaíba, em 1902, de regresso do Maranhão, e, posteriormente, ao seu desembarque no Pará: "Vê-la [a Mlle. M. M. G., uma das moças mais lindas com a qual deparara o Autor, até então] e sonhar com ela acordado foi o primeiro trabalho do meu coração. Ter-se-ia ela, porém, apercebido disto? Apresentado à família, ao pai, à mãe, e ao irmão, passei a freqüentar a casa. Ao ver-me, a moça, que devia ter a minha idade, cumprimentava-me e ficava por isso mesmo. Às vezes, ria de uma pilhéria, de um dito proferido. O comum, porém, era conservar-se calada, séria, olhando e escutando como simples espectadora. Diante daquele enigma, eu me perdia em conjeturas. Uma vez por outra a Vaidade me dizia: 'Quem sabe se isso não é amor, e se o silêncio não é, mesmo, a voz do seu coração?' O Bom Senso, meu amigo velho, vinha, porém, e tapava a boca à Vaidade. Não seria aquela mudez uma demonstração da pobreza de espírito que alguns conhecidos lhe atribuíam? Palrador e jovial, o cunhado, que era meu amigo, foi buscar, um dia, o álbum de retratos da família, e pôs-se a mostrar-mos:

— Este aqui é irmão de minha mulher. Está no Hospício, no Rio de Janeiro... Esta aqui é fulana, está louca também." Depois de se referir a outro familiar suicida, conclui: "Mlle. M. M. G. era, porém, para mim, uma obsessão. Ninguém lhe conhecia namorados. Por que, pois, aquele feitio? Só hoje posso responder a mim mesmo. Mlle. M. sabia-se bonita e gostava do luxo. O seu ideal era um marido rico, uma instalação suntuosa, jóias nos dedos, e carro à porta. Mas sabia-se pobre, e condenada a viver entre pobres. O seu silêncio, o seu recolhimento de alma era, assim, o único protesto que encontrava contra a modéstia da sua condição."

10.1.1) SÉRIE II, 7, p. 62 - **"A Água"** (de Théodore de Bamville), alusão a uma comédia da Escola do Bom Senso.

10.1.2) SÉRIE IV, 10, pp. 22-23 - **"'Eu' contra 'eu'"** - "Quando o Homem, ainda jovem, desejou cometer o primeiro desatino, aproximou-se o Bom Senso e observou-lhe.

— Detém-te! Por que te confias assim ao mal?

O interpelado, porém, respondeu, orgulhoso:

— Eu quero.

Passando, mais tarde, à condição de perdulário e adotando a extravagância e a loucura por normas de viver, apareceu a Ponderação e aconselhou-o:

— Pára! Por que te consagras, desse modo, ao gasto inconseqüente?

Ele, contudo, esclareceu, jactancioso:

— Eu posso.

Mais tarde, mobilizando os outros, a serviço da própria insensatez, recebeu a visita da Humildade, que lhe rogou, piedosa:

— Reflete! Por que te não compadeces dos mais fracos e dos ignorantes?

O infeliz, todavia, redargüiu, colérico:

— Eu mando.

Absorvendo imensos recursos, inutilmente, quando poderia beneficiar a coletividade, abeirou-se dele o Amor e lhe pediu:

— Modifica-te! Sê caridoso! Como podes reter o rio das oportunidades sem socorrer o campo das necessidades alheias?

E o mísero informou:

— Eu ordeno.

Praticando atos condenáveis, que o levaram ao pelourinho da desaprovação pública, a Justiça acercou-se dele e recomendou:

— Não prossigas! Não te dói ferir tanta gente?

O infortunado, entretanto, acentuou, implacável:

— Eu exijo.

E assim viveu o Homem, acreditando-se o centro do Universo, reclamando, oprimindo e dominando, sem ouvir as sugestões das virtudes que iluminam a Terra, até que, um dia, a Morte o procurou e lhe impôs a entrega do corpo físico.

O desditoso entendeu a gravidade do acontecimento, prosternou-se diante dela e considerou:

— Morte, por que me buscas?

— Eu quero — disse ela.

— Por que me constranges a aceitar-te — gemeu, triste.

— Eu posso — retrucou a visitante.

— Como podes atacar-me deste modo?

— Eu mando.

— Que poderes te movem?

— Eu ordeno.

— Defender-me-ei contra ti — clamou o Homem, desesperado; —duelarei e receberás a minha maldição!...

Mas a Morte sorriu, imperturbável, e afirmou:

— Eu exijo.

E, na luta do 'eu' contra 'eu', conduziu-o à casa da Verdade para maiores lições."

10.2) Finados - SÉRIE I, 4.A, p. 268 - **"Proteção ao Homem"** - "O esqueleto ficava, então, no lugar, até à véspera de Finados, quando, na procissão dos Ossos, que dali tirou o seu nome, a irmandade da Misericórdia os ia recolher, dando-lhes piedosa e eterna sepultura. O lugar desses suplícios, no Rio de Janeiro primitivo, era a praia de Santa Luzia, na base do morro do Castelo, mais ou menos no lugar em que se acha situada, hoje, a igreja dessa invocação."

10.2.1) SÉRIE I, 10, p. 107 - **"As Surpresas da Cidade"** - "Eu ignorava, inteiramente, que os mortos tivessem o seu dia, e que, nessa data, os vivos se recordassem deles. Nunca ouvira falar em tal coisa em Miritiba, onde, quando morria uma pessoa, ninguém se lembrava mais da que havia morrido antes. E sucedeu que a nossa visita, em São Luís, à necrópole da cidade, se verificasse precisamente no dia de Finados."

10.2.2) SÉRIE I, 11.B, p. 73 - "Em frente à porta [do circo], fora, mulheres idosas, magras como múmias, montam guarda a tabuleiros de roletes de cana, ou de doces pobres, iluminados por velas de carnaúba, ou candeeiros de querosene. À distância, fazem lembrar velhas avós miseráveis rezando, imóveis, em noite de Finados, junto à sepultura dos netos."

P. 94 — *"Sexta-feira, 2 de novembro [de 1928]*:

Três dias de gripe violenta. Febre e agitação nervosa. Hoje, amanheci melhor.

A data assinala o dia dos mortos. Olho o parque do palácio, e vejo as garças, os tuiuiús, os manguaris, todos muito quietos, à beira dos tanques, o pescoço encolhido, suspensos acrobaticamente sobre uma das pernas. Por que será que toda ave ribeirinha é triste? E lembro-me que eu, à imagem delas, nasci, também, à margem de um rio, nas proximidades do mar...

As palmeiras estão povoadas, porém, de bem-te-vis, de fraque preto e colete amarelo. Voam, gritam, perseguem-se, revoluteiam, como se houvesse no ar uma infinidade de trapézios invisíveis.

Bem-te-vis, não saberão vocês, acaso, que hoje é dia de Finados?" Cf. SÉRIE III, 1, p. 299.

P. 167 - "E acentua [o Deputado Z..., sobre a prisão de Afonso Camargo em Santos e Curitiba em poder dos revolucionários]:

— De qualquer modo, é luta para muitos anos. E eu acredito que algumas gerações tenham de entrar em fogo... A afluência de rapazes é enorme. Só o município de Petrópolis dará, talvez, nesta primeira chamada, mais de três mil homens...

Dia triste, enfim, sem que se saiba por quê. Percebe-se no silêncio, com os ouvidos da alma, um sino dobrando a Finados..." (*Quarta-feira, 15 de outubro [de 1930]*)

10.2.3) SÉRIE II, 2, p. 275-277 - **"Artemísia"** - "Nenhum agrupamento de casas foi tão provado pela gripe, em 1918, como a vila Antonieta, em Copacabana. Não houve uma porta, das trinta de que se compõem aquelas duas filas de habitações, pela qual não passasse um enterro. A devastação foi, em suma, de tal ordem, que, passada a epidemia, a Vila Antonieta abrigava, em um conjunto e de trinta e duas famílias, vinte e sete viúvas e cinqüenta e sete órfãos entre dois meses e quinze anos. (....)

Anteontem, domingo de Finados, saiu D. Artemísia de casa, em visita à cova do esposo. Modestamente vestida, não pudera, sequer, com os restos do seu salário de costureira, comprar uma flor. (....)

E ontem, segundo dia de Finados, a sepultura rasa de Pedro Velasco exibia a palma de flores mais linda e custosa que havia no cemitério de São João Batista."

10.2.4) SÉRIE IV, 12, pp. 121-124 - **"Carta de um morto"** - "Meu caro, você não pode imaginar o que seja entregar à terra a carcaça hirta no dia dois de Novembro." Cf. *Carta*.

10.3) Gênio - SÉRIE I, 2.A, pp. 197-199 - **"A Academia"** - "Entre os numerosos imitadores que teve Swift com as suas *Viagens de Gulliver*, um houve que se destacou pelo relativo sucesso da tentativa: o Abade Desfontaines, famoso contraditor de Voltaire e autor do *Novo Gulliver*. (....)

Eu não conheço, no entanto, engano mais enganoso do que esse com que se embriagam os jovens enamorados da Academia Brasileira de Letras. A sua ilusão é a mesma que se extingue naquela graciosa fábula do Homem e do Gênio, utilizada em um elogio do jogo pela finura gaulesa de Anatole France."

10.3.1) SÉRIE I, 6.A, pp. 5-12 - **"Carta a Sanny Wsaka"** - "Dois beduínos iam, um dia, por um deserto da Arábia, quando um Gênio lhes deu, além de alguns palmos de terra num oásis, a um, um saco de ouro, a outro, um saco de estrume. No ano seguinte o Gênio voltou. O homem do saco de ouro continuava com o seu ouro. O homem do saco de estrume possuía um jardim, todo coberto de rosas."

Pp. 25-28 - **"O Rei da Criação"** - Desta obra-prima, que deveria ser transcrita, da primeira à última palavra, apenas alguns trechos:

"Um Gênio, cansado de habitar o Espaço, resolveu fixar domicílio na Terra, e nela pousou, um dia. Desceu em uma planície, por onde passava um lenhador puxando o seu burro pelo cabresto. Fê-los parar, a fim de lhes pedir informações sobre o mundo em que viviam.

O GÊNIO: — Qual foi de vós, neste planeta, o que inventou a Guerra?

O BURRO (*indicando o homem com o focinho*): — Foi ele, senhor. (....)

O GÊNIO: — Qual foi o que conduziu Jesus de Nazaré ao Egito, vencendo léguas de Deserto?

O HOMEM: — Foi ele, senhor.

O GÊNIO: — Qual foi o que perseguiu Jesus infante, e o quis degolar?

O BURRO: — Foi ele, senhor.

O GÊNIO: — Qual o que o levou, de novo, a Jerusalém, para pregar a palavra divina?

O HOMEM: — Foi ele, senhor.

O GÊNIO: — Qual o que o injuriou, e o crucificou?

O BURRO: — Foi ele, senhor. (....)

O GÊNIO: — Qual o que escraviza os seus irmãos, atirando-os, nos campos de batalha, uns contra os outros?

O HOMEM: — Sou eu, senhor.

O GÊNIO: — Qual o que tem existência mais simples, e na conformidade das leis da Natureza?

O BURRO: — Sou eu, senhor.

O GÊNIO: — Qual, por ter vida honrada e pura, é Rei da Criação, e se considera, na Terra, a imagem de Deus? *(Para o burro)*: — És tu, não é verdade?

O BURRO: — Não; é ele, senhor.

A essas palavras, o Gênio suspendeu o vôo e foi habitar outro planeta."

10.3.2) SÉRIE I, 13, pp. 27-28 - **"Rui Barbosa"** - "Deve ter causado uma surpresa feliz a quantos tiveram nas mãos este livro [*Rui Barbosa - Coletânea Literária* - Companhia Editora Nacional - São Paulo, 1928], a discrição inteligente com que o Sr. Batista Pereira analisa, nas primeiras páginas, a figura literária de Rui Barbosa. Tem-se escrito no país tanto exagero, tanto absurdo, tanto despautério sobre esse eminente espírito brasileiro, que é motivo para espanto não se encontrar o vocábulo 'gênio' entre os atributos concedidos pelo prefaciador ao prefaciado. É verdade que no estudo crítico inicial se faz uma referência à genialidade do grande estilista. O autor desculpa-se, porém, nessa passagem, com a definição de Buffon, para concedê-la. E essa prudência honra, sobremodo, o novo Tácito, que não recorreu à lisonja, filha póstuma da amizade, para aplacar no outro mundo os gloriosos manes de Agrícola.

Essa louvável reserva doméstica põe a crítica perfeitamente à vontade para o exame desse vulto magistral das letras nacionais. Se o gênio 'é uma longa paciência', Rui Barbosa o foi. Mas a definição do naturalista de Montbard é demasiadamente liberal. Admiti-la seria escancarar a milhares de espíritos pertinazes a sagrada região em que permanecem solitários, entre os deuses vencidos e tornados irmãos, esses titãs que escalaram o céu e que se chamam Homero e Ésquilo, Jó e João de Patmos, Newton e Dante, Shakespeare e Hugo. O gênio é um incêndio, e pode durar um dia. E Rui Barbosa foi apenas um archote que ardeu sessenta anos."

10.3.3) SÉRIE I, 14, pp. 41-42 - **"'A Viagem Maravilhosa'"** - "O Sr. Graça Aranha [referindo-se ao livro *A Viagem Maravilhosa*, Livraria Garnier, Rio de Janeiro, 1929] é, positivamente, o mais aristocrático dos nossos escritores. (....) Secretário de embaixada ainda quase adolescente, formou o espírito nos moldes culturais do seu tempo, e desfrutou a intimidade de Nabuco, aprendendo com este, Platão de um novo Sócrates, o segredo da beleza e os mistérios risonhos da vida. Ministro na idade em que outros fazem o tirocínio diplomático, entrou em disponibilidade cômoda ou em aposentadoria frutuosa quando lhe surgiam, ainda, os primeiros cabelos prateados. E, sem cuidados na organização da existência material, sem rasteiras preocupações econômicas, pôde entregar-se exclusivamente ao estudo meditado, à vida de pensamento, ao culto sossegado das letras. É conhecido sobejamente aquele apólogo, que ele divulga, do Homem e do Gênio, a que me referi uma vez." E o relata, novamente.

10.3.4) SÉRIE I, 16.B, pp. 197-198 - **"Prado Kelly"** - "Em comentário que se acha nas folhas deste mesmo volume [excelente livro de versos editado pelo Sr. J. E. Prado Kelly, aos quinze anos], é contado, a propósito dessa ânsia de triunfar, aquele famoso apólogo do Gênio e do novelo de fio. O que nos compete, a nós, é retardar, quanto possível, o desenrolar do fio da vida e, nele, da parte brilhante, exterior, impressionante, destinada à curiosidade dos homens. As coroas de louros devem ser tecidas folha a folha, ramo a ramo, pelas mãos de Penélope, a fim de que não sintamos jamais, antes de tempo, a sensação dolorosa da finalidade do nosso destino." Cf. *Josué* e *Matusalém*.

10.3.5) SÉRIE IV, 9, pp. 17-20 - **"Às portas celestes"** - "O grupo de desencarnados errava nas esferas inferiores. Integravam-no alguns cristãos de escolas diversas, estranhando a indiferença do Céu... Onde os Anjos e Tronos, os Arcanjos e Gênios do paraíso, que não se aprestavam para recebê-los? (....)

Em seguida à oração, eis que aparece a resposta. Iluminado mensageiro, em vestidura resplandecente, desafia a sombra da planície, fazendo-se visível em alto cume. (....)

— Oh! anjo bom, contudo, nós já morremos na Terra!... — acrescentou a voz triste do irmão desencarnado, entre a aflição e a amargura.

O mensageiro, porém, rematou com serenidade:

— Diariamente, milhões de almas humanas abandonam a carne e tornam a ela, no aprendizado da verdadeira vida. Quem morre no mundo grosseiro perde apenas a forma efêmera. O que importa no plano espiritual não é o 'interromper' ou o 'recomeçar' da experiência e, sim, a iluminação duradoura para a vida imortal. Não percais tempo, buscando novos programas, quando nem mesmo iniciastes a execução dos velhos ensinamentos. Aprendiz algum tem o direito de invocar a presença do Mestre, de novo, antes de atender às lições anteriormente indicadas. Voltai e aprendei! Não existe outro caminho para a distração voluntária.

Nesse mesmo instante, o enviado tornou ao plano de onde viera, enquanto os peregrinos, ao invés de prosseguirem viagem para mais alto, obedeciam ao impulso irresistível que os conduzia para mais baixo."

10.3.6) SÉRIE IV, 12, p. 65 - **"Veneno livre"** - "Noé, submisso, concordou sem restrições e o Gênio do Mal encarregou-se de regar a terra e adubá-la, para o justo cultivo. (....)

Esta é a lenda; entretanto, nós, meu amigo, integrados no conhecimento da reencarnação, estamos cientes de que o álcool, intoxicando temporariamente o corpo espiritual, arroja a mente humana em primitivos estados vibratórios, detendo-a, de maneira anormal, na condição de qualquer bicho." Cf. *Trevas*.

10.4) Inveja - SÉRIE I, 2.B, pp. 79-80 - **"Uirari! Uirari!"** - "Há na Amazônia um vegetal violentamente tóxico de que se extrai o curare, e a que os indígenas, que o descobriram, dão o nome de *uirari*. (....)

Com essas origens e utilidades, o *uirari* não será um símbolo vegetal da calúnia? A inveja, de que esta procede, não será também uma planta parasitária, que nasce nos pântanos e se agarra, sinuosa, rasteira, ao tronco das árvores fortes? Não é ela mortal, especialmente quando atinge o coração? Não é a língua, a saliva humana, que lhe renova eternamente a virulência, tornando-a fatal à vítima, sem perigo, entretanto, para a boca que lhe sentiu o contato?

— Uirari! Uirari! — bradavam os índios na guerra, nas batalhas ao sol.

— Uirari! Uirari! — bradam os seus descendentes civilizados.

Mas estes, mais precavidos, combatem na sombra..."

10.4.1) SÉRIE I, 4.B, pp. 150-151 - **"Elogio do 'Pão Duro'"** -

"Descêssemos, porém, ao fundo da nossa alma, e veríamos a verdade triste. Achamos ridículo o sujeito que coleciona dinheiro porque ele escondeu aquilo que nós andamos procurando. Os que colecionam móveis de outrora, estribos de sela, bolas de bilhar, cartões postais ou condecorações honoríficas não nos metem inveja, nem nos acordam o despeito, porque são poucos os que têm manias idênticas. Todos nós temos, porém, inclinação para colecionar dinheiro. E como entre os colecionadores são inevitáveis as rivalidades, todos nós nos revoltamos ao saber que o *Pão Duro* ou o *Manuel das Galinhas* guardava em casa aquilo que nós andávamos catando aqui fora.

A avareza só é, pois, um pecado ou um vício porque nos prejudica. O ridículo de que a cercamos é uma simples explosão do nosso despeito. E se arranharmos um pouco a epiderme da nossa ironia, veremos que ela não é, nesse caso, senão um dos numerosos disfarces da inveja."

10.4.2) SÉRIE I, 11.A, pp. 215-218 - **"A Inveja"** - "A vida na redação do *Notícias*, diário paraense em perpétua agonia, era uma espécie de campeonato de resistência à fome, em que entravam todos os trabalhadores do jornal. Com a falta de pagamento, os ocupantes dos cargos de relevo iam desertando os postos, sendo substituídos, automaticamente, pelos seus subordinados, que aceitavam, sôfregos, o mandato, na vã esperança de, com o prestígio novo, liquidarem a dívida velha. (....)

Raimundo Fernandes e Manuel de Azevedo chamavam-se esses dois abnegados, que haviam chegado aos postos supremos na redação nesse campeonato gástrico da inteligência. (....)

Eu tenho, algumas vezes, na minha vida, sentido inveja. Tive-a, ao ver um homem rico no seu carro; um homem de saúde, na sua alegria; um homem glorioso, com o seu nome trombeteado pela fama, ou um homem amado, levando pelo braço uma linda mulher. Jamais, porém, asseguro, fui tão fundamente ferido por esse baixo e implacável sentimento, como naquelas noites, e daquele mulato, ao vê-lo andar de um lado para outro, comendo aquele pedaço de carne, dentro daquele pão! Tão viva era, mesmo, a impressão que me deixava esse espetáculo, que, suponho, se tivesse filmado a minha figura em uma daquelas horas, eu seria apanhado com os olhos presos naquele homem feliz, à semelhança do cão faminto que acompanha cada gesto da mão que conduz a sua ração de migalhas. Certa vez, ao ver Manuel de Azevedo desembrulhar o seu pão adubado de carne, e mordê-lo, senti-me subitamente mal. A vista se me turvou, uma palidez profunda cobriu a minha fisionomia, e um frio leve me correu pelo corpo, ao mesmo tempo que um suor gelado me banhava a testa e descia, fino e lento, pelo meu rosto desfigurado.

Era fome." Cf. *Carne*.

10.4.3) SÉRIE I, 11.B, p. 101 - "Descemos do automóvel, que nos acompanha, lento. Olho cada casa. Até que, chegados ao atual nº 16, não tenho mais dúvida. Era ali, naquele prédio, que residia meu tio Brasil, velho oficial cego, baixo, gordo e barbado, casado com uma irmã de minha avó materna. Ali nos hospedamos, por uns dias, à espera de vapor para a Amarração. Tenho ainda na lembrança o canto da sala em que me vestiram no dia do embarque. Lembro-me do meu deslumbramento ao ver o muro da fábrica e ao visitar o mercado que havia adiante, todo rodeado de comércio turco, enfeitado com as suas mercadorias à porta. E tenho saudades... de mim!

— Que rua é esta? — indago.

— Belarmino de Matos.

— E o nome antigo?

— Rua da Inveja.

Estava certo, aquela rua devia ter, por força, inveja das outras..."

10.4.4) SÉRIE II, 2, pp. 71-73 - **"O Repelido"** - "Criados, por um simples sopro dos seus lábios, os sentimentos, as paixões e as virtudes destinadas ao coração humano, pôs-se Jeová a hospedá-los, um a um, no seio dos dois primeiros donatários da terra.

— Eu quero para mim o lugar mais apartado, o alojamento mais simples! — pedia, de olhos baixos, a Modéstia.

— A mim, destina a sala da frente, luxuosa, aberta, incrustada de ouro e de pérolas! — impunha, insolente, a Vaidade.

— A mim, Senhor — sussurrou a Inveja, rilhando os dentes; — a mim, basta-me um quarto dos fundos, com porta secreta, que dê para os subterrâneos.

— Eu morarei com ela, Senhor — acudiu a Intriga. — Eu morarei com ela, que é minha irmã...

— Dá-me uma sala discreta — suplicou, sorrindo, a Amizade.

— Reserva-me um compartimento ainda maior, vizinho ao dela, e que se comuniquem! — exigia, risonho e simples, o Amor.

Agitando-se em torno de Jeová, que os ia alojando nos dois corações ainda virgens, paixões e virtudes reclamavam, assim, o seu lugar.

— Um salão bem forte, de portas bem sólidas! — exclamava, exigente, a Avareza.

— Uma alcova de leito bem fofo! — gritava a Luxúria.

— Um compartimento de aparência bem simples! — gemia a Caridade.

— Eu dormirei com ela... — pedia, de mãos postas, a Fé.

— Nós moraremos juntas, as três... — adiantava, de olhos no céu, a Esperança.

— Eu velarei à porta! — dizia a Coragem.

— Um quarto! um quarto! um quarto! bem escuro! bem secreto! bem escondido! — implorava, súplice, o Medo.

— Eu tomarei conta da casa! — impunha, arrogante, a Ambição.

Estavam os dois corações repletos já de moradores, quando, ao cerrar-se a porta, foi ouvido um choro triste, magoado, de alguém que se queixava.

— Quem és tu, que te não fizeste lembrar? — indagou, voltando-se, Jeová.

— Eu sou o Pudor! — gemeu, com as mãos no rosto, o retardatário.

— Agasalhemo-lo, Adão; reabramos o seio para que ele entre! — pediu Eva ao companheiro, mostrando-se compadecida.

— Impossível! — protestou, rude, o bárbaro. — Manda-o embora! manda-o embora!

— A Mulher tomou-o, porém, em segredo, e alojou-o, sozinha, no coração..."

Sobre a Adão, estudado por Allan Kardec, nas questões 50 e 51 de *O Livro dos Espíritos*, para quem a referida figura lendária não foi o primeiro nem o único homem que povoou a Terra, tendo vivido cerca de 4.000 mil anos antes de Cristo, consultemos ainda as seguintes obras recebidas pelo médium Xavier: SÉRIE IV, 2, pp. 142-143 e 147; SÉRIE IV, 3, p. 65; e SÉRIE IV, 8, p. 109.

10.4.5) SÉRIE II, 3, p. 363 - **"Cefalalgia"** - "Não querem, entretanto, os deuses, que a felicidade seja duradoura, nem eterna. No céu azul de uma vida sem cuidados, há de passar, sempre, uma nuvem cinzenta, que interrompa a continuidade da ventura. E era nisso que pensava Dona Teresa, após o jantar íntimo oferecido aos convidados, quando lhe foram dizer, na copa, que o Zezinho se estava sentindo indisposto." E a simples enxaqueca, que fora diagnosticada pelo Dr. Álvaro Osório de Almeida, chegara a ser considerada em conseqüência de inveja e outros males temidos pelo povo.

10.4.6) SÉRIE II, 11, p. 106 - **"A inveja"** - Diálogo travado entre a Madre Natália, de um mosteiro de Bordéus, com uma refugiada de guerra.

10.4.7) SÉRIE IV, 12, pp. 51-53 - **"Comunicações"** - "A história parece brejeira, mas o fato é autêntico.

Rafael Provenzano escutava os grandes comentaristas do Evangelho, entre despeitado e infeliz. Atormentado de inveja. Queria também falar às massas, comover a multidão. Nada lhe fulgia tanto aos olhos como a tribuna. E aguardava, ansioso, o dia em que pudesse alcançar aquele ponto saliente no espaço, de onde a sua voz conseguisse impressionar centenas de ouvidos. Embora fixado à semelhante ambição, era empregado de singela sapataria. E a sua especialidade era bater pinos em sola.

Bastas vezes, surpreendia-se no trabalho, mentalizando público enorme e ele a falar, a falar sob aplausos quentes. (....)

O amigo espiritual, sereno, perguntou sobre a interpretação que ele, o interessado, dera às letras.

Rafael repetiu, impávido: 'Agora deves pregar sem bater pinos'.

O benfeitor espiritual, todavia, pintou expressão de complacência no rosto do médium e observou:

— Efetivamente, Rafael, você esteve fora do corpo de carne e viu, de fato, a mensagem do plano espiritual... Mas, engana-se, quanto ao que julga ter lido. As letras querem dizer, simplesmente: 'Antes de pregar seja bom primeiro'."

10.4.8) SÉRIE IV, 14, pp. 29-34 - **"O Grande Caminho"** - "Um homem de muita fé morava num vale extenso e triste e por que assinalasse amarga solidão, elevou-se em espírito ao Senhor e pediu-lhe, atormentado:

— Benfeitor Eterno, vejo-me vencido pelo desânimo... Que fazer para melhorar o ambiente em que respiro?

— Educa a terra em que foste localizado — aconselhou o Divino Orientador. — Usa o alvião e o arado, a enxada e a semente e, em breve, o solo dar-te-á pão e alegria. (....)

Alarmado, o devoto retornou ao Senhor e clamou:

— Inefável Amigo, melhorada a região a que dei minha ajuda, vieram os companheiros da Humanidade e com eles chegaram inquietantes enigmas. Não mais vivo só, entretanto, as feras da posse, os dragões do ciúme, as serpes do despeito e os monstros da inveja bramem e se arrastam junto de mim... Que fazer para o sustento da paz?

— Educa os irmãos que te cercam a experiência — determinou o magnânimo interpelado — e explica-lhes que o sol brilha para justos e injustos, que o trabalho sinceramente respeitado e bem dividido faz a riqueza de todos e que sem a cooperação fraternal o dever é um cárcere insuportável... Usa a escola e o livro, a palavra e a própria virtude! O tempo assegurar-te-á harmonia e vitória."

10.5) A Divina Comédia/Paraíso Perdido - SÉRIE I, 16.A, 4ª SÉRIE, pp. 215-233 - **"Dante e os Poetas Brasileiros"** - "A influência de Dante é, por exemplo, notória, no *Colombo*, de Porto Alegre, que chegou mesmo a copiar-lhe alguns versos. Como o poeta na *Divina Comédia*, tem o navegador genovês, aí, o seu Virgílio, que se chama Pamórfio. E ambos descem ao *Inferno*, onde assistem à punição de pecadores de vária espécie, para os quais o épico brasileiro descobria suplícios novos que pouco ficam devendo pela brutalidade, pela novidade, pela originalidade, ao gênio inventivo do florentino.

A *Assunção*, o melhor poema de fundo religioso que possuímos, e que os contemporâneos colocaram a par do *Paraíso Perdido*, de Milton, do *Messias*, de Klopstock, foi influenciada, igualmente, pelo poeta formidável. À semelhança dele, inventou Frei Francisco de São Carlos uma região infernal, que é, talvez, mais interessante que todo o resto da epopéia.

Essa tendência para criar Infernos podia ter vindo, é certo, de

Virgílio, na *Eneida*. A estrutura do verso, e particularidades outras demonstram, porém, que ela nos veio através do poeta italiano, que se tornou, depois disso, um dos mentores mais eficientes de nossa inspiração poética."

10.5.1) SÉRIE II, 11, pp. 32-33 - **"O governo mais difícil"** - "Perguntaram um dia a Milton, o grande poeta do *Paraíso Perdido*, o motivo por que um rei podia receber a coroa aos quatorze anos, mas só podia contrair casamento aos dezoito.

— É simples! — declarou o poeta.

E explicou:

— É que é mais fácil governar um reino do que uma mulher! Cf. *Virgílio*.

10.5.2) SÉRIE IV, 7, pp. 137-138 - **"Intercâmbio"** - "Alighieri não fez obra de pura imaginação, ao escrever a 'Divina Comédia'. Amigos intangíveis na Terra arrebataram-lhe a alma, oferecendo-lhe informações das esferas espirituais imediatas ao mundo sombrio, embora o poeta condicione as visões à sua época, ao seu meio e aos seus estados psíquicos. Tasso sente-se tomado de influências estranhas ao grafar a 'Jerusalém Libertada'. Milton, cego e esquecido pelos contemporâneos que o bajulavam ao tempo de Cromwell, sente raios divinos de inspiração, na treva em que os seus olhos mergulham, e transmite à esposa e às filhas o seu famoso 'Paraíso Perdido'. O nosso Bilac sentia-se tocado de misteriosas forças, na composição dos seus versos mais belos. Cruz e Souza, o poeta negro, fala-nos de portas douradas e sacrários liriais do santuário de seu mundo interior."

10.6) Primavera/Outono - SÉRIE I, 1, p. 240-245 - **"Juventude"**

"Em ti, a Primavera anda, em festas, cantando;
O sangue, que, a bramir, da tua alma se apossa,
Lembra um rio invasor, que espumasse, acordando,
O inconsciente esplendor de uma terra inda moça." Cf. *Mito/ Mitologia*.

P. 316 - **"Ressurreição"**

"Bendito o coração que não esquece
A inédita emoção do amor primeiro,
E a quem ela, no instante derradeiro,
Numa bênção, de súbito, aparece!

Abençoada seja, em toda prece,
A árvore que, na asperidão do outeiro,
Na áurea colheita do pomar inteiro,
Recorda o fruto da primeira messe!

Bendita seja, e, para o amor, sagrada,
A alma que acorda do primeiro sono
Com os olhos postos na ilusão passada.

E bendita, afinal, a alma sincera,
Que abre na solidão do meu Outono
Meu primeiro botão de Primavera!..."

10.6.1) SÉRIE I, 3.A, pp. 14-15 - **"Duas Libélulas"** - "Ana Pavlova não perguntava, porém, aos santos, ou aos leigos, se a dança era um pecado ou uma virtude. Ela dançava como dança a folha arrastada pelo vento, ou como a ave pequenina arrebatada pelo tufão. O mundo era uma forte rajada musical. E ela, dentro da vida, pétala de rosa livre e solta, deixava-se levar pelo céu...

Ana Pavlova morreu, entretanto, quando convertia em ritmos toda a graça harmoniosa do seu outono. Criaturas piedosas e amigas amortalharam essa pluma que se fez mulher em um punhado de gaze fresca e branca. Homens tristes suspenderam nas mãos esse bogari humano e levaram-no a uma capela de Haia, de onde foi transportado para um cemitério de Londres.

Se, porém, um dia, ó crianças da Inglaterra, virdes uma borboleta clara e fina bailando sobre as rosas, não a mateis. É Ana Pavlova que volta ao mundo, para festejar, convosco, as alegrias da Primavera!..."

10.6.2) SÉRIE I, 13, pp. 85-98 - **"Dois Poetas do Outono"** - "Havia outrora em Danno-Ura, que domina o estreito de Shimonosekhi, um templo consagrado a Buda, o qual tinha em torno um vasto jardim, que era como o cinto verde do edifício. Milhares de roseiras de caule balouçante acenavam daí às borboletas, oferecendo-lhes, amigas, o balanço fresco do seu galho. Todos os anos, ao anunciar-se a Primavera com o degelo dos montes, desciam da montanha vizinha, na quietude da noite, dois samurais misteriosos, e, sacudindo punhados de ouro imponderável, ordenavam a todas as roseiras que florissem, para a próxima passagem do Supremo Fecundador. Semanas depois todo o roseiral era um ondulante manto de flores em torno do templo. E todo ele cheirava, e bulia, que se sentia o seu perfume, e ouvia o seu rumor, a duas milhas, no mar. Uma roseira houve, porém, que se atrasou na floração, e não se enfeitou de pétalas para o dia nupcial. Ao passar por ela, o deus estranhou a sua esterilidade. Tocou-lhe, então, com a mão misteriosa, e disse-lhe:

— Não quiseste florir, como as outras, por orgulho. Querias ser árvore de fruto, que alimenta, ou planta medicinal, que sara os enfermos, e não roseira que dá flor, e apenas perfuma. O teu castigo, agora, é florir contra a tua própria vontade. Florirás, pois, no Outono, mas as tuas rosas não terão aroma nem a cor que teriam na Primavera.

Foi assim que, em Danno-Ura, no estreito de Shimonosekhi, nasceu a primeira camélia."

Pp. 137-154 - **"Duas Poetisas da Primavera"** - Estudo dos livros *Canta, Meu Coração!*, de Laura Margarida de Queirós, e *Seiva Moça*, de Elze Mazza Nascimento Machado, como sempre revelando-se defensor do feminismo. Transcrevamos o primeiro parágrafo: "Uma das poucas vantagens da conflagração de 1914 foi a autonomia do espírito feminino, assinalada, quase ao mesmo tempo, em todos os países da terra. Carecidos de liberdade ampla para estrangular o inimigo da pátria, os homens afrouxaram os dedos que subjugavam a mulher, concedendo-lhe relativa independência de movimentos. E o resultado dessa generosidade forçada foi imediato e positivo: dirigindo-se por si mesma, ela penetrou, de pronto, no imenso labirinto da atividade pública, assumindo uma responsabilidade vasta na situação e nos destinos do mundo. Cortados com a espada dos novos Alexandres os nós do carro de Górdio dirigido por Semíramis, este pôs-se imediatamente em marcha, coberto de flores e rodeado de pássaros, enchendo de uma doce música desconhecida a solidão melancólica dos caminhos."

10.6.3) SÉRIE III, 2, pp. 365-366 - "*Quinta-feira, 20 de abril [de 1933]:*

Depois de presidir a instalação da 'Sociedade Manuel Bonfim', destinada a velar pela glória deste sociólogo e historiador, vou à Academia, onde haverá uma sessão pública em que Aloísio de Castro dissolverá em versos portugueses a inspiração italiana de Giovanni Pascoli. Na Secretaria, encontro Coelho Neto.

— Como vai você, Neto? — indago.

— Mal... — responde-me, displicente.

— Doença?

— Não, meu velho. Não sinto nada. Mas é um desânimo que tu não avalias. Passo a maior parte do dia deitado. Não tenho coragem nem para ler... Além de tudo, surdo!

É a Velhice, cumprindo o seu dever. E eu me recordo de Edmond de Goncourt tremendo de frio nos dias de sol. Toda a terra sentindo a Primavera lá fora, e ele, enregelado, sob os horrores de um Inverno, que não teria mais fim..."

10.6.4) SÉRIE IV, 5, pp. 55-60 - **"Velhos e moços"** - "Depois de expor os seus receios e vacilações, observou que Jesus o fitava sem surpresa, como se tivesse pleno conhecimento de suas emoções.

— Simão — disse o Mestre com desvelado carinho —, poderíamos acaso perguntar a idade de Nosso Pai? E se fôssemos contar o tempo, na ampulheta das inquietações humanas, quem seria o mais velho de todos nós? A vida, na sua expressão terrestre, é como uma árvore grandiosa. A infância é a sua ramagem verdejante. A mocidade se constitui de suas flores perfumadas e formosas. A velhice é o fruto da experiência e da sabedoria. Há ramagens que morrem depois do primeiro beijo do Sol, e flores que caem ao primeiro sopro da Primavera. O fruto, porém, é sempre uma bênção do Todo-Poderoso. A ramagem é uma esperança; a flor, uma promessa; o fruto é realização. Só ele contém o doce mistério da vida, cuja fonte se perde no infinito da divindade!..."

10.6.5) SÉRIE IV, 7, pp. 34-37 - **"Em Ação de Graças"** - "Também eu, curado da lepra da vaidade que me ensombrava a alma, pela compaixão do Divino Médico, torno ao serviço dele, para testemunhar reconhecimento. Dos outros leprosos que se limparam em minha companhia, não posso dar notícias. Sei apenas de mim, que voltei, não a serviço dos homens, mas em tarefa gratulatória, revelando-me aos companheiros de luta, para que procurem o Senhor, não como doentes, e sim na qualidade de cooperadores fiéis.

Diz, porém, a velha quadra que 'até nas flores se encontra a diferença da sorte'. Assim será sempre, em todos os setores da Natureza. As andorinhas, por exemplo, acompanham a Primavera, voando no espaço amplo, mas os sapos cantam, alegres, quando há mais lodo nas águas barrentas do pântano." Cf. *Atenas*.

10.7) Virtude - SÉRIE I, 2.A, pp. 13-15 - **"Carmen Lídia"** - "A passagem mais encantadora do *Banquete*, de Xenofonte, é, sem dúvida, aquela em que Sócrates relata a sua emoção, a festa do seu espírito, no momento em que voejam pela sala, maravilhando os convivas de Cálias, os pés minúsculos da dançarina siracusana. O filósofo, olhos iluminados, falava, nesse instante, das altas e fortes cintilações da Verdade, cujos clarões desbravavam, como foices de luz, os emaranhados caminhos do mundo. E quando a ninfa de Siracusa, em meio à prédica, penetrou, com os seus pés de brisa, na sala ressoante das divinas palavras do apóstolo grego, o filósofo pouco a pouco foi emudecendo, até que só se ouviu no aposento quieto, entre a agitada respiração de Hermógenes e de Critóbulo, o segredante barulho de folhas dos pés fugitivos da dançarina... Era a Virtude, sonora, que capitulava diante da Arte silenciosa. Era o relâmpago da Sabedoria que se apagava, de repente, à claridade acariciadora da luz serena da Graça!..."

10.7.1) SÉRIE I, 3.B, pp. 107-111 - **"O Castigo da Virtude"** - "Contou-me, há pouco tempo, o Desembargador Vicente Piragipe, um caso ocorrido no Asilo Nossa Senhora de Pompéia, destinado especialmente, no Rio de Janeiro, aos filhos dos encarcerados. Achava-se recolhida ali uma pequenita, filha de um criminoso, considerado na Casa de Correção um dos piores moradores do presídio. Um dia, a pequenita adoece. Compadecida, a diretoria do Asilo manda pedir ao Ministro da Justiça consinta que aquele pai veja a sua filha, que vai morrer. O criminoso é levado àquele estabelecimento de caridade, em um carro-forte. Fisionomia fechada, de homem fera. Ao ver, porém, a pequenita, atira-se de joelhos, abraça-a, não só a ela mas à própria cama em que ela se deita, e ali fica cerca de uma hora, soluçando como uma criança. A menina morreu. O pai regressou para a prisão. No dia seguinte, porém, modificava-se inteiramente, sendo hoje, no presídio em que cumpre a pena, um modelo pela conduta e, sobretudo, pela cordura do coração."

10.7.2) SÉRIE I, 9.A, pp. 221-226 - **"O Abismo"** - Referência à águia do Temor, ou da Virtude, encarnação, talvez, do Anjo da Guarda de Laura Sanchez.

10.7.3) SÉRIE IV, 6, pp. 13-17 - **"As Amarguras de um Santo"** - Palavras de um ex-padre católico, com o sorriso da bonança que sempre surge depois das grandes desilusões: "Em minhas experiências nas esferas mais próximas do Planeta, sempre reconheci que os Espíritos mais homenageados na Terra são os que mais sofrem, em virtude da pouca prudência dos seus amigos. Aliás, neste particular, temos o exemplo doloroso dos 'santos'. Sabemos que raros homens canonizados pela igreja humana chegaram, de fato, à montanha alcantilada e luminosa da Virtude. E essas pobres criaturas pagam caro, na Espiritualidade, o incenso perfumoso das gloríolas de um altar terrestre." E narra história de São Domingos González.

10.7.4) SÉRIE IV, 9, pp. 219-221 - **"O tempo urge"** - "Quando o Senhor determinou que algumas das Virtudes Celestes [a Humildade, a Bondade, a Paz, a Paciência, a Compaixão e a Caridade] viessem ao mundo, trazendo a Felicidade para as criaturas, a Fé acercou-se do Homem, antes das demais, e disse-lhe compassiva:

— O Poder Superior governa-nos o destino. Confia na Providência do Pai Misericordioso e aprende a contemplar mais longe... Mas o Homem, indiferente, sempre retrucava, com argumentos escapistas: 'O tempo urge.' (....)

Então, reconhecendo o Senhor que o Homem estragava o tempo e consumia a vida, inutilmente, sem qualquer consideração para com as Virtudes salvadoras, enviou-lhe alguns dos seus Poderes, de modo a chamá-lo a Juízo.

Aproximou-se inicialmente a Dor.

Não lhe deu conselho algum.

Privou-o do equilíbrio orgânico e acamou-o.

O Homem modificou gesto e linguagem, suplicando:

— Quem me acode? Compadeçam-se de mim!...

Mas a Dor respondeu apenas:

— O tempo urge.

Logo após, veio a Verdade e apodreceu-lhe o corpo.

O Homem rogou:

— Piedade! Piedade! Salvem-me!...

A Verdade, contudo, limitou-se a dizer:

— O tempo urge.

Em seguida, veio a Morte.

O Homem reconheceu-a, apavorado, e pôs-se a gritar:

— Livrem-me do fim! Não posso partir!... Não estou preparado!... Socorro!... socorro!...

A Morte, no entanto, repetiu:

— O tempo urge.

E arrebatou-lhe a alma."

Sobre a *Verdade*, há expressivas passagens em SÉRIE I, 5.A, p. 281; SÉRIE I, 5.B, pp. 9; 68; 83 e 201; SÉRIE I, 13, pp. 14; 229; e 419-432 - **"A Ressurreição do Conto Árabe"** -, sobre *Céu e Alá*, de Malba Tahan, publicado no Rio de Janeiro, em 1928:

"Os contos fundados em lendas orientais são identicamente imaginosos. *Uma Verdade Sobre a Fábula* é um modelo de delicadeza, de ironia, de finura, e poderia ter servido de prefácio a La Fontaine quando este quis expor a Luís XIV a vermina que vinha corrompendo o queijo do seu reino. Um dia a Verdade resolveu visitar o palácio de um rei, e escolheu o do Sultão Harun-al-Raschid. Envolta em véus diáfanos, as formas visíveis através do tecido imponderável, lá foi bater, para falar ao comendador dos Crentes.

— Quem és? — pergunta-lhe o chefe dos guardas.

— Sou a Verdade! — responde-lhe a visitante.

Informados da sua presença, os auxiliares do soberano se alarmam, e não a deixam penetrar no palácio.

Dias depois, torna. Vem grosseiramente vestida de peles, como os pastores.

— Quem és?

— Sou a Acusação!

Nova agitação no palácio. Se a Acusação falar a Harun-al-Raschid, estarão todos perdidos. E a Verdade, que tomara esse nome, retorna, sem ter chegado à presença do califa.

Semanas mais tarde volta. A fisionomia é a mesma. É a mesma criatura das duas visitas anteriores. Traja, porém, desta vez, vestidos riquíssimos, e vem coberta de jóias.

— Quem és?

— Sou a Fábula!

As portas abrem-se, e ela entra, entre flores, perfumes e festas. Porque é só transfigurada em Fábula que a Verdade e a Acusação podem chegar à presença dos reis..."

10.7.5) SÉRIE IV, 5, pp. 15-19 - **"Jesus e o Precursor"** - "João, de fato, partiu primeiro, a fim de executar as operações iniciais para grandiosa conquista. Vestido de peles e alimentando-se de mel selvagem, esclarecendo com energia e deixando-se degolar em testemunho à Verdade, ele precedeu a lição da misericórdia e da bondade." Cf. *Esdrelon*.

Pp. 157-162 - **"A última ceia"** - "Nesse instante, os apóstolos observaram que ele se erguia. Com espanto de todos, despiu a túnica singela e cingiu-se com uma toalha em torno dos rins, à moda dos escravos mais íntimos, a serviço dos seus senhores. E como se fossem dispensáveis as palavras, naquela hora decisiva de exemplificação, tomou de um vaso de água perfumada e, ajoelhando-se, começou a lavar os pés dos discípulos. Ante o protesto geral em face daquele ato de suprema humildade, Jesus repetiu o seu imorredouro ensinamento:

— Vós me chamais Mestre e Senhor e dizeis bem, porque eu o sou. Se eu, Senhor e Mestre, vos lavo os pés, deveis igualmente lavar os pés uns dos outros no caminho da vida, porque no Reino do Bem e da Verdade o maior será sempre aquele que se fez sinceramente o menor de todos."

10.7.6) SÉRIE IV, 9, pp. 216-218 - **"No Portal da Luz"** - Dentre as diversas justificativas ante o representante da Divindade, o candidato ao ingresso à Esfera Superior, afirma: "Ouvi com acatamento as elucidações de todos os pregadores da Verdade, arquivando-lhes o bom conselho..."

10.7.7) SÉRIE IV, 12, pp. 27-29 - **"Consciência espírita"** - "E o orientador esclareceu, imperturbável:

— Temos junto de nós os que estavam no mundo plenamente educados quanto aos imperativos do Bem e da Verdade, e que fugiram deliberadamente da Verdade e do Bem, especialmente os cristãos infiéis de todas as épocas, perfeitos conhecedores da lição e do exemplo do Cristo e que se entregaram ao mal, por livre vontade... Para eles, um novo berço na Terra é sempre mais difícil."

Pp. 95-100 - **"Kardec e Napoleão"** - "Cânticos de alegria e esperança anunciaram nos céus a chegada do século XIX e, enquanto o

Espírito da Verdade, seguido por várias coortes resplandecentes, voltava para o Alto, a inolvidável assembléia se dissolvia...

O apóstolo que seria Allan Kardec, sustentando Napoleão nos braços, conchegou-o de encontro ao peito e acompanhou-o, bondosamente, até religá-lo ao corpo de carne, no próprio leito."

10.7.8) SÉRIE IV, 13, pp. 27-30 - **"Estudo na parábola"** - "O terceiro adiantou-se e explicou:

— Senhor, devolvo-te o Conhecimento Espírita, intocado e puro, qual o recebi de tua munificência... O Conhecimento Espírita é Luz, Senhor, e, com ele, aprendi que a tua Lei é dura demais, atribuindo a cada um conforme as próprias obras. De que modo usar uma lâmpada assim, brilhante e viva, se os homens na Terra estão divididos por pesadelos de inveja e ciúme, crueldade e ilusão? Como empregar o clarão de tua verdade sem ferir ou incomodar? E como incomodar ou ferir, sem trazer deploráveis conseqüências para mim próprio? Sabes que a Verdade, entre os homens, cria problemas onde aparece... Em vista disso, tive medo de tua Lei e julguei como sendo a medida mais razoável para mim o acomodar-me com o sossego de minha casa... Assim pensando, ocultei o dom que me recomendaste aplicar e restituo-te semelhante riqueza, sem o mínimo toque de minha parte! (....)

O Senhor, entretanto, explicou, brandamente:

— Não desconheces que te atribuí a luz da Verdade como sendo o bem maior de todos. Se ambos os teus companheiros não acertaram em tudo [haviam recebido o Dinheiro, o Poder, o Conforto, a Habilidade, o Prestígio, a Inteligência e a Autoridade], é que lhes faltava o discernimento que lhes podias ter ministrado, através do exemplo, de que fugiste por medo da responsabilidade de corrigir amando e trabalhar instruindo... Escondendo a riqueza que te emprestei, não só te perdeste pelo temor de sofrer e auxiliar, como também prejudicaste a obra deficitária de teus irmãos, cujos dias no mundo teriam alcançado maior rendimento no Bem Eterno, se houvessem recebido o quinhão de amor e serviço, humildade e paciência que lhes negaste!..."

Pp. 38-41 - **"O anjo e o malfeitor"** - "Modificado nos mais profundos sentimentos, o ex-malfeitor consagrou-se ao alívio e à felicidade dos outros, e, percebendo necessidades e provações que não conhecia, procurou instruir-se e aperfeiçoar-se. Com quarenta anos de abnegação, adquiriu as qualidades básicas do Virtuoso, os recursos primordiais do Sábio, o equilíbrio do Prudente, as facilidades econômicas do Filantropo, a competência do Pregador, a acuidade mental do Filósofo e os altos pensamentos do Pesquisador da Verdade... (....)

Um dia, chegaram ao limiar da Esfera Superior o Virtuoso, o Sábio, o Prudente, o Filantropo, o Pregador, o Filósofo e o Pesquisador da Verdade... Examinados na Justiça Divina, foram considerados dignos perante as Leis do Senhor; entretanto, para o mérito de seguirem adiante, luzes acima, faltava-lhes trabalhar na seara do amor aos semelhantes... (....)

Em nome dos companheiros, o Virtuoso aproximou-se do orientador maior que lhes revisava os interesses no Plano Espiritual e indagou:

— Venerável Juiz, por que motivo um malfeitor atravessou, antes de nós, as fronteiras do Céu?!...

O magistrado, porém, abençoou-lhe a inquietação com um sorriso e informou, simplesmente:

— Serviu."

Consultemos o poema "Verdades...", às pp. 83-84 da SÉRIE I, 1.

PARTE IV

A MECÂNICA DO ESTILO DE HUMBERTO DE CAMPOS, ENCARNADO E DESENCARNADO

NOTA PRELIMINAR

Feito o estudo de todos os vocábulos, substantivos próprios e comuns, usados com freqüência um tanto quanto obsessiva pelo autor das *Memórias*, cotejados com a coleção lançada em 1941, por W.M. Jackson Inc. Editores, comparando-os com os constantes nos livros recebidos pelo médium Francisco Cândido Xavier e publicados, em sua grande maioria, pela Editora da Federação Espírita Brasileira, a cujos diretores renovo os meus agradecimentos pela utilização dos textos, que eu possa, agora, seguir um roteiro, por demais prático, com vistas a que o leitor alcance, qual julga ter alcançado o autor destes apontamentos, o vértice da beleza que dimana de todas as páginas deixadas pelo grande beletrista patrício, numa demonstração inequívoca de que se trata do mesmo autor, o que escreveu obras da mais alta importância quando neste mundo, e as que prosseguiu escrevendo, através da psicografia de Chico Xavier, assinando Humberto de Campos (Espírito) e Irmão X, transmitindo-nos páginas consoladoras à luz da Doutrina Espírita, revelando-se meticuloso pesquisador, nos arquivos da Espiritualidade Superior, da História do Brasil.

Tendo que adotar um método pessoal, para análise sobretudo gráfica dos textos, passível, naturalmente, de crítica, transcreverei, em seguida, trechos de três obras que tratam da Moderna Gramática ou Gramática Gerativa e da Sintaxe Estrutural, a fim de que todos aqueles que até agora me concederam atenção constatem a complexidade do assunto, e deste modo possam vibrar, positivamente, em benefício do autor deste arrazoado, que resolveu partir para tão dificílima empresa por não ter saído a campo outro, com mais competência, no último quartel de século passado e início do atual, para desempenhá-la com amor.

Acertado este ponto, que aqui fiquem registrados os conceitos de elementos que se fazem necessários para a boa compreensão da chamada Sintaxe Estrutural, especialmente da sintaxe distribucional, de que me servirei:

1) Celso Pedro Luft, MGB, pp. 11-14 - "Dentro da nossa terminologia gramatical, convém distinguir entre *frase, período* e *oração*.

O termo mais abrangente é *frase* - a menor unidade autônoma da comunicação. Autonomia no plano significativo - uma intenção comunicativa definida - e no plano significante - uma linha completa de entoação.

Se a frase tem pelo menos um verbo, e portanto uma oração, damos-lhe o nome de *período*. Todo período é uma frase, mas não vale o inverso: há frases sem verbo, portanto não períodos.

Oração é a unidade marcada por um verbo. Em geral, apresenta também um (nome) substantivo, a que se refere e com o qual concorda o verbo, constituindo a estrutura binária [Sujeito + Predicado].

A diferença entre oração e período é que este pode ser constituído de mais de uma oração. As duas entidades se confundem na frase de um só verbo: *período simples = oração absoluta*."

O diagrama classificatório resume-se no seguinte: FRASE – não-racional: *interjectiva*; racional - sem Verbo: *nominal;* com Verbo: PERÍODO - simples: ORAÇÃO absoluta; composto por: coordenação, subordinação, coordenação e subordinação.

Segue uma lista dos *padrões frasais ou oracionais*, suficientemente rico para exemplificar as bases sintáticas do português, em siglas e abreviaturas:

SS: sintagma substantivo;

SAdj: sintagma adjetivo;

SAdv: sintagma adverbial;

SP: sintagma preposicional (preposição + SS);

Vlig: verbo de ligação (ou predicativo);

Vi: verbo intransitivo;

Vtd: verbo transitivo direto;

Vti: verbo transitivo indireto;

Vtdi: verbo transitivo direto e indireto;

Vt-pred: verbo transitivo-predicativo;

Vi-pred: verbo intransitivo-predicativo.

"Sintagma é qualquer constituinte imediato da oração, exercendo função de sujeito, complemento, predicativo, adjunto adverbial. Tanto pode ser uma palavra só como mais de uma palavra:

o aluno - está lendo - a história - com muita atenção

ele - lê - aquilo – atentamente

SS – SV – SS - SP/SAdv

Para melhor compreender os padrões oracionais, tenha-se em conta a existência de quatro posições ou casas sintáticas:

(1) sujeito - (2) verbo - (3) complementos - (4) adjuntos adverbiais

Entre os 'complementos', contam-se os objetos (direto e indireto) e o predicativo. Ao lado do objeto indireto incluo o 'complemento' adverbial, exigido, como aquele, por determinados verbos que se complementam com locativos: *ir, chegar, voltar a um lugar, entrar em..., sair de...* Há assim várias posições 3: 3a objeto direto, 3b objeto indireto, 3c locativos ('compl.' adv. de lugar), e existem até construções com 2 locativos (*descer de... a..., voltar de... para...).* A casa 4, dos adjuntos adverbiais, não influi no padrão frasal; este é determinado, essencialmente, pelo verbo ou pela chamada 'predicação verbal'."

Antes, dá exemplos dos três tipos essenciais de frase: *declarativa, imperativa* e *exclamativa* e de duas intermediárias: *interrogativa e optativa (*de desejo), elementos naturalmente encontrados nos trechos, transcritos acima, de Humberto de Campos encarnado e de Humberto de Campos/Irmão X.

2) Joseph Nivette, PGG, pp. 129-131 - Alguns símbolos que serão utilizados: Adj. = adjetivo; Art. = artigo; F = frase; MN = membro nominal; N = nome ou substantivo; Neg = negação; NP = nome próprio; SN = sintagma nominal; Spred. = sintagma predicativo; SV = sintagma verbal.

Os principais símbolos (ingleses) utilizados por Chomsky: N = nome; NP = sintagma nominal (*Noun Phrase)*; NPpl = sintagma nominal plural; NPsing = sintagma nominal singular; PP = sintagma preposicional; S = frase; VP = sintagma verbal (*Verb Phrase).*

3) Georges Mounin, IL, pp. 106 e 111-115 - Em "O que é uma frase?", enfatiza: "Define-se habitualmente a sintaxe como o estudo da estrutura da frase. Todavia, como já dissemos, há umas duzentas definições diferentes de frase, que se baseiam em geral - separadamente ou em correlação - em três espécies de critérios - se não levarmos em conta um quarto, quase implícito, que é aquele que exige, por razões de comodidade, que se opere apenas com frases escritas. Primeiro critério: a frase define-se intuitivamente pelo sentimento que há de ela exprimir um pensamento completo: então, é à psicologia e à lógica que cabe dizer o que é um pensamento, e o que é um pensamento completo (Fries assinalou em processos-verbais do Congresso de Washington uma frase com mais de 80.000 palavras!). Segundo critério: a frase é concebida como o decalque aristotélico da proposição lógica, ou seja, o conjunto de um sujeito (aquilo sobre que se diz alguma coisa) e de um predicado (aquilo que sobre essa coisa se diz). Também neste caso é ao lógico que cabe dizer em que consistem essas noções, com as quais nem sempre a frase quadra."

Analisando graficamente a frase "Ela abordava um problema delicado", descreve os seguintes métodos: l - da "caixa de Hockett, no Quadro V; 2 - o esquema de Fries, no Quadro VI; 3 - o "estema" de Tesnière, no Quadro VII, estudando as frases latinas: *Deus creavit hominem, Hominem creavit Deus, Creavit Deus hominem,* no Quadro VIII, "todas igualmente possíveis, e significando as quatro 'Deus criou o homem', sem dúvida, com um cambiante estilístico diferente"; a genial idéia gráfica de Ihm e Lecerf, no Quadro IX; e, finalmente, a "arvore" de Chomsky (1956), "em que o nível 1 é o da frase (sentence, P); o nível 2: sintagma nominal (SN) - sintagma verbal (SV); o nível 3: grupo nominal (GN) e grupo verbal (GV); o nível 4, GN = Artigo (A) + Grupo substantival (GS), ou então GV = Verbo — e eventualmente Auxiliar (AUXI), etc.", no Quadro X, externalizando o que poderia desencorajar um principiante no estudo de Lingüística: "Nomeadamente, não sabemos nada sobre as razões que permitem ou excluem certas posições. Em resumo, nada sabemos sobre a sua função sintática propriamente dita: experimentemos imaginar o ensino da sintaxe baseado unicamente em regras distribucionais!"

***

Estudada no item anterior a questão estilística, sob o ponto de vista acentuadamente teórico, nada melhor que citar cinco autores, cada um com o seu estilo inconfundível, três brasileiros e dois estrangeiros. O primeiro deles, contemporâneo e grande amigo de Humberto de Campos, e o segundo, que mereceu um alentado estudo de M. Cavalcanti Proença, de mais de quatrocentas páginas:

1) Coelho Netto: "Filipe Augusto, que se afrontara com as cimitarras sarracenas quando, com outros príncipes da Cristandade, saíra a libertar o túmulo do Senhor; que não temera medir-se com Ricardo Coração de Leão e tomara de assalto, arrasando-o, o inexpugnável castelo Gaillard, passara com a sua gente ao largo da orgulhosa fortaleza [o castelo Créve-coeur], por se não sentir forte bastante para impor-se à hoste que o destemido barão punha em campo quando resolvia dilatar o feudo inventando ofensas para justificar matanças." (OS, p. 1251, *Tormenta* - Lenda)

2) Mário de Andrade: "Tudo ele contou pro homem e depois abriu asa rumo de Lisboa. E o homem sou eu, minha gente, e eu fiquei pra vos contar a história. Por isso que vim aqui. Me acocorei em riba destas folhas, catei meus carrapatos, ponteei na violinha e em toque rasgado botei a boca no mundo cantando na fala impura as frases e os casos de Macunaíma, herói de nossa gente. Tem mais não." (M, p. 222)

3) James Joyce: "Stephen fechou os olhos para ouvir as botinas triturar bodelha e conchas tagarelas. Estás andando sobre isso algoqualcerto. Estou, uma pernada por vez. Um curto espaço de tempo através de muito curtos tempos de espaço. Cinco, seis: o *nacheinander*. Exatamente: e isso é ineclutável modalidade do invisível. Abre os olhos. Não. Jesus! Se eu cair de uma escarpa que se salta das suas bases, caio através do *nebeneinander* ineclutavelmente. Até que estou deslocando-me bem neste escuro. Minha espada de freixo pende a meu lado. Tateia com ela: é assim que se faz. Meus dois pés nas botinas dele estão no final de suas pernas dele, *nebeneinander*. Soa maciço: feito pelo malho de *Los Demiurgos*. Estou eu andando para a eternidade ao longo do areal de Sandymount? Tritura, tagarela, trila, trila. Dinheiro do mar selvagem. Dômine Deasy sabe tudinho. (....)

Ela entornou mais chá na xícara, olhando de lado o fio escorrer.

Preciso renovar o registro naquela biblioteca da rua Capel ou reclamarão junto ao meu fiador. Reencarnação: esse é o termo.

— Algumas pessoas acreditam — disse ele — que continuamos a viver noutro corpo depois da morte, que vivemos antes. Chamam a isso reencarnação. Que todos vivemos há milhares de anos na terra ou noutro planeta. Dizem que nos esquecemos disso. Alguns dizem que se lembram de suas vidas anteriores." (U, pp. 42 e 73)

4) Alexandre Herculano - "Nos costumes de Béja dá-se uma antinomia entre a disposição que auctorisa os alvasís para revogarem as posturas e outra que parece estatuir o contrário, ordenando-se que o façam com o alcaide, com o procurador e com os *homens bons*, accrescentando ou diminuindo o que julgarem conveniente. Esta antinomia o que, quanto a nós, significa é que aos magistrados incumbia a iniciativa na alteração das leis municipaes, ficando esse acto sujeito á sancção popular, naturalmente pelo voto dos homens bons." (HP, pp. 303-304)

5) João Guimarães Rosa - "— Nonada. Tiros que o senhor ouviu foram de briga de homem não, Deus esteja. Alvejei mira em árvore, no quintal, no baixo do córrego. Por meu acerto. Todo dia isso faço, gosto; desde mal em minha mocidade. Daí, vieram me chamar. Causa dum bezerro: um bezerro branco, erroso, os olhos de nem ser - se viu -; e com máscara de cachorro. Me disseram; eu não quis avistar. Mesmo que, por defeito como nasceu, arrebitado de beiços, esse figurava rindo feito pessoa. (....)

Compadre meu Quelemém [personagem espírita] me hospedou, deixou meu contar minha história inteira. Como vi que ele me olhava com aquela enorme paciência - calma de que minha dor passasse; e que podia esperar muito longo tempo. O que vendo, tive vergonha, assaz. (....)

Cerro. O senhor vê. Contei tudo. Agora estou aqui, quase barranqueiro. Para a velhice vou, com ordem e trabalho. Sei de mim? Cumpro. (....) Amável o senhor me ouviu, minha idéia confirmou: que o Diabo não existe. Pois não? O senhor é um homem soberano, circunspecto. Amigos somos. Nonada. O diabo não há! É o que eu digo, se for... Existe é homem humano. Travessia." (GSV, pp. 9 e 460)

* * *

Sem lançar mão do método gráfico descrito na Gramática Gerativa, utilizarei, a partir do segundo texto a ser analisado, em seguida, as abreviaturas e siglas que foram mencionadas no início deste capítulo, evitando as de Chomsky, por exemplo, deixando que o próprio leitor possa montar, se possível, a árvore de cada trecho devidamente dissecado - este é o termo de que não consigo me esquivar -, confirmando a semelhança estilística buscada com tanto empenho por quem subscreve esta introdução.

É preciso que se diga que, dos sintagmas dos textos psicografados pelo médium Francisco Cândido Xavier, poderá o leitor encontrar alguma dificuldade, devido ao processo classificatório utilizado, isto é, o recurso das siglas e abreviaturas.

Uma vez posto em evidência determinado conjunto sintagmático, será bom que se consulte o passo de onde foi retirado o referido conjunto, num dos dez capítulos dos Textos Antológicos, já que não haverá qualquer especificação do número de capítulo, tarefa que cada um, por si mesmo, possa desempenhar, verificando, quando possível, naturalmente, em qual livro e em que página o trecho estudado se encontra.

Antes da transcrição dos aludidos textos, alguns exemplos do método adotado:

O Senhor (1) - observa (2) - o interesse de Pedro (3)

1) SS1: sintagma substantivo; sujeito simples com o adjunto adnominal O, artigo definido, singular.

2) SV: sintagma verbal Vtd - verbo transitivo direto -, no presente do indicativo.

3) SS2: o interesse de Pedro - objeto direto; artigo definido, masculino, singular; SP: sintagma preposicional - de; SS3 - Pedro.

Os dois discípulos (1) - observaram (2) - que a expedição de servos e soldados... (3)

1) SS1: sujeito simples, com o adnominal Os.

2) SV: Svtd: no pretérito perfeito do indicativo, requisitando o objeto direto.

3) SS2: o objeto direto é constituído de uma oração subordinada (quanto à sua natureza) objetiva direta.

No início do trecho, o mesmo sintagma verbal, no gerúndio.

LINGUAGEM METAFÓRICA

De todos os livros citados no roteiro bibliográfico, em siglas, acima, sobre o processo metafórico, a meu ver, os mais importantes a serem consultados são os seguintes:

LE, pp. 93-105, RBF, pp. 175-185 e AE, pp. 284-285. Do primeiro, este breve tópico de Nelly Novaes Coelho: "Metáfora (do grego 'transportar'), portanto, designa a transição de uma realidade à outra, a partir de elementos semelhantes existentes entre as duas (....) Note-se que nessa área imagística (metáfora/metonímia/sinédoque) a semelhança aparente entre os três processos é por vezes tão grande que difícil se torna determinarmos, de maneira indiscutível, a presença de um e de outro."

No segundo, das "Notas de Estilística", de Antônio de Pádua, alguns exemplos do sinestesismo metafórico:

1) Audição = Vista - "brancas sonoridades de cascatas" (Cruz e Sousa, *Poesias,* 114); "cai a luz em antífonas, em trenos..." (Id., 91).

2) Olfato = Vista - "o branco aroma às brancas açucenas" (Luís Delfino, *Algas,* 30); "luz perfumada das manhãs" (Id., Ibid., 58).

3) Audição = Olfato: "canções cheirosas como nardo" (Álvares de Azevedo, *Obras*, I, 278); "um olor de canção sob um luar de piedade" (Luís Murat, *Ondas*).

4) Audição = Tato - "inda ecoa em minh'alma o veludoso canto da cítara que ouvi" (Dario Veloso, *Cinerário,* 110); "vozes veladas, veludosas vozes" (Cruz e Sousa, *Poesias*, 189).

5) Olfato = Tato - "há nesse odor toda a maciez das malvas" (Gilka Machado, *Poesias,* 31); "quentes, cálidos aromas" (Cruz e Sousa, *Poesias,* 209).

6) Vista = Tato - "claridade incerta de tons macios" (B. Lopes); "a luz macia, verde e macilenta" (Luís Delfino, *Íntimas*, 105). Por fim, este exemplo de M. Said Ali, DLP, p. 46: "No rosto da frase."

No terceiro, António Albalat enfatiza que a metáfora "consiste em transportar uma palavra, da sua significação própria, para outra significação, em virtude de uma comparação, que se faz no espírito e que se não indica. (....)

A metáfora é uma imagem, resultante de uma comparação subentendida. Mas uma imagem nem sempre é uma metáfora. A imagem é uma maneira vigorosa de escrever, é a maneira de tornar um objeto mais sensível. (....)

A *metáfora* faz parte do próprio estilo: é inerente, não só ao estilo, mas até à língua. (....) É nas metáforas, ou, falando mais simplesmente, é nas imagens que reside a grande força do estilo."

1) A noite caíra sobre a cidade (Por mais anódina que se queira considerar esta construção sintática - "caía a noite" -, já fora ela usada pelo velho Morais, segundo Francisco Fernandes. Cf. DVR, p. 131)

2) sem me inundar da tua fé

3) mergulhou no abismo da boca o pão pequeno e claro

4) Trazia a cabeça incendiada de sonhos fantásticos/os sentimentos sinistros que lhe vagavam na alma

5) com os seus califas, cujas mãos de pedra espalharam sobre a terra as flores das mais lindas histórias

6) Elias sobe aos céus no seu carro de fogo

7) Depois de se haver elevado ao céu num carro flamejante

8) Cortando suavemente as águas silenciosas (uma embarcação frágil)

9) Seus horizontes estreitos (de Nazaré)/O céu parece alongar-se

10) [rainha da lendária Frígia, filha de Tântalo e esposa de Anfião, de quem teve sete filhos e sete filhas, enquanto Latona teve apenas dois filhos: Apolo e Ártemis] tornada rochedo, petrificada de dor, chorando surdamente os pedaços do coração que os deuses lhe tinham levado

11) Seu nome rasteja no chão

12) "Até quanto coxeareis entre dois pensamentos?" - Na *Bíblia de Jerusalém,* em I Reis, 18:21, assim está registrado: "Até quando claudicareis das duas pernas?"

13) fez descer uma língua de fogo celeste e lambeu a água do córrego

14) um Josué que fixasse no céu o astro da popularidade

15) tombaram a pobreza e a solidão

16) Um sorriso cor-de-rosa/Ensaiando o sorriso amarelo do desencanto

17) As estrelas desabrocharam nos canteiros do Infinito, e as flores, multiplicaram-se, cheirando, por todos os interstícios das nuvens

18) Havia [Madalena] banhado de claridade imensa a estrada cristã

19) Todos os mártires que se têm sacrificado na esteira infinita do tempo pela idéia de Jesus

20) Seu nome rasteja no chão

21) degenerou em cristalina e saborosa gargalhada

22) No teu corpo de flor trepida e estua todo o esplendor

23) Efetuando o "striptease" do escândalo/Mesmo usando os termos denotativamente, deles faz emergir a beleza: Níobe, no palco da imprensa/O picadeiro da pilhéria

24) Servindo caviar no cardápio das letras, quando apenas dispõe de algum pobre refogado

25) O homem terrestre é aquela coruja incapaz de enfrentar a luz da montanha espessa e triste da noite

26) os córregos paravam, admirados

27) Evidentemente, Júpiter não quer perdoar o titã [Santos Dumont, gravemente enfermo e, parece, já privado da razão] que projetou o domínio do Olimpo.

28) Esse distinto crítico [Eloy Pontes] de nossa lavoura livresca

29) Meu cérebro é a mesma lamparina de artesão, com que lavro a canivete a preciosa madeira do vernáculo, que tantos filigranam com o buril da inteligência, inflamado a fogo sagrado da inspiração

30) Inundava [a palavra de Max, pseudônimo que o Dr. Bezerra de Menezes havia adotado, desde 1887] de esperança e de fé o coração dos seus leitores

31) Depois de ensarilhar os fuzis da grande guerra, empunhava as armas do pensamento

32) A posse do ouro, que abrasava a imaginação

33) chaga horrível [a miséria pública] que sangra no coração da primeira cidade do Brasil [Rio de Janeiro]

34) escutar o vento soprar na trompa de pedra dos rochedos

35) O ouro da imaginação recebia dele [Pausânias], assim, a forma e o cunho, transformando-se em moeda da verdade

36) que transformam o pão e remédio para a boca escancarada dos vivos, as flores destinadas à boca fechada de uma sepultura

37) contaminado, pouco a pouco, de filosofia e de latim

38) Junto do trigo dos espiritistas sinceros, cresceu o joio dos espiritófobos intransigentes

39) Não participareis do venenoso banquete das posses materiais/de cada uma das vossas feridas, retirarei o trigo luminoso para os celeiros infinitos da graça/Porto amigo, edificado na rocha da fé viva, onde pairarem as sombras da desorientação

40) À medida que marchava, o trigo se ia derramando e assinalando, com uma via láctea, o caminho percorrido

41) Escrevia muito. Dispersou muito [Antônio Torres]. Deixou rolar pela terra o seu trigo dourado

42) Contar o tempo na ampulheta das inquietações/a vida, na sua expressão terrestre, é como uma árvore grandiosa / a ramagem é uma esperança; a flor uma promessa; o fruto [que é sempre uma bênção do Todo-Poderoso] é realização

43) Também, eu, curado da lepra da vaidade que me ensombrava a alma, pela compaixão do Divino Médico

44) Pelo bico da sua pena [de Henrique Coelho Netto] saiu um mundo para o mundo/lançou com ambas as mãos o trigo de ouro do pensamento

45) coberto de flores e rodeado de pássaros, enchendo de uma doce música desconhecida a solidão melancólica dos caminhos

46) Do cativeiro da Animalidade/O Mar Morto não sente tanta fome

47) No céu azul de uma vida sem cuidados, há de passar, sempre, cinzenta, que interrompa a continuidade da ventura

48) Apreciando [D. Pedro II] o sabor das recordações amigas e doces

49) Forçar as portas do céu com o ouro iníquo da terra

50) Saboreando expectativas e novidades

51) saía para a noite estrelada. À minha esquerda, o rio, afogado na sombra, rolava para o oceano distante

52) em que a sua sombra encheu o império

53) Ela [a agricultura] adoça o espírito e aperfeiçoa o coração

54) Com o hábito singelo de frade [Anchieta reencarnado com o nome de Fabiano de Cristo], adoçou ainda mais as suas concepções de autoridade

55) Do seu pulso de ferro [de Ludendorff] haviam emanado quase todos os coeficientes de força/no seu olhar andava uma onda de tristeza e de humildade, saturada de indefinível ternura

56) O perigo iminente faz tremer o coração fraterno da cidade/ todos os propósitos de paz se teriam malogrado numa pavorosa maré de ruína e de sangue

57) O fogo cruzado da crítica aos canhões da grande imprensa assestam contra doutrinadores e médiuns que lhes suportam os disparos/ os estudiosos da filosofia estimam a dança macabra das hipóteses

IMAGENS E COMPARAÇÕES

Raúl H. Castagnino, em AL pp. 270-277, estudando as comparações, imagens e metáforas, afirma: "Estilisticamente, a comparação é a confrontação dos termos de duas idéias, aproximadas por serem opostas ou idênticas, semelhantes ou diferentes. E o jogo de confrontação se realiza por meio de um elo gramatical comparativo (como, qual, tal como, semelhante a, assim como, igual a, como que, etc.)." Dos vários exemplos extraídos de *Don Segundo Sombra*, de Güiraldes, que sejam para aqui trasladados os seguintes: "O sono caiu sobre mim como um palheiro sobre um pardal." (Cap. III, pág. 29); "Como uma vergonha, pior que um golpe, sentir o ridículo de minha espera..." (Cap. VII, pág. 50); "a ruela se alargou como um rio que chega à laguna." (Cap. VIII, pág. 57); "...as roupas pegadas ao corpo eram como febre..." (Cap. IX, pág. 61).

1) dos que entram na velhice como os leões penetram no Deserto

2) à semelhança daqueles belicosos capitães romanos

3) inconstantes como todos os povos, os macedônios levantaram-se um dia contra Antígono

4) o chefe [Pinheiro Machado] tinha soldados que, como os lacedemônios na batalha de Messênia, se batiam na imprensa

5) derrubam as matas, cavam a terra, atiram as sementes e fazem colheitas, ativando e regularizando, por esse modo, a fecundidade do trabalho

6) Ela [Ana Pavlova] dançava como dança a folha arrastada pelo vento, ou como a ave pequenina arrebatada pelo tufão. O mundo era fonte musical. E ela, dentro da vida, pétala de rosa livre e solta, deixava-se levar pelo céu/atravessam o mundo como faiscantes meteoros que se apagam de súbito [quatro homens].

7) as grandes vidas como um incêndio que se extingue de repente

8) No meu orgulho, como Ájax, filho de Oileu, eu posso desafiar os deuses, embora eles me fulminem incendiando com os seus raios todos os rochedos de Eubéia

9) o homem de Estado é, geralmente, um Ájax, um Sarpédon, um gigante homérico, a surgir de uma floresta de indivíduos normais.

10) Os deuses insistiam em persegui-lo. Como Ájax Oileu, tentava [Lorenzone] salvar-se de cada naufrágio [na tumultuosa cidade de São Paulo, com novas ondas tentando despojá-lo do seu rochedo].

11) despertar o despeito de Ájax e acordar o sonoro entusiasmo de Homero

12) Como Ájax, filho de Oileu, contempla o tridente dos deuses, onde a maré alta o atirou, nos caprichosos movimentos do oceano da vida

13) Era o meu veleiro, rudemente, jogado no oceano largo, onde os remos da minha coragem, procurava enfrentar, inutilmente, a maré solta das lágrimas, até que um dia, desesperado na ilha dos meus sofrimentos, e cansado de afrontar, como Ájax, a cólera dos deuses, submergi-me involuntariamente, na grande noite, para despertar no outro lado da vida

14) como se Orfeu houvesse descido entre as serpentes de meus braços foi o seu corpo retornando verde como um caule de roseira

15) acenando-lhe com a mão tão alva como os lírios

16) como um gamo/corpo de fogo e neve

17) atirou ao pescoço de Adonis o colar dos seus braços tentadores

18) o Tirésias prussiano [Korner]/cego [João Brígido dos Santos] como Tirésias, desvendava o passado dos homens com a presteza com que o outro revelava o futuro

19) como aos olhos de Ulisses na furna de Tirésias [à mesa num jantar em casa de Coelho Netto, triste e sem crianças] passam e repassam as sombras

20) A visita de Ulisses ao país dos Cimérios e o seu encontro, na furna de Tirésias, com as grandes sombras amigas, é verdadeiramente soberbo

21) Todavia, se não represento mais a figura de Tirésias, dando palpites ao mundo, do seio das sombras da sua noite, desejaria trazer-te o complexo de minhas emoções novas e de meus novos conhecimentos

22) Julga você, acompanhando as águas de muita gente, que somos novas edições do velho Tirésias

23) para relançarem olhares de cólera, como dois divorciados brasileiros quando passam um pelo outro na Avenida Central

24) Minha alucinação de progresso vertiginoso

25) continuei o meu caminho como um homem que vem da guerra, onde acaba de deixar um companheiro morto

26) A sua voz era discreta como o seu gesto

27) quinta de São Luís, cercada de muro enorme que parecia fortaleza

28) Eu nasci como a gaivota, / junto ao oceano, entre escolhos: / Por isso é que não se esgota / A água do mar nos meus olhos

29) o arbusto inocente estava coberto de acúleos pontiagudos, como as plantas amaldiçoadas dos deuses

30) a sua individualidade oscilava entre as estrelas do panegírico e a lama da descompostura, com o nome de Aluísio [Azevedo] nas águas estagnadas do Mar Morto, onde lhe não atiraram uma corda, até agora, os escaleres flutuantes da crítica

31) com os olhos presos naquele homem feliz, à semelhança do cão faminto que acompanha cada gesto da mão que conduz a sua ração de migalhas

32) Por detrás do véu de Ísis, como as forças ocultas que se ocultam aos olhos dos homens, no famoso santuário de Delfos/O mundo de carne é vasta esfera cheia de berços luminosos, onde a vida é provável, e repleta de sepulturas sombrias, onde a morte é fatal

33) isso provará que o espírito não leva deste degredo senão a essência inalterável de que é feito, desprezando aqui mesmo, como quem limpa os pés antes de entrar em casa, os seus vícios, os seus erros, os seus defeitos humanos

34) como um bando de despeitados famintos [foram vistos os apóstolos da Revolução Francesa pelas sociedades conservadoras do século]

35) Você tem feito como os fabulistas: veste a verdade para apresentá-la aos príncipes

36) D. Pedro deveria abandonar o Paço de São Cristóvão, onde respirava a peçonha da bajulação dos inimigos do regime

37) Minúsculos sóis revestidos de lama, quase todos os espíritos encarnados exigem satélites para a sua órbita

38) Meus braços, que haviam nascido para acariciar os anjos de Deus, como dois galhos de árvores cheios de passarinhos, foram por ti transformados em tentáculos de perdição/se reconfortasse com o beijo da minha afeição

39) Como um sedutor covarde semelhante aos rufiões que exploram mulheres na sombra, desfrutando vantagens e fugindo às responsabilidades

40) Como larga torcida de futebol, aguardando o êxito do nosso time terrestre [como apreciam os Espíritos desencarnados, achando-se ao lado da iniciativa, a proeza da ciência humana enviando ao espaço os primeiros satélites artificiais]

41) altas e fortes cintilações da Verdade, cujos clarões desbravavam, como foices de luz, os emaranhados caminhos do mundo

FRASES QUE CONTÊM OS SINTAGMAS DESIGNATIVOS DE NEGAÇÃO

Sendo a negação um ato de opor a uma expressão o seu contrário, podendo evidenciar-se de múltiplas maneiras, no dizer de Zélio dos Santos Jota (DL, pp. 219-220), neste item, esta se fez pela própria significação da palavra - *não, ninguém, nenhum*, nada, etc. - e não através dos prefixos *des* e *in*.

1) Não pertencendo ao número seleto dos teus apóstolos ou dos teus discípulos, eu não sou, todavia, Senhor, da casta dos fariseus. Não estive contigo na ceia mas não te insultei no caminho do Gólgota

2) Ninguém fica por muito tempo em evidência incontrastável na admiração do público.

3) leitura para vinte anos, se me não entrasse na biblioteca mais um só livro

4) Não serei eu, "homem morto" há dezesseis anos, quem terá a coragem de contradizê-lo

5) Não consegue nem mesmo afivelar a máscara ao próprio rosto, dando-se à companhia de vil criatura, portadora de sete demônios

6) Pergunta-me por que, conhecendo a vida dos humildes, a tragédia anônima de cada um deles, não revelo aos homens das altas camadas da sociedade, em romances que retratem a existência do proletariado brasileiro, as dores, as revoltas, as decepções, os segredos dramáticos do microcosmo de que fui personagem

7) Sem estar na beatitude do céu, não conheço igualmente a topografia do inferno. Os uivos de Cérbero ainda não ecoaram aos meus ouvidos

8) Os expositores da ciência não se recordam da lei de renovação incessante e não atentam sequer para a humildade da lagarta, que se converte em borboleta

9) não permita que o pessimismo lhe faça da cabeça uma bola de fel

SEQÜÊNCIA DE SINTAGMAS CONSTITUINDO-SE EM SUJEITO OU COMPLEMENTO VERBAL (OBJETO DIRETO, OBJETO INDIRETO, PREDICATIVO)

Celso Ferreira da Cunha, em GLP, pp. 139-140, estuda o sujeito composto, demonstrando que pode ele ser constituído de: a) mais de um substantivo; b) mais de um pronome; c) mais de um numeral; d) mais de uma palavra ou expressão substantivada; e) mais de uma oração substantivada. Ao estudar os complementos verbais, cita como primeiro exemplo de objeto direto representado por um substantivo, este passo de Augusto Frederico Schmidt (*As Florestas*, Rio de Janeiro, José Olympio, 1959, p. 171): "Amava a vida, a esposa e tinha muitos filhos."

1) Moisés, Abraão, Aarão, Noé, José, Jó, Davi, Salomão, Elias, Tobias, Daniel, Ester, Judite e... os sete macabeus

2) Licurgo e Sólon, Publícola e Numa Pompílio atravessam o mundo

3) De Siquém, de Cafarnaum, tinham descido multidões

4) Um tumulto de homens, de crianças, de mulheres, enchia a cidade

5) Eram Jesus, Simão Pedro, André, seu irmão; Filipe, Mateus, Tiago, Simão, o zelador; João, Bartolomeu, Tomé, Tiago, filho de Alfeu; e Judas Iscariotes

6) Maria de Magdala, Pedro, João, bem como outros companheiros, tinham visto o Senhor, tinham-lhe escutado a palavra consoladora e divina

7) Todas exibiam asfixiantes padecimentos/Maria Cleofas trazia a cruz da maternidade dolorosa/Maria de Magdala pranteava sob a cruz da tristeza/e Joana de Cusa sofria sob o madeiro do casamento infeliz

8) Ele, que honorificou a mulher, integrando-a no respeito devido, não tem o beneplácito das herdeiras de Ester, a sobrinha de Mardoqueu que obteve perdão de Assuero para os judeus perseguidos, ou o destemor das sucessoras de Judite, a viúva famosa, que defendeu a raça hebréia, na luta contra os generais de Nabucodonosor

9) Na *Odisséia*, quando Ulisses penetra na caverna de Tirésias, é debalde que estende os braços para apertar os vultos amigos, de Antíloco, de Ájax, de Agaménon, de Pátroclo, e da veneranda e maternal Anticléia

10) O Mestre ensinava a concórdia, a tolerância, a paciência e a esperança, mas como efetuar as reformas necessárias, através de simples atitudes idealistas?

11) Roma estendia fronteiras no Nilo, no Eufrates, no Reno, no Tâmisa, no Danúbio, no mar morto, no lago de Genesaré, nas areias do Saara

12) os acordes tristes, saudosos, melancólicos, de uma planta selvagem

13) recebeu na colmeia da boca faminta, num enxame sonoro, infindável, ressoante, as abelhas de ouro de seu beijo

14) o seu ciúme se refletia irritado, hostil, agressivo, no caule da planta em que se tornara

15) Não há capital do mundo, de Angorá a Bangkok, de Teerã a Porto Príncipe, em que se atire à água e não ao fogo o lixo urbano

16) da Avenida Central, da rua larga, da Lapa, de Botafogo, de

Copacabana, da Gávea, da Tijuca, de Niterói, das Águas Férreas, do Mangue, da praça da Bandeira, de São Paulo com seu mercantilismo febril

17) A Avenida Central, a Avenida Atlântica, a praia de Copacabana, o Rússel, o Leblon, as obras de saneamento e o casario imenso da cidade maravilhosa

18) A imprensa é um país em que circulam moedas de ouro, de prata e de barro; mas nenhuma destas traz o cunho de quem as emitiu

19) Espalhando maldição e miséria, aflições e ruínas

20) é prova o susto, o receio, temor

21) É Antígono que, sereno, superior, fisionomia enérgica, lhes pergunta

22) Renasciam, em cada um deles, Filipe de Macedônia, Henrique IV, da Alemanha, ou Napoleão Bonaparte, destruidores de povos

23) [Alexandre Magno, rei da Macedônia,] impôs-se aos trácios, aos gregos, aos ilínios, aos sírios, aos judeus, aos egípcios, aos persas

24) Gonçalves Ledo, Frei Sampaio e José Clemente Pereira, paladinos da imprensa da época, foram...

25) Paulo reuniu em Éfeso os seus discípulos Acaio, Estefânio e Fortunato, para lhes entregar a Segunda Epístola aos Coríntios/Paulo retomava o bordão e, em companhia de Acaio, Estefânio e Fortunato, partia de Éfeso

26) Sete maravilhas, nascidas de mãos humanas: o túmulo de Mausolo, em Helicarnasso; a pirâmide de Quéops; o farol de Alexandria; o colosso de Rodes; os jardins suspensos de Semíramis, em Babilônia; a estátua de Zeus, em Olímpia, e o templo de Diana, em Éfeso

27) Bias remeteu a Taça a Pítaco, em Mitilene; e este a passou a Cléobulo; e este a Quilon; e este a Sólon; e este a Míson

28) Antigamente, eram chamados oráculos, sibilas e pitonisas e achavam-se em Tebas, Jerusalém, Olímpia, Roma

29) Vencidos por Epaminondas, os espartanos observaram a reconstituição de Messênia, Martinéia e Megalópolis, que lhes haviam assistido ao ruidoso triunfo

30) era uma paixão anônima, agradecida, quase religiosa

31) Descrevendo um pôr-de-sol, nas enseadas da Gávea: Todo o quadro é um incêndio: árvores, montanhas, nuvens, tudo é púrpura viva; e, emoldurando por tudo isso, um lago de fogo líquido, que um alquimista fantástico vai, pouco a pouco, transformando em um turbilhão de pedrarias liquefeitas

32) tomamos um automóvel e fomos, minha mulher, os filhos e eu, dar um passeio à Gávea. Era noite de lua e o mar espelhava todo de prata

33) Febre de experimentações [das experiências que ocorrem na América do Norte, em 1847] que se lhes seguiu, nas grandes cidades européias, incendiou, igualmente, no Rio de Janeiro, alguns cérebros mais destacados no meio social

34) Jesus permanece vivo entre os homens, ensinando, reajustando, amando, redimindo

35) descobria suplícios novos que pouco ficam devendo pela brutalidade, pela novidade, pela originalidade, ao gênio inventivo do florentino

36) meu tio Brasil, velho oficial cego, baixo, gordo e barbado

37) A mim, destina a sala da frente, luxuosa, aberta, incrustada de ouro e de pérolas

38) davam à solenidade um tom de magnificência, de luxo, de riqueza, verdadeiramente excepcional

39) Estero, Belaco, Curupaiti, Lomas Valentinas, Tuiuti, Curuzu, Itororó, Riachuelo e tantos outros teatros de luta e de triunfo - não passam de etapas dolorosas de uma provação coletiva

40) espírito mais reto, mais nobre, mais alto

41) Eis um belo exemplo de sujeito e predicativo constituídos, respectivamente, por grande número de sintagmas, além das comparações e da imagem final: *Doze nomes ligados à Revolução Francesa, que vão de Robesbierre e Danton a Henriot e Houchard*, jacobinos e montanheses, girondinos e comunistas, são vistos de longe como traidores, como celerados, como ladrões, como um bando de feras, enfim, que se tivesse atirado sobre o cadáver da França (Cf. SÉRIE I, 16.B - "Lenine" -, pp. 34-35)

42) Seqüência de 19 nomes, de Sócrates e Platão a Swedenborg e

Dante Alighieri, além de 8 ilustres guilhotinados da Revolução Francesa, de Luís XVI e Maria Antonieta a Bailly e Camille Desmoulins, além de grandes vultos como Voltaire e Rousseau (Cf. SÉRIE IV, 10 – "Kardec e Napoleão" -, p. 96)

43) O homem poderá rir com Voltaire, estudar com Darwin, filosofar com Spinoza, conquistar com Napoleão, teorizar com Einstein, ou mesmo fazer teologia com São Tomás

44) Com a bandeira do novo regime nas mãos de Benjamim Constant, Quintino Bocaiúva, Lopes Trovão, Serzedelo Corrêa, Rui Barbosa e toda uma plêiade de inteligências altas e vigorosas, o Marechal Deodoro da Fonseca proclama, inopinadamente, no Rio de Janeiro, a República dos Estados Unidos do Brasil

45) Quanto maior a corte de pessoas, situações, problemas e coisas, maior importância atribuem a si mesmos [os escritores em geral]

46) Organizando [os amotinados] uma junta com elementos do clero, da nobreza e do povo, consideram extinto o monopólio

47) sinos que tocaram a rebate, miúdos, nervosos, aflitos, no tempo dos capitães-mores; sinos antigos que cantaram, talvez, aos ouvidos de Vieira

48) tudo em torno se ia aquietando, serenando, pacificando

49) depois de Hegel, de Kant e de Schopenhauer

50) Outrora, neste local, erguiam-se o templo de Apolo, o templo da boa deusa, o palácio de Nero e outras expressões de loucura e de crueldade

51) Partem os algozes e as vítimas, os bons e os maus

52) Nero, Calígula e Cômodo eram obsidiados célebres, perseguidos por fantasmas

53) É provocada por homens curiosos e cultos, alegres e gozadores

54) que morressem todos: pais, mulher, parentes, amigos

55) as obras-primas de Homero, Demóstenes, Fídias, Virgílio, Dante, Shakespeare, Miguel Ângelo, Leonardo da Vinci, Rafael, Bossuet, Beethoven/nem Wagner, nem Milton, nem Sófocles, nem Eurípides, nem Aristófanes

56) Verme vil, borboleta, ou fruto, ou cacho

57) Haeckel, Schopenhauer e Le Bon

58) Faz chegar até nós a idéia viva de Sócrates, os conceitos de Platão, os versos de Virgílio, a filosofia de Sêneca, os poemas de Dante, as elucubrações de Tomás de Aquino, a obra de Shakespeare e as conclusões de Newton

59) Participaram Inácio de Alvarenga, Joaquim da Silva Xavier, Cláudio Manuel da Costa e Tomás Gonzaga idealizaram a República, organizaram seus símbolos, multiplicaram prosélitos das suas idéias de liberdade

60) É nessa época que surgem Virgílio, Horácio, Ovídio, Salústio, Tito Lívio e Mecenas, como favoritos dos deuses

61) Tende calma, fortaleza, paciência/será o sono, a morte e o nada

62) Era ardente e leal, generoso e desassombrado [Pontes Visgueiro]

63) A moléstia, manifeste-se ela na cabeça, no pé, no coração, nos rins, no fígado, tem, em noventa e oito casos sobre cem, a sua origem no estômago/A carne, o peixe, o pão, os legumes, o leite, os ovos, os alimentos mais inocentes, são motivo, atualmente, para os males mais esquisitos

64) Nada de subterfúgios, de mistérios, de clandestinidade

65) Macário resmungou, chorou, lastimou-se, reclamou; contudo, não teve outro remédio senão aceitar a verdade e nascer de novo

66) Passando longos anos no fundo do lago, sempre calculando, definindo, medindo e pesando a lama, não poderia esquivar-se à furna sem a lama

67) Comecei a cultivar, pelo menos, com pequeninos resultados, outros cinco [talentos], que são o trabalho, o progresso, a amizade, a esperança e a gratidão, em alguns dos companheiros que ficaram no mundo

68) No vale das trevas, delirava a legião de Espíritos infelizes rixas, obscenidades, doestos, baldões

69) E assim viveu o homem, acreditando-se o centro do Universo, reclamando, oprimindo e dominando, sem ouvir as sugestões das virtudes que iluminam a Terra

COLOCAÇÃO DOS ADJETIVOS

Celso Ferreira da Cunha, na obra citada acima, estudando a colocação do adjetivo adjunto adnominal, estabelece previamente que: "a) sendo que a seqüência **substantivo + adjetivo** predominante no enunciado lógico, deriva daí a noção de que o adjetivo posposto possui valor objetivo: dia **triste**; homem **bom**; noite **escura**; campos **floridos**; b) sendo a seqüência **adjetivo + substantivo** provocada pela ênfase dada ao qualificativo, decorre daí a noção de que, anteposto, o adjetivo assume um valor subjetivo: **triste** dia; **bom** homem; **escura** noite; **floridos** campos." Depois de entrar em detalhes sobre o adjetivo posposto e anteposto ao substantivo, demonstra outras formas de realce do adjetivo:

"a) estabelecer uma pausa entre o adjetivo e o substantivo, o que na escrita se marca pela colocação do adjetivo entre vírgulas:

'Foi depois do dilúvio ... Um viandante,

Negro, sombrio, pálido, arquejante

Descia do Arará'... (C. Alves, *Obra Completa*, Rio de Janeiro, Aguilar, 1960, p. 292);

'A criança, **lívida**, fechava os olhos.' (R. Pompéia, *O Atheneu*, 4ª ed., Rio de Janeiro, Francisco Alves, 1888, p. 72;

b) repetir intencionalmente o adjetivo, que é, como vimos, uma das formas de superlativá-lo:

'São uns olhos **verdes**, **verdes**

Uns olhos de verde-mar...' (G. Dias, *Poesia Completa e Prosa Escolhida,* Rio de Janeiro, Aguilar, 1959, p. 386);

c) Separar o adjetivo do substantivo colocando-o no fim da frase:

'Baleia ficou passeando na calçada, olhando a rua, **inquieta**.' (G. Ramos, *Angústia*, 11ª ed., São Paulo, Martins, 1969, p. 114);

'São doces infantes - brincando e saltando

Em jogo infantil,

Inquietos, travessos...' (G. Dias, Op. cit. p. 126);

d) acentuar o sentido do adjetivo por meio do advérbio:

'Vi uma estrela **tão alta,**

Vi uma estrela **tão fria!**

Vi uma estrela luzindo

Na minha vida vazia.' (M. Bandeira, *Poesia e Prosa*, Rio de Janeiro, Aguilar, 1958, I, p. 294);

'Ah, tudo isto é belo, tudo isto é humano e anda ligado

Aos sentimentos humanos, **tão conviventes** e burgueses,

Tão complicadamente simples, **tão complicadamente simples!**' (F. Pessoa, *Obra Poética*, Rio de Janeiro, Aguilar, 1960, p. 292)."

Oportunas, a meu ver, agora, algumas considerações sobre o **epíteto:** "Entre os adjetivos" - elucida Raúl H. Castagnino (AL, p. 311) - "há um que funciona de maneira particular: o epíteto; antigamente preocupou os retóricos e hoje inquieta os estilistas. É um adjetivo que se articula a um substantivo, não para modificá-lo nem determiná-lo, mas simplesmente para desentranhar a idéia expressa pelo nome, uma qualidade que nela se contém ou que, segundo as circunstâncias, lhe corresponde." E ressalta o que se encontra na velha *Retórica* de Coll y Vehí: "Entende que o epíteto pode ser suprimido e a idéia substancial não varia; ao contrário, o adjetivo não pode ser tirado sem alterar o sentido."

1) Dando-se à companhia de vil criatura

2) Estavam tocados de fervor santo

3) Cristalina e saborosa gargalhada

4) Doce música desconhecida/solidão melancólica dos caminhos

5) poeta formidável [Dante]

6) particularidades outras

7) Sob aplausos quentes

8) Falam com severidade da energia vigorosa do apóstolo [Anchieta]

9) E lhe ordenou com serena nobreza, que se reunisse com os seus homens às tropas revoltadas

10) Sob as colunas grandiosas que suportam a larga varanda

11) diário paraense em perpétua agonia/seus subordinados, que aceitavam, sôfregos [adjetivo com função adverbial], o mandato, na vã esperança de, com o prestígio novo, liquidarem a dívida velha/automóvel, que nos acompanha, lento [mais um adjetivo funcionando como advérbio]

12) Golpear o ignóbil movimento

13) um comerciante desonesto, a pedido de um fidalgo prestigioso

14) Exigindo pela segunda vez uma residência confortável

15) o suave misantropo de Salona [Diocleciano]/O que se passa no Brasil neste momento [quando da desencarnação do Conselheiro Rodrigues Alves]

16) Fazendo igualmente a grande viagem, através de terríveis circunstâncias

17) Daqueles que haviam atravessado o leito escuro do rio da morte

18) No que se refere às minhas atividades humildes de comentarista desencarnado, estou satisfeito com as irrequietas interrogações

19) Em meu curso primário, conheci um menino irrequieto, colega leviano e inconstante

20) A sua dúvida é leviana e infantil [ambos adjetivos funcionando como predicativo]/Acerca da vida nova que o espera

USO DO VOCATIVO E DO APOSTO

Rogando ao leitor consultar Evanildo Bechara (MGP, pp. 213-215), de quem serão transcritos alguns exemplos, sobre vocativo e aposto, que aqui fique registrado apenas o seguinte: vocativo é o termo da oração através do qual chamamos ou pomos em evidência o ser a que nos dirigimos, podendo ou não ser precedido pela interjeição *ó,* como nos seguintes exemplos: "*Menino,* aprende tuas lições."; "As alegrias duram pouco, *meu bom irmão.*"; "*Deus, ó Deus,* onde estás que não respondes?" (C. Alves). Aposto é um termo oracional de natureza substantiva ou pronominal que se refere a uma expressão de natureza substantiva ou pronominal para melhor explicá-la, ou para servir-lhe de equivalente, resumo ou identificação: "Agora nenhum rei está aqui, mas sim o Mestre de Avis, *vosso antigo capitão.*" (A. Herculano, *Lendas e Narrativas*, I, p. 266). Além de explicativo, o aposto pode ser enumerativo, recapitulativo, distributivo e especificativo, podendo, neste último caso, ligar-se a um nome a que se refere, através da preposição *de*.

1) Zeus, pai dos deuses, que repousas no alto do Olimpo, divide

de novo o Tempo / move, de novo, a roda que marcava o movimento da vida / parte, em pequenos pedaços, a Eternidade.

2) Senhor Jesus, enquanto a alegria do Natal acende luzes novas nos lares festivos, torno à velha Palestina

3) Júpiter, o dono do Olimpo

4) Pobre Euricles de Matos! Possuías asas com certeza para voar alto, à loura claridade do sol

5) Aníbal, o chefe cartaginês

6) Presidente da República, Sr. Alcalá Zamora

7) João da Mata, um dos colaboradores desencarnados da instituição

8) Macedônios, que desejais?

9) Glória a ti, ó Cristo!

10) Ramsés II, a quem os gregos chamavam Sesóstris

11) Licurgo, o legislador, visitava as organizações do Egito e da Índia

12) Gaspar, o africano, portador da mirra cheirosa

13) filhos de Tarquínio, o Soberbo/ele [Marcus Junius Brutus], Hamlet latino, o jogral da Corte do déspota

14) Bias, o sublime cidadão de Priene, filósofo eminente e sábio generoso

15) Aurora, filha da índia Neagoa

16) Gomes Freire de Andrada, estadista notável pelo seu talento militar e político

17) Alcibíades, o discípulo amado de Sócrates

18) Ormuzde e Arimã, os doadores do bem e do mal

19) Cambises, o rei dos persas

20) Silvério dos Reis, português de Leiria

21) comendador Antônio Veridiano da Rocha, sócio da firma Rocha & Guedes

USO DOS PRONOMES RELATIVOS

Estes pronomes são assim chamados porque se referem, de regra geral, a um termo anterior - o antecedente -, apresentando as formas variáveis *o qual, os quais, a qual, as quais; cujo, cuja, cujos, cujas; quanto, quanta, quantos, quantas,* e, os invariáveis *que, quem, onde.* A forma é composta quando precedida do artigo definido. O pronome *onde,* quando antecedido das preposições *a* e *de,* aglutinam-se com elas, produzindo as formas *aonde* e *donde.* (Cf. GLP, p. 347). Sugestivo o exemplo do Dr. J. Leite de Vasconcellos (LLP, em "Corrigenda & Addenda", p. 487): "O leitor perdoará os erros que se notam nas citações que abonam os patronímicos, os quais erros já provêm da 1ª edição."

1) Ao ser proclamada a República, era Chefe de Polícia da corte o Dr. José Bassonde Miranda Osório, o qual, ao ter conhecimento, pela manhã, dos acontecimentos do Campo de Santana, se dirigiu para a sua repartição, sentando-se espapaçado em sua cadeira, sem tomar a menor providência

2) Carregando os tesouros do México e do Peru, do Brasil e das Índias, os quais faziam afluir para Madrid a mais elevada percentagem de ouro do mundo inteiro

3) Prelados amigos, aos quais se devotava

4) Pedro I encontrou a capital do Império em grande efervescência, a qual se acentuou no dia 12

5) Havia outrora, em Danno-Ura, que domina o estreito de Shimonosekhi, um templo consagrado a Buda, o qual tinha em torno um vasto jardim que era como o cinto verde do edifício. Milhares de roseiras de caules balouçantes acenavam daí às borboletas, oferecendo-lhes, amigas, o balanço fresco do seu galho

6) As preces mais comovedoras e mais sinceras, as quais não lhe iluminaram apenas as estradas pedregosas da vida, mas constituíram igualmente uma lâmpada suave no seu caminho da morte

USO DOS PRONOMES DEMONSTRATIVOS

Sendo *pronome* a expressão que designa os seres sem dar-lhes nome nem qualidade, indicando-os apenas como pessoa do discurso, os *demonstrativos* são os que indicam a posição dos seres em relação às três pessoas do discurso: 1ª - *este, esta, isto;* 2ª - *esse, essa, isso*; 3ª - *aquele, aquela, aquilo.*

Afirma Bechara (MGP, p. 97): "*Este livro* é o livro que está perto da pessoa que fala; *esse livro* é o que está longe da pessoa que fala ou perto da pessoa com quem se fala; *aquele livro* é o que se acha distante da 1ª e da 2ª pessoa. Nem sempre se usam com este rigor gramatical os pronomes demonstrativos; muitas vezes interferem situações especiais que escapam à disciplina da gramática."

O professor Sousa da Silveira (LP, pp. 159-165), antes de conceituar os demonstrativos *anafórico* e *deíctico,* demonstra que *este,* além de sugerir a noção de proximidade em relação à pessoa que fala, é também empregado, citando Said Ali, "na linguagem animada para dar a impressão de que nos interessa muito de perto alguma cousa ou pessoa conquanto de fato se ache um tanto afastada". Traslada, em seguida, este trecho de *Lendas e Narrativas*, I, 227, de Alexandre Herculano: "*Este* edifício era meu; porque o gerei; porque o alimentei com a substância da minha alma; porque necessitava de me converter todo *nestas* pedras, pouco a pouco, e de deixar, morrendo o meu nome a sussurrar perpetuamente por *essas* colunas e por baixo *dessas* arcarias. E roubaram-me o filho da minha imaginação, dando-me uma tença!..."

Este mesmo autor, Sousa da Silveira, em TS, p. 97, estudando um trecho de Afonso Henriques de Lima Barreto (1881-1922), de *Triste Fim de Policarpo Quaresma*, joga novas luzes sobre o uso de *este* e *isto*.

Humberto de Campos, quando na Terra e através do médium Chico Xavier, sempre usou, com mão de mestre, o emprego dos demonstrativos anafóricos.

1) e que roseiral seria o caminho perlustrado por este insigne operário do sonho e da pena [sobre São Sérgio, a respeito de Coelho Netto]

2) eu tenho esse peregrino do Sonho que vai iniciar, hoje, a marcha para a estação dos oitenta anos, a mais comovida das admirações

3) E o resultado dessa generosidade forçada foi imediato e positivo

4) Criaturas e amigos amortalharam essa pluma [Ana Pavlova] que se fez mulher em um punhado de gaze fresca e branca. Homens tristes suspenderam nas mãos esse bogari humano

5) Essa tendência para criar Infernos podia ter vindo, é certo, de Virgílio, na *Eneida*

6) depois disso

7) Roma atravessava, por esse tempo, uma dessas crises comuns entre os povos

8) Nessa noite [12 de março de 1831], grupos de portugueses saíram à rua, gritando

9) a ação desses abnegados condutores do povo

10) Nessa ocasião, direi aos trabalhadores: — Colhei primeiramente o joio para que seja queimado e ajuntai o trigo no mesmo celeiro

11) Trabalhavam no estabelecimento, por esse tempo, quatro pessoas

12) Esse estudo do Sr. Jônatas Serrano/com todos os defeitos indispensáveis a esse gênero literário [trata-se de uma conferência]

13) Mas se você supõe que esta mensagem pode servir de instrumento para a transformação na sociedade terrena/digo isso, porque, se estivesse aí, no meu corpo de carne

14) É por isso que nós, os Espíritos desencarnados, conscientes dos próprios débitos e das próprias fraquezas, nos apegamos tanto ao Cristo vivo

15) Em vista disso, tive medo de tua lei

16) esses dois abnegados/nesse campeonato gástrico da inteligência/ferido por esse baixo e implacável sentimento [a inveja]/a impressão que me deixava esse espetáculo

17) seguiu-se a este o islamismo

18) leva [o Espírito ao desencarnar] para a outra vida as qualidades e os defeitos que apresentava neste mundo. Não seria, talvez, difícil de apurar, se o indivíduo indolente ou mentiroso nesta vida o era na eternidade/Qualquer que seja a solução dada a essa consulta, ela resolverá, de modo seguro, o problema da imortalidade

19) confirmando essas idéias/Parece-me que devo conhecer essa chaga

20) Toda uma ação espiritual se conjuga harmoniosamente, nessa época/tocados destas claridades divinas

21) Raros escritores nacionais têm sido estudados postumamente como esse [Aluísio Azevedo] romancista fidelíssimo, de observação assombrosa

22) Referindo-se a Fernão Dias Paes: A essas mesmas paragens,

onde turvaste a consciência por um instante, levado pelos rigores da disciplina, voltarás com teu filho, sob as asas cariciosas da fraternidade e do amor, a fim de reparares o passado cheio de tribulações e lutas incontáveis, porque, no coração misericordioso de Deus, repousam, eternamente, as luminosas esmeraldas da esperança e do amor, que procuraste a vida inteira

23) — Que é isso? Beijas assim, em público, a mão de um criminoso? — diz-lhe o comandante da escolta

— E por que não, se esse criminoso é meu pai?/— E por que não, se esse ladrão é meu filho?

24) E assim apareceu em Viena, nesse mesmo ano [1863], o primeiro café

SINONÍMIA COM PERÍFRASES

Raúl H. Castagnino (AL, p. 263) diz o seguinte sobre sinonímia: "Além da hipérbole vale como recurso de intensificação expressiva a sinonímia não já a palavra homóloga que substitui outra com idêntico significado só para evitar a repetição empobrecedora, mas o que propriamente se chama sinônimo, ou seja, aquele termo que, com significado quase semelhante, porém com um matiz peculiar ou maior precisão ou apontando para uma ordem especial, substitui outro."

Segundo Zélio dos Santos J. (DL, p. 258), perífrase é o emprego "de duas ou mais palavras para expressão de um só significado. A perífrase pode ser morfológica (ou gramatical) e léxica". Esta última, também chamada de circunlóquio, "consiste no emprego de uma seqüência frasal que sinonimiza com a palavra que se deseja evitar, por motivo estilístico ou literário".

Excelente a elucidação de M. Rodrigues Lapa (ELP, p. 79): "Essa composição está representada no escritor brasileiro João Guimarães Rosa. Veja-se este exemplo, em que a palavra *destino*, anteriormente referida, é depois desenrolada numa longa explicação que lhe determina exatamente os contornos: 'Então o Major voltou a aparecer na varanda, seguro e satisfeito, como quem cresce e acontece, colaborando, sem o saber, com a direção-escondida-de-todas-coisas-que-devem-depressa-acontecer.' (*Sagarana*, 5ª ed., pág. 123)"

1) Ao invés de repetir o nome Diocleciano, num trecho curto, o

Autor o substitui por: o suave misantropo de Salona; o sucessor de Numeriano, que atirou o manto a Constâncio Cloro; e o sogro de Galero. (Cf. SÉRIE I, 2.B - "Diocleciano" -, pp. 25-26.)

2) E acentua que não pode copiar Santo Agostinho na repentina modificação. É provável que você se julgue superior ao discípulo de Santo Ambrósio. (Cf. SÉRIE IV, 8 - "Com Lealdade Fraterna" -, pp. 161-13)

3) O homem: O companheiro bípede gritou, espetacularmente, proferindo nomes feios que fariam corar uma pedra. (Cf. Id. - "O Homem e o Boi" -, p. 109)

ANTÍTESES

Sendo a antítese a figura que evidencia o contraste entre duas idéias, um dos elementos de intensificação expressiva - hipérbole, sinonímia, repetição, trocadilho, alusão, perífrase, circunlóquio, eufemismo -, é assim estudada por Raúl H. Castagnino (AL, p. 265): "A intensificação por contrastes compreende tanto a antítese, o paradoxo, como certas modalidades da comparação. Em geral, do ponto de vista estilístico, a antítese sói ser mais natural e espontânea do que o paradoxo."

Para António Albalat (AFE, pp. 218-263), a antítese é "um método de criação de idéias por meio das contrárias. Noutros termos, *a antítese é a arte de tirar de um pensamento o contrário desse pensamento* e de engendrar assim uma série de contrastes e de oposições".

O ilustre autor de *A Arte de Escrever* demonstra existirem cinco gêneros de antíteses, a saber: 1ª - a antítese por frases inteiras; 2ª - a antítese enumerativa; 3ª - a antítese simétrica; 4ª - a antítese-retrato ou retrato; 5ª - a antítese-paralelo ou paralelo.

Finalmente, valorizando o estilo de Humberto de Campos antes e depois da desencarnação, torna-se oportuna mais esta consideração de Albalat: "Forçando-se a antítese, cai-se no estilo precioso, no gongorismo, na afectação, no jogo de palavras. (....) *Uma antítese só é boa pela verdade absoluta das coisas que exprime.*"

1) Falando sobre Augusto Comte: Ao perder a sua crença primitiva, o homem não tem mais a sensação de que é uma criatura maldita, lançada à margem da vida para ser levado na enxurrada da morte

2) Não havia Inferno! Não havia Céu! E eu, não temendo o Céu

nem o Inferno, era, na minha humildade e na minha miséria, tão poderoso como um deus

3) Se Augusto Comte afirma que os vivos são sempre e cada vez mais governados pelos mortos, nas intuições do seu positivismo nada mais fez que refletir a mais sadia de todas as verdades

4) Comparou as tristezas do presente com as maravilhas do passado

O MESMO VERBO E OS MESMOS OBJETO DIRETO E ADJUNTO ADVERBIAL

Sem comentários adicionais, fiquem registrados apenas estes exemplos:

1) Ocupando [as tropas portuguesas] o morro do Castelo

Levem-me [ordenou Oliveira Álvares] para o Campo de Santana (Cf. SÉRIE I, 9.B, **"Oliveira Álvares"**, pp. 175-176)

2) A 11 de janeiro, as tropas portuguesas ocupam o Morro do Castelo, que ficava a cavaleiro da cidade

Ameaçado de bombardeio, o povo carioca reúne as multidões de milicianos e se posta contra o inimigo no Campo de Santana (Cf. SÉRIE IV, 3, **"A Independência"**, pp. 153-155)

CONCLUSÕES À GUISA DE POSFÁCIO

Por mais paciente que seja, o leitor amigo há de estar cansado - e desde já quero pedir-lhe desculpas por isso - de percorrer tantas considerações de ordem gramatical, conquanto o meu interesse, desde o início, fosse o de fazer um estudo estilístico, modesto, com o mínimo de detalhes naquele terreno - o da Gramática -, contra o qual tanto se abespinhava o meu velho e inesquecível professor de Português Santino Gomes de Matos (1908-1975), na década de cinqüenta. Pretendia partir para uma análise singela, mas, na impossibilidade de realizar algo melhor, por se destinar ela, primariamente, ao grande público não afeito à semelhante área, vi-me obrigado a enveredar por um caminho deveras pedregoso. Procurei, por outro lado, tanto quanto possível, amenizá-lo - é urgente que se frise, com toda a lealdade -, transcrevendo trechos um tanto quanto mais longos, quando poderia me restringir tão-somente aos fatos lingüísticos. Tal atitude, a meu ver, tiraria de quem se dispusesse a percorrer estas páginas a oportunidade fruir o encantamento que nelas existe, do ponto de vista literário e espírita, como, de resto, existe em tudo que Humberto de Campos escreveu, quando ainda corporificado entre nós e depois de se despojar da libré carnal, servindo-se do lápis abençoado do médium Francisco Cândido Xavier.

Que alguns pontos fiquem aqui ressaltados:

1) Dos assuntos gramaticais analisados, muitos outros itens poderiam ser trazidos à baila, como, por exemplo: a) o apuro no uso do artigo definido antes dos pronomes possessivos - *meu, minha, teu, tua, vosso, vossa*, no singular e no plural;

2) A colocação dos pronomes oblíquos átonos em relação ao verbo, casos expressivos de próclise forçada, o hipérbato pronominal, que mereceu quase vinte exemplos de Artur Schwab (LLB, pp. 100-101), própria dos clássicos, da próclise, da ênclise e da mesóclise;

3) O manejo correto das conjunções coordenativas e os casos de assíndeto e polissíndeto;

4) A elegância do objeto direto pleonástico, digno de figurar entre os exemplos citados por M. Said Ali (DFLP, p. 46), dentre outros: *o palácio* DESTRUIU-O *o fogo*; *a carta* LEVOU-A *meu amigo*; haja vista este lance de *Brasil, Coração do Mundo, Pátria do Evangelho* (SÉRIE IV, 3, pp. 268-269)**:** "Sua fortuna [de Manuel Beckman] teve-a confiscada, mas o grande oficial que comandara a expedição, dentro das tradições da generosidade portuguesa, arrematou todos os bens do infeliz, em hasta pública, e os doou à viúva e aos órfãos do revolucionário.";

5) Os numerosos passos da intensificação expressiva, nomeada por repetição, além dos citados;

6) Ao me referir aos adjetivos, deixei de detalhar os epítetos, não obstante tenha deixado, a respeito, uma citação idônea, e nem me referi ao grau superlativo sintético, de uso corrente em nosso Autor;

7) Os sinais de pontuação, principalmente a sua maneira de virgular;

8) Alguns casos de regência verbal;

9) Sintagmas em posição invertida, como a deste exemplo de

Cartas e Crônicas (SÉRIE IV, 12, p. 29): "Temos junto de nós os que estavam no mundo plenamente educados quanto aos imperativos do Bem e da Verdade, e que fugiram deliberadamente da Verdade e do Bem, especialmente os cristãos infiéis de todas as épocas, perfeitos conhecedores da lição e do exemplo do Cristo e que se entregaram ao mal, por livre vontade... Para eles, um novo berço na Terra é sempre mais difícil..."; e tantos mais belos exemplos que a perspicácia de quem me concede a sua preciosa atenção descobrirá.

* * *

Antes de aqui apor o ponto final, que se faz necessário, em regime de urgência, estas considerações devem ser feitas: além de já ter sido dito, no início deste livro, o presente trabalho partiu de minha vontade espontânea, sem que ninguém, nem pessoa alguma, conscientemente, me desse, em tempo algum, qualquer sugestão. O querido amigo Chico Xavier e o Espírito de Humberto de Campos, através dele próprio, o médium de Emmanuel, que ultrapassou a respeitável cifra de 400 obras psicografadas, jamais me pediram para que empreendesse esta análise, por achá-la por certo desnecessária; eu próprio compreendo que estudos desta natureza são, atualmente, dispensáveis, uma vez que os materialistas empedernidos terão dificuldade de ser convencidos por assuntos de ordem espiritual, a não ser pela dor, principalmente a moral, por vezes somente depois de séculos e séculos decorridos; este não é mais que o fruto de uma paixão - que é, sem dúvida alguma, uma doença como qualquer outra - que irrompeu na adolescência, atravessou a maturidade e se defronta a ingressar, agora, na ancianidade, como se pode depreender da bibliografia, com as respectivas siglas e abreviaturas; muitos dos trechos transcritos foram demasiadamente longos, tudo porque eu pretendi, numa tentativa de combater o milenar egoísmo que venho cultivando, mas do qual, um dia, me libertarei, já que Deus assim o quer, o Cristo o permite e os Amigos Espirituais se esforçam por ajudar-me neste sentido, e a também superar o orgulho e a tola vaidade, pretendi, repito, que todos desfrutassem o prazer de assimilar a elegância, a harmonia e a concisão do estilo humbertiano, adquirindo tesouros imortais de cultura geral e conhecimentos doutrinários da Terceira Revelação; finalmente, o fiz para que a minha Esposa, Cândida Flávia, os meus cinco filhos, Eliana, Ricardo, Luciana, Cláudio e Renato; os meus genros, Fernando e Paulo

Roberto; as minhas noras, Rose Dutra e Carla Beatriz; os meus netos Ana Amélia, Anelise, Arthur, Ísis, Henrique, Letícia, Lívia e Natália, além de todos os amigos e companheiros de ideal espírita-cristão, sem cujo socorro jamais teria concluído este trabalho que por certo sai com senões, eu o fiz, devo repetir, para que pudessem, trabalhando comigo, haurir o que há de melhor na Literatura Brasileira e na Literatura Mediúnica Espírita, a Beleza em sua mais alta expressão.

Que o Divino Mestre continue abençoando o Espírito de Humberto de Campos, o nosso querido Irmão X, e o médium Francisco Cândido Xavier, agora residente no Plano Espiritual, dedicado discípulo d'Ele, Jesus, e fiel seguidor de Allan Kardec, o ínclito Codificador de nossa consoladora Doutrina, a qual, agora, em conseqüência do grande avanço tecnológico, mais do que nunca, há de ajudar a Humanidade, para que todos os seus componentes, em suas respectivas religiões, venham a se beneficiar de sua luz, abendiçoada luz que já nos faz considerarmos felizes, inobstante reencarnados num mundo ainda de provas e expiações.